权威·前沿·原创

皮书系列为
"十二五""十三五"国家重点图书出版规划项目

中国社会科学院创新工程学术出版资助项目

社会心态蓝皮书
BLUE BOOK OF SOCIAL MENTALITY

中国社会心态研究报告
（2017）

ANNUAL REPORT ON SOCIAL MENTALITY OF CHINA (2017)

社会阶层与获得感

主　编／王俊秀
副主编／陈满琪

社会科学文献出版社
SOCIAL SCIENCES ACADEMIC PRESS (CHINA)

图书在版编目(CIP)数据

中国社会心态研究报告.2017：社会阶层与获得感/王俊秀主编.--北京：社会科学文献出版社，2017.12
（社会心态蓝皮书）
ISBN 978-7-5201-1773-9

Ⅰ.①中… Ⅱ.①王… Ⅲ.①社会心理-研究报告-中国-2017 Ⅳ.①C912.6

中国版本图书馆CIP数据核字（2017）第279420号

社会心态蓝皮书
中国社会心态研究报告（2017）
——社会阶层与获得感

主　　编/王俊秀
副 主 编/陈满琪

出 版 人/谢寿光
项目统筹/吴　丹　邓泳红
责任编辑/张　媛　吴　丹

出　　版/社会科学文献出版社·皮书出版分社（010）59367127
　　　　　地址：北京市北三环中路甲29号院华龙大厦　邮编：100029
　　　　　网址：www.ssap.com.cn

发　　行/市场营销中心（010）59367081　59367018
印　　装/北京季蜂印刷有限公司

规　　格/开　本：787mm×1092mm　1/16
　　　　　印　张：17.5　字　数：262千字
版　　次/2017年12月第1版　2017年12月第1次印刷

书　　号/ISBN 978-7-5201-1773-9
定　　价/89.00元

皮书序列号/PSN B-2011-199-1/1

本书如有印装质量问题，请与读者服务中心（010-59367028）联系

▲ 版权所有 翻印必究

本年度社会心态蓝皮书
战略合作单位

智媒云图
中山大学传播与设计学院

本书是国家社会科学基金重大项目
"社会心理建设：社会治理的心理学路径"
（项目批准号 16ZDA231）
资助成果

社会心态蓝皮书编委会

主　　编　王俊秀

副 主 编　陈满琪

编委会成员　（以姓氏拼音顺序排列）
　　　　　　　陈谷川（智媒云图）
　　　　　　　陈满琪（中国社会科学院）
　　　　　　　邓立邦（智媒云图）
　　　　　　　冯江平（云南师范大学）
　　　　　　　高学德（兰州大学）
　　　　　　　何凌南（中山大学）
　　　　　　　李　原（中国社会科学院）
　　　　　　　任孝鹏（中国科学院）
　　　　　　　吴建平（北京林业大学）
　　　　　　　王俊秀（中国社会科学院）
　　　　　　　王列娜（智媒云图）
　　　　　　　韦庆旺（中国人民大学）
　　　　　　　杨　青（深圳大学）
　　　　　　　杨宜音（中国社会科学院、哈尔滨工程大学）
　　　　　　　赵德雷（哈尔滨工程大学）
　　　　　　　周　江（北京美兰德信息咨询有限公司）
　　　　　　　郑淑杰（鲁东大学）
　　　　　　　张志安（中山大学）
　　　　　　　赵志裕（香港中文大学）

本书作者

（按文序排列）

王俊秀	高文珺	谭旭运	陈满琪	刘晓柳	尹佳骏
吴建平	李　原	陶雪婷	应小萍	赖凯声	杨浩燊
张志安	高冬玲	何凌南	陈　敏	李晓锋	杨嘉敏

主要编撰者简介

王俊秀 中国社会科学院研究生院发展社会学博士,中国社会科学院社会学研究所社会心理学研究室主任,社会心理学研究中心主任,研究员,博士生导师,国家社会科学基金重大项目"社会心理建设:社会治理的心理学路径"(项目批准号:16ZDA231)首席专家。中国社会科学院国家治理智库研究员,中国社会科学院新媒体研究中心特聘研究员。中国社会心理学会常务理事,生态与环境心理学专业委员会、应用社会心理学专业委员会副主任,大数据网络心理学专业委员会(筹)主任。中国社会学会犯罪社会学专业委员会副会长。2008~2009年美国加州大学洛杉矶分校社会学系访问学者。主要研究领域:①社会心态,在《社会学研究》《社会》《社会学评论》《新华文摘》《中国社会科学文摘》《江苏社会科学》《社会科学战线》《光明日报》等学术报刊发表《社会心态:转型社会的社会心理研究》《社会心态的结构和指标体系》《作为社会心态能量的社会情绪》等20多篇社会心态的论文和研究报告,出版专著《社会心态理论:一种宏观社会心理学范式》(2014),合著《当代中国社会心态研究》(2013);②监控社会,出版了专著《监控社会与个人隐私》(2007);③风险社会,主要关注风险的社会认知,个人与社会视角下的风险防范,完成中国社会科学院国情调研重点课题"风险认知与风险行为策略——民众风险心态测量与调查",主持2010年度国家社会科学基金项目"个人与社会关系视角下的公共风险规避与应对";④汽车社会,主编汽车社会蓝皮书《中国汽车社会发展报告(2011)》《中国汽车社会发展报告(2012~2013)》。

陈满琪 首都师范大学心理学系博士,中国社会科学院社会学研究所社会心理学研究中心副主任，副研究员，硕士生导师。中国社会心理学会大数据网络心理学专业委员会（筹）副主任。2017~2018年斯坦福大学社会学系访问学者。主持完成了中国社会科学院国情调研课题1项，主持完成国家社会科学基金青年项目。参与中国社会科学院重大课题、中国与挪威合作课题等多个项目，在《亚洲社会心理学》《心理科学》等国内外核心期刊发表论文20多篇。主要研究领域：①社会心态，②情绪心理学，代表作为 *Priming Modernity and Work Experiences Strengthens the Association between Fairness/Harm Concerns and Anger* 以及《群体情绪及其测量》。

摘　要

本书是中国社会科学院社会学研究所社会心理学研究中心"社会心态蓝皮书课题组"年度研究成果《中国社会心态研究报告》第六本。本年度社会心态蓝皮书战略合作单位为智媒云图和中山大学传播与设计学院。本书主题是社会阶层与获得感，具体细分为社会阶层与幸福感、社会认知与创新创业以及网民社会心态三大部分。

社会阶层与幸福感部分，分别从主观社会阶层、主客观社会地位和自我类别化视角扩展社会阶层研究。本书研究结果显示，人们当前的社会阶层认同以中层偏下为主，倾向于将自我类别化为弱势群体，对于未来和下一代的社会阶层预期较高。客观社会地位与主观社会阶层关系紧密，对阶层预期影响较小，并无法完全影响人们的自我类别化。主客观社会地位负向预测社会参与意愿，正向预测社会参与经历。当个体将自身类别化为优势地位群体时倾向于低估群际冲突严重程度，当类别化为弱势地位群体时倾向于高估群际冲突严重程度。在幸福感获得上，追求投入取向的幸福感对主观幸福感有显著的正向影响，意义取向次之，享乐取向最低。

社会认知与创新创业部分，尝试探讨公众的风险认知、死亡态度和创业心态。分析结果表明，对于和项目相关的城市，地方认同水平越高，政府信任度越高，环境风险认知度越低。随着年龄增长，人们对于死亡的恐惧有所减少；对于死亡的中性接纳有所提高，宗教信仰对于死亡态度的影响主要表现在对死亡的接纳上。幸福感程度更高的个体对死亡的逃避性接纳和趋向性接纳程度均较低，对死亡的中性接纳程度更高。就创业心态来看，仅两成以上创业者认为自己创业成功，创业者的创新自我效能感、日常创新行为得分以及对创业环境的评价显著高于非创业者。

网民社会心态部分以房价和网络民族主义热点问题为切入点探索了网民社会心态，描绘了澳门网民的社会心态特征，揭示了城市网民在微博上的房价关注度与城市人口密度呈正相关，但与其经济发展水平无明显关联。国际冲突对网民心态的影响已超越单纯民族主义情绪下的社会动员，变成多元主体间的对话与协商过程。

关键词： 社会心态　主观社会阶层　获得感

目录

Ⅰ 总报告

B.1 关注阶层心态，提高民众获得感 …………………… 王俊秀 / 001
  一 当前社会心态基本特点 ……………………………………… / 002
  二 获得感及其相关因素 ………………………………………… / 017
  三 基于社会心态特点的政策建议 ……………………………… / 019

Ⅱ 社会阶层与幸福感

B.2 城市居民主观社会阶层特点分析
  ——基于CASS-INTELLVISION社会心态调查数据…… 高文珺 / 024
B.3 社会参与现状分析及其影响因素研究 …………… 谭旭运 / 046
B.4 自我类别化及其对群际冲突判断的影响 ………… 陈满琪 / 068
B.5 不同地区幸福取向对主观幸福感的影响 ………… 刘晓柳 / 092

Ⅲ 社会认知与创新创业

B.6 地方认同对环境风险认知的影响
  ——以政府信任为中介变量 ………………… 尹佳骏 吴建平 / 112

001

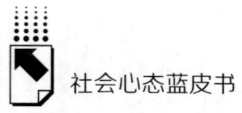

B.7　有关死亡态度的调查报告 …………………………… 李　原 / 153

B.8　2016～2017年创业心态调查报告 …………… 陶雪婷　应小萍 / 174

Ⅳ　网民社会心态

（中国社会科学院社会学研究所、中山大学传播与
设计学院网民社会心态联合实验室专版）

B.9　中国城市网民的房价关注度研究
　　　——基于95个城市微博数据的实证分析
　　　………………… 赖凯声　杨浩燊　张志安　高冬玲　何凌南 / 201

B.10　国际冲突引发的网络民族主义多元主体共振
　　　——以新浪微博南海仲裁案文本为例
　　　…………………………………… 陈　敏　李晓锋　何凌南 / 213

B.11　澳门公众新媒体使用与社会心态调查研究
　　　………………… 赖凯声　杨嘉敏　杨浩燊　张志安　何凌南 / 231

Abstract ……………………………………………………………… / 250
Contents ……………………………………………………………… / 252

皮书数据库阅读 **使用指南**

总 报 告
General Report

B.1
关注阶层心态，提高民众获得感[*]

王俊秀[**]

摘　要： 本报告采用 2017 年中国社会科学院—智媒云图社会心态调查（CASS-INTELLVISION Social Mentality Survey 2017）的大样本抽样调查数据，对目前国内社会心态特点进行分析。内容包括主观社会阶层状况、不同社会阶层的社会需求和动机，以及社会认知、社会情绪、社会价值观和社会行动，也对获得需求、获得感以及获得感的影响因素进行研究，报告提出：关注阶层心态，把握社会心态走向；满足社会需求，引导积极社会动机；研究社会认知，凝聚社会力量；疏解社会情绪，促进社会治理；化解社会矛盾，提高民众获得感。

---

　* 本文获国家社会科学基金重大项目"社会心理建设：社会治理的心理学路径"（项目批准号：16ZDA231）资助。
** 王俊秀，中国社会科学院社会学研究所社会心理学研究室主任，社会心理学研究中心主任，研究员，博士生导师，研究方向为社会心态、风险社会等。

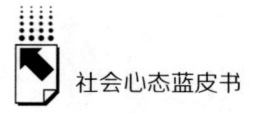
社会心态蓝皮书

关键词： 社会心态　主观社会阶层　获得感

党的十九大报告提出,"中国共产党人的初心和使命,就是为中国人民谋幸福,为中华民族谋复兴",明确了以人民幸福为奋斗目标的幸福发展观。十九大报告还明确指出了社会心态培育和社会心理服务方向,提出"加强社会心理服务体系建设,培育自尊自信、理性平和、积极向上的社会心态"要求。多年来,我们的社会心态研究一直把社会需求、幸福感、安全感、社会公平、社会信任、社会支持、社会价值观、社会预期、获得感等作为核心研究内容,本年社会心态蓝皮书的主题是"社会阶层与获得感",就是关注不同阶层民众基本获得感状况。

一　当前社会心态基本特点

（一）社会心态测量方法

1. 数据来源

本报告使用的数据库是中国社会科学院—智媒云图联合发布的"2017年社会心态调查"（CASS-INTELLVISION Social Mentality Survey 2017）。该调查问卷由中国社会科学院社会学研究所社会心理学研究中心编制,于2016年8月到2017年4月,通过凯迪数据研究中心研发的问卷调研APP"问卷宝",向在线样本库的全国用户（共约110万人,覆盖全国346个地级城市）推送问卷,再通过用户分享问卷的方式进行滚雪球式发放。目前问卷宝在问卷质量控制方面能够实现定制化调查和精准的问卷推送,依照调查目的向特定的用户群推送问卷,参与调查者需要经过系统认证,系统能够检测用户在问卷填写过程中的特征,对乱填乱写的用户进行剔除并列入黑名单,从而确保数据的可靠性。问卷收回后,课题组进一步依据陷阱题、答题完成情况、逻辑检验等对问卷进行筛选。CASS-INTELLVISION Social Mentality

Survey 2017 覆盖全国 31 个省区市（不含港澳台），调查最初共收回全部作答问卷 24364 份，经筛选最终得到有效成人问卷 22669 份，问卷有效率为 93.04%。数据库中，男性样本 12897 人，占 56.9%，女性样本 9772 人，占 43.1%，性别比例与第六次全国人口普查数据（男性人口占 51.27%，女性人口占 48.73%）相比，男性比例略高，但没有显著差别。年龄范围是 18~70 岁，平均年龄为 27.38±8.28 岁。受互联网用户年龄分布特点的影响，样本库中青年人（18~45 岁）比例相对更大，受教育程度也比全国人口普查数据更高。

2. 社会心态测量

本次调查全面使用中国社会科学院社会学研究所社会心理学研究中心多年来研发的"社会心态测量和指标体系"框架和测量工具，基本的指标体系包括：一级指标，即社会需求和动机、社会认知、社会情绪、社会价值观和社会行动五个方面，每个一级指标下包含若干二级指标（王俊秀，2014：51）。由于指标众多，限于篇幅，本报告仅使用部分测量指标。

（二）主观社会阶层

过去三十多年中国经历了快速社会转型，社会结构发生较大改变，社会心态也随之发生改变，但社会心态具有很强的主观性，与社会现实之间并非完全对应。社会结构的变化在社会心态上表现为主观社会阶层的变化，而主观社会阶层是一种阶层认同，即个人对自己在社会阶层结构中所占据位置的感知（Subjective Social Status，SSS）（张海东、杨城晨，2017）。主观社会阶层的变化与客观社会阶层的变化有关，但二者之间并非简单同步或对应关系，存在很大的差异。以往社会心态蓝皮书已经发现，在社会心态中存在较为普遍的底层认同，也就是主观阶层认同倾向于更低的社会阶层，特别是中下阶层。同时，以往调查也发现，主观社会阶层（或者社会阶层认同）显著影响着社会心态的一些主要指标，新的历史条件下，不同社会阶层的心态特点和走向非常值得关注。

1. 主观社会阶层分布

本次调查主观社会阶层采用国内外研究中常用的阶梯量表，向调查对象呈现具有1到10数字标注的阶梯图案，1代表处于社会的最底层，10代表处于社会的最上层，让调查对象报告自己目前处于哪个等级。结果如图1所示，自认为属于中等阶层的比例最高，属于上层的比例最低，如果从阶梯中线上下等分，下半部分比例更高。统计发现，被调查者主观社会阶层的平均值为4.46，在10级阶梯上处于中等偏下水平。整体上看，认为自己处于下层的比例为11.9%，认为自己处于中等偏下的比例为37.7%，二者相加接近半数；认为自己处于中层的比例为40.5%；认为自己是中上层和上层的比例分别是7.9%和2.1%，相加占一成。

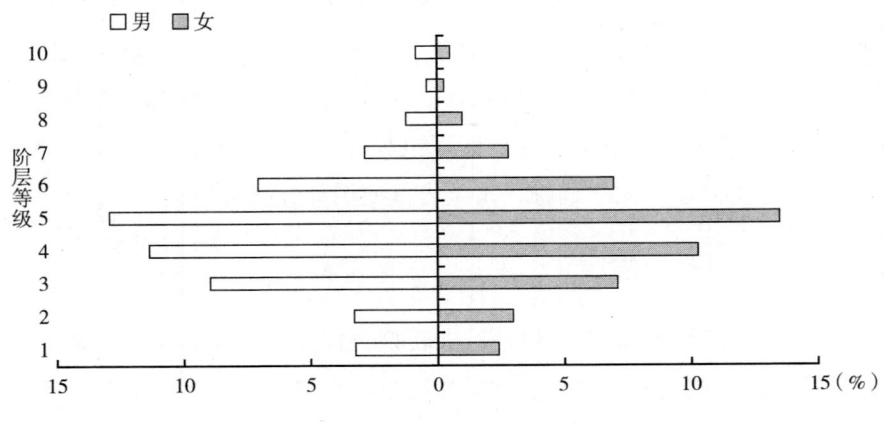

图1 主观社会阶层分布

2. 主观社会阶层与社会预期

社会心态的调查发现人们的主观社会阶层是变动的，而且人们的主观社会阶层预期是不断提高的（王俊秀，2016；王俊秀，2017）。人们的主观社会阶层从最初的底层认同，开始上移至现在的中层认同，对未来社会阶层的预期则开始出现向中上层偏移趋势，而对下一代社会阶层的预期，则出现了向中上层和上层偏移的特点。高文珺（2017）的研究还发现，受教育程度越高、收入越高、从事职业声望较高的职业、有自有住房、居住社区条件好的调查对象，主观社会阶层认同越高。但是，即便客观社会经济地位存在较大差异，调查对象对于未来社会阶层的预期，特别是对自己下一代社会阶层的预期,差异却比较小,出现了社会经济地位较低的调查对象所预期的下一代社会阶层上升幅度较大的现象。

3. 自我类别化

人生活在社会中,需要作为一定的社会成员出现。自我类别化理论认为个体从一个独立的个体到群体成员是通过类别化实现的,通过"去个性化"实现对群体的归属和成员身份的定位(杨宜音,2008)。个体类别化不仅仅是在一个心理分类上,更重要的是这种分类影响着其心理和行为。认同理论认为类别化使个体将自己归为某一特定的社会群体,并按照这一特定社会群体的身份要求自身,从而表现出该群体成员的典型特征(赵志裕等,2005)。主观社会阶层也可以看作一种类别化,是个人身份的认同。除了这样等级性的类别化,还有许多二分性的类别化。陈满琪(2017)的研究发现,一些二分性的自我类别化影响他们对群体关系、群体冲突的判断。陈满琪的研究有几个发现。第一,虽然穷人与富人是一个以财富多少来衡量的类别,研究也显示收入越高越可能自我归类为富人,但户口这个先赋性因素影响贫富自我类别化,也就是本地的城市户口、本地的农村户口、外地的城市户口较之于外地的农村户口类别化为富人的概率更高。第二,个体倾向于将自我类别化为相对较弱势的群体。第三,个体的自我类别化影响其对群际冲突严重程度的判断,也就是当个体自我归类为较优势群体时,他们倾向于低估群际冲突的严重程度;当个体将自我类别化为较弱势群体时则倾向于高估群际冲突的严重程度。第四,个体的类别化不仅影响其对该类别群际冲突严重程度的判断,并且进一步泛化到对其他类别群际冲突严重程度的判断。第五,自我类别化显著影响个体对群体间利益冲突严重程度和冲突激化可能性的判断。第六,由于社会分化的客观存在,城乡之间、体力劳动者和脑力劳动者之间、不同社会分工之间存在社会性评价的不同,个体自我归类的群体不同产生的心理影响也不同,如个体类别化为富人或穷人,对群际冲突严重程度判断的影响最大,其次是脑力劳动者或体力劳动者,再次是雇主或雇员,最后是干部或群众。陈满琪认为,个体自我类别化引起的个体高估群际冲突严重程度的倾向可能不利于社会和谐，会削弱社会合作和社会凝聚，进而影响社会稳定。

（三）社会需要和动机

社会指标常被用来衡量社会发展水平，也被作为社会需要满足程度的衡量指标。社会指标研究关注对社会生活质量的衡量，关注的核心是人们的生活水平及其改善，或者社会是否进步。而生活质量的评价分为主观和客观两个方面，客观方面主要是依靠有关生活状况的一些指标，如收入、安全、教育和健康状况等标准，主观方面是指人们对于收入、安全、教育和健康等状况的个人感受（王俊秀，2014）。

根据自我决定理论（Ryan & Deci, 2000；Kasser & Ryan, 1996），人生目标可以分为内在目标和外在目标，内在目标是个人原有的目标，包括个人发展成长、有意义的人际关系、对社会的贡献和自身的健康四个方面；而外在目标包括财富的积累、有吸引力的被人羡慕的外表和名誉三个方面。内在目标满足人的基本心理需要，如果人们的基本需求不能得到满足，为了获得价值感，人们会追求外在的财富、外表和名誉来显示个人价值。这样可以把人群分为内在目标强或外在目标强两类。调查结果显示不同社会阶层的人内在价值和外在价值倾向得分有显著差异。被调查者的内在目标重要性的得分高于外在目标重要性的得分，内在目标重要性的总平均分为5.14分，标准差为0.91；外在目标重要性的总平均分为4.21分，标准差为0.93。并且，分别计算不同阶层群体的内在目标重要性和外在目标重要性的得分，如图2所示，各个阶层内在目标重要性得分也高于外在目标重要性得分。此外，无论是内在目标还是外在目标的重要性，主观社会阶层属于上层群体的得分都是各组中最低的，主观社会阶层属于中层的得分较高。

调查发现，内在目标实现可能性高于外在目标实现可能性，内在目标实现可能性的总平均分为5.13分，标准差为0.88，外在目标实现可能性的总平均分为3.35分，标准差为0.81。对比不同主观社会阶层各组之间在内在目标和外在目标实现可能性上的得分发现，内在目标实现可能性都高于外在

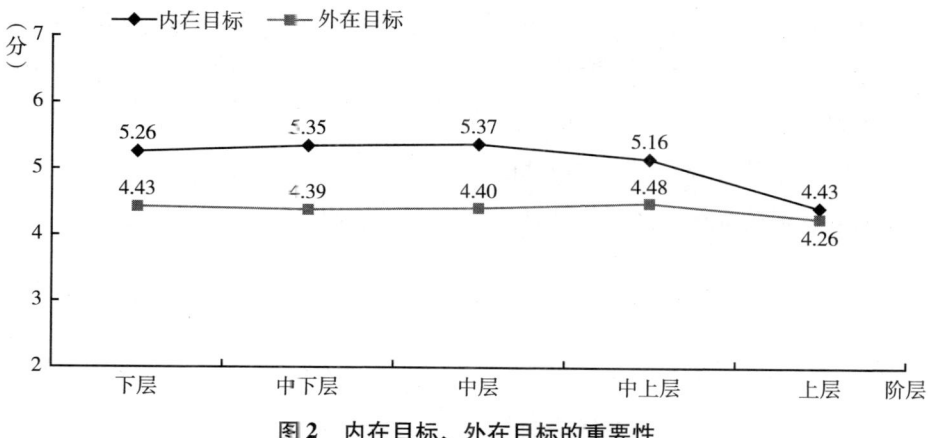

图2 内在目标、外在目标的重要性

目标实现可能性。主观社会阶层属于上层的群体内在目标实现可能性得分最低,中间阶层内在目标实现可能性得分最高。而外在目标实现可能性有随阶层上升而上升的趋势,主观社会阶层属于中上和上层的得分最高(见图3)。

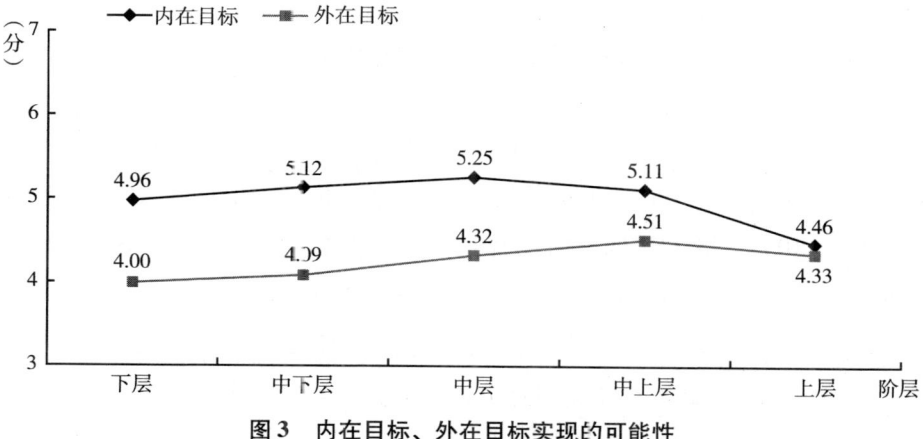

图3 内在目标、外在目标实现的可能性

(四)社会认知

1. 幸福感

主观幸福感测量采用 Diener 等人(1985)编制的生活满意度量表(Satisfaction With Life Scale,SWLS),该量表利用5个题目来测量个体对其生活满意度的整体评价。测量采用李克特式7点计分方式,要求被调查者根据自己的感受评价(1="非常不同意",7="非常同意")。调查结果显示,被调查者总体平均分为4.05分,处于中等水平。对比不同主观社会阶层各组主观幸福感得分发现,主观幸福感得分随着主观社会阶层上升而增加,到中上阶层达到最高值,主观社会阶层属于上层的平均得分处于第二位,见图4。

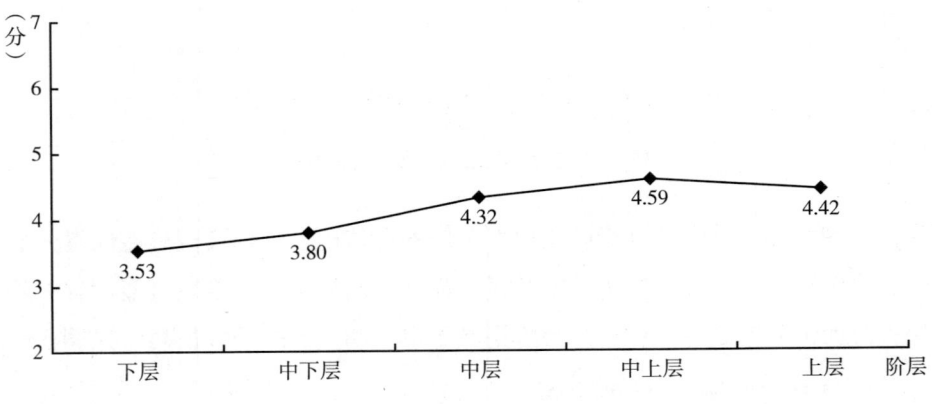

图4 不同阶层居民的主观幸福感

除了生活满意度这个主观幸福感常见的测量标准外,课题组在社会心态调查中与幸福感相关的指标还包括社会情绪以及幸福取向(李原,2016;刘晓柳,2017)。幸福取向指的是追求幸福的过程中可能选取的不同途径和方向,这些途径包括:通过追求享乐(Hedonism)来实现幸福,通过追求意义(Meaning)来实现幸福,通过追求投入(Engagement)来实现幸福。研究发现,三种幸福取向都可以显著正向地影响主观幸福感。

2. 安全感

安全感调查分为总体安全感和不同方面的安全感,调查发现,在7点量表上,安全感的平均分为4.31分,标准差为1.28,安全感水平略高于中等水平。分析不同主观社会阶层被调查者的安全感得分发现,中上阶层的安全感平均得分最高,其次是中层,主观阶层处于上、下两端的被调查者得分均较低,其中,自认为下层的居民总体安全感最低(见图5)。

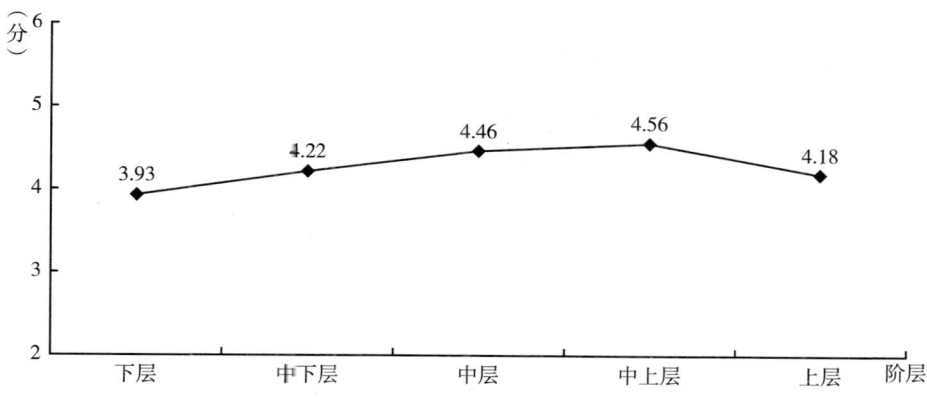

图 5 不同阶层居民的总体安全感

分别分析人身安全、(个人和家庭)财产安全、(个人)信息安全、医疗安全、食品安全、交通安全、环境安全和劳动安全发现,居民财产安全感最高,为 4.63 分,接近比较安全水平,紧接着依次是人身安全和劳动安全;安全感最低的是食品安全,紧接着依次是信息安全和环境安全,平均得分分别为 3.46 分、3.51 分和 3.63 分,低于中值,接近不太安全;其余的医疗安全和交通安全略低于中值 4 分(见图 6)。

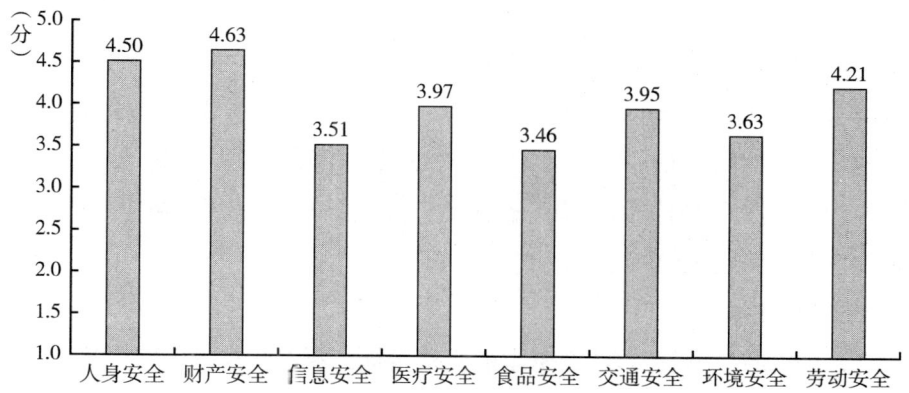

图 6 各方面安全感的平均得分

继续分析不同阶层居民生活各方面涉及的安全感得分发现,人身安全、财产安全和劳动安全表现为一种趋势:从下层到中上层,随着主观社会阶层的提高，安全感也上升，但属于上层的被调查者安全感并没有继续升高，其人身安全得分仅高于下层，处于第二低的位置，财产安全则最低，劳动安全处于中位。其余的信息安全、医疗安全、食品安全、交通安全和环境安全都表现为一种模式，就是大体上随着社会阶层上升，安全感也上升（见图7）。

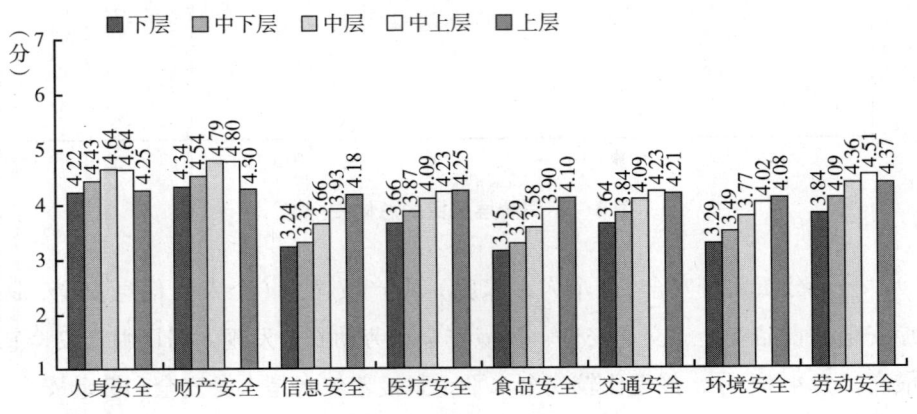

图7 不同阶层居民各方面安全感

3. 社会公平感

社会公平感是社会心态的重要衡量指标之一，本次调查的社会公平感使用问题"总的来说，你觉得当今的社会是否公平"，调查结果显示，居民社会公平感的平均得分为4.06分，标准差为1.16，居民社会公平感略高于中值，社会公平感评价并不高。分析不同主观社会阶层居民的社会公平感发现，下层、中下层居民的社会公平感得分最低，中上阶层的社会公平感最高，上层和中层处于中间水平（见图8）。

4. 社会支持

社会支持是居民评价社会资本的测量指标，本次调查通过询问被调查者遇到困难时从各方面获得帮助和支持的程度，利用调查问卷列举了党组织、居委会、工作单位、政府部门、公检法、家庭、朋友、慈善机构、新闻媒体等可能的社会支持来源，最后以这些社会支持源评价的平均得分来衡量社会支持的程度，在7点量表中，1表示非常不支持，7表示非常支持。最后的总

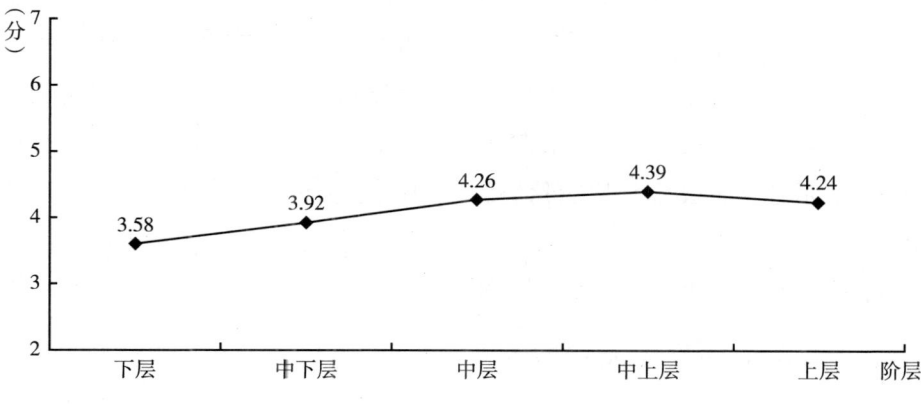

图8　不同社会阶层的社会公平感

平均分为4.58分，标准差为0.84，平均分处于中立和比较支持的位置。对不同主观社会阶层各组进行分析发现，如图9所示，随着主观社会阶层的上升，社会支持的得分也上升，但到中上阶层达到最高，上层的社会支持得分仅高于下层。

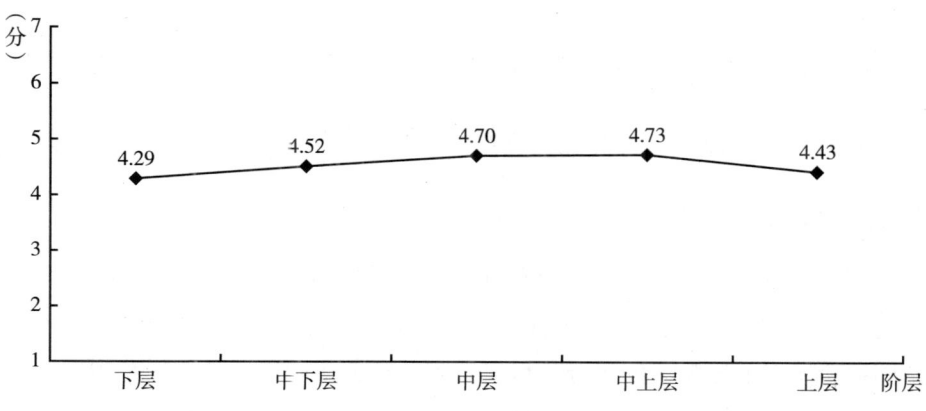

图9　不同社会阶层的社会支持

5. 社会信任

本次社会信任调查分为一般信任和对陌生人的信任，一般信任由三个题目构成，以7点量表计分，以3个题目的平均分来计算。陌生人信任只有一个题目，"社会上大多数人信任陌生人"，采用7点量表计分，1表示非常不同意，7表示非常同意。最后得到一般信任平均分为4.44分，标准差为1.14，陌生人信任的平均分为3.45分，标准差为1.18，一般信任处于中等略高水平，倾向于比较信任，陌生人信任得分低于中值，倾向于不太信任。对不同主观社会阶层居民两项信任进行分析发现，不论是一般信任还是陌生人信任，低社会阶层都表现为低信任；一般社会信任表现出随着阶层上升而上升的趋势，但上层例外，处于中间水平；陌生人信任随着阶层上升而上升，但上层略低于中上层，如图10所示。

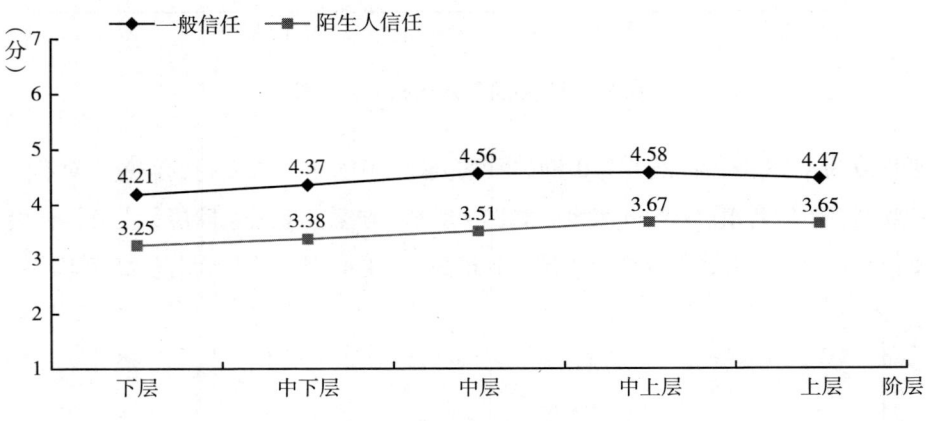

图10 一般信任与陌生人信任

6. 国家认同

本次调查采用的国家认同量表有4个题目，结果显示，国家认同量表4个题目的平均分为5.37分，标准差为1.20，国家认同的得分较高。图11为不同社会阶层的国家认同得分，可以看到，国家认同得分最高的是中层，其次是中下层，中上层和下层得分接近，下层略低，得分最低的是上层，和最高的中层差距接近一个记分等级。

（五）社会情绪

社会情绪是社会心态的核心指标。本次调查的社会情绪关注的是居民日常生活中的情绪，也就是一般情况下个人喜怒哀乐这些基本情绪出现的频率。由

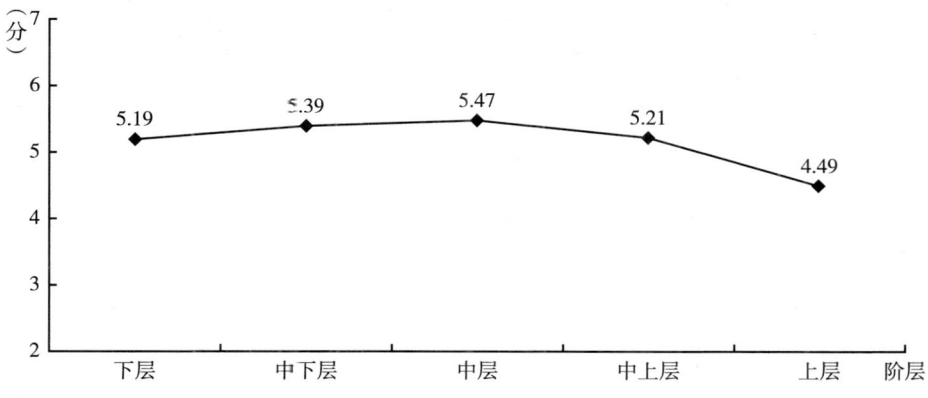

图11　不同社会阶层的国家认同

于我们采取的是一次性调查,很难真实记录人们的日常情绪,问卷中要求被调查者估计一年中一些基本情绪出现的频率,调查的社会情绪分为两种类型,在家和上班或上学两种情况。如图12所示,在上班或上学的情境下人们的正向情绪比负向情绪出现的频率更高,不同社会阶层正向情绪和负向情绪出现的频率有显著差别,中上层正向情绪出现的频率最高,其次是中层,下层和中下层的正向情绪出现最低。中层和中下层的负向情绪出现频率较低,中上层介于中间,上层的负向情绪最高,其次是下层。从正向情绪减去负向情绪得到的净情绪来看,中层和中上层的净情绪最高,上层和下层的净情绪最低,中下层介于中间。

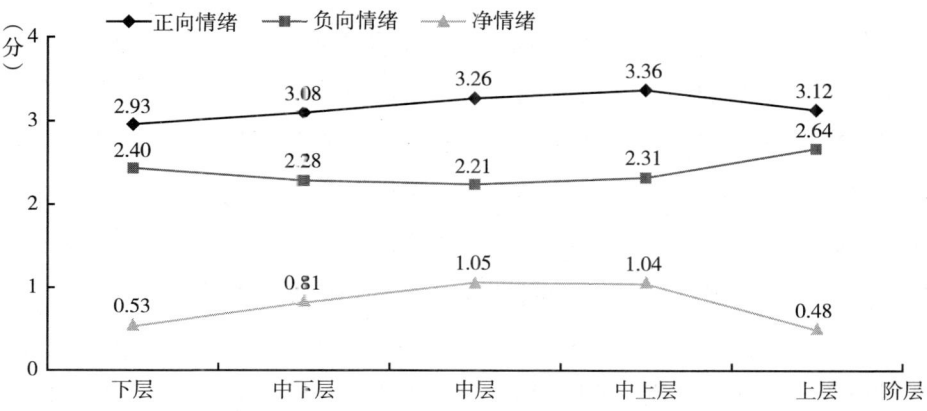

图12　上班或上学时的情绪

在家时的正向情绪出现的频率高于上班或上学时，负向情绪的出现频率也高于上班或上学时。在家时，中层正向情绪出现最多，紧接着依次是中上层和中下层，上层正向情绪出现最少；不同阶层在家时的负向情绪出现频率比较接近，上层和下层略高。同样用正向情绪减去负向情绪得到净情绪，结果发现不同社会阶层净情绪的分布呈倒 U 形，中层最高，两端较低，上层最低，中上层和中下层介于中间（见图 13）。

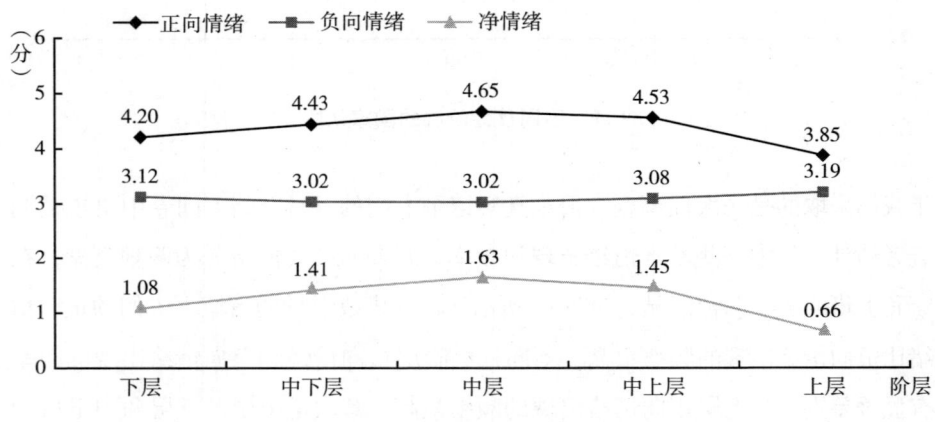

图 13　在家时的情绪

（六）社会价值观

英格尔哈特（2013）用两个基本的维度来考察工业化带来的社会转型，一个维度是世俗与理性，也就是传统价值观向世俗理性价值观的转变，传统价值观包括宗教信仰、国家自豪感和以让父母荣耀为奋斗目标等；另一个维度是自我表现的价值观，这个维度与经济高度繁荣和知识社会有关，是生存价值观向自我表现的价值观转变。他把将强调经济和人身安全的价值观称为"物质主义"，将强调自主和自我表现的价值观称为"后物质主义"。英格尔哈特（2013）认为中国还处于发展较为早期的阶段，不会马上变成后物质主义国家，他甚至认为中国近十年内可能不会发生价值观的转型。本次的一项价值观调查就是关于后物质主义，利用英格尔哈特世界价值观调查的后物质主义价值观量表进行。如图14所示，被调查者在后物质主义价值观上的得分都较低，平均为2.10分，标准差为1.12，不同社会阶层被调查者在后物质主义价值观上的得分有明显差异，其中上层的后物质主义价值观得分最高，其次是中上层（见图14）。

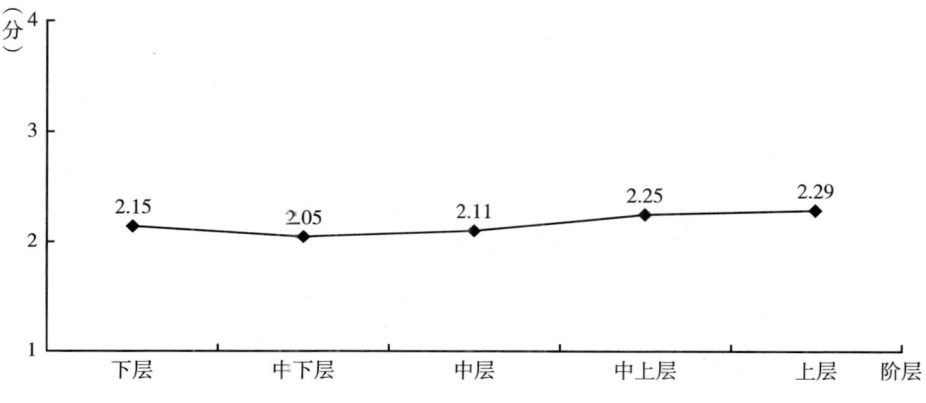

图14 不同社会阶层的后物质主义价值观

（七）社会行动

社会行动是人们作为社会成员所进行的社会性行动，这些行动具有明确意识和目的性。本次调查的社会行动是被调查者在过去一年内有过的几种类型的行动，包括帮助受灾人群的捐款捐物行为，参与志愿者活动的行为，参与网上社会问题的讨论，以及帮助陌生人、举报腐败等行为。图15和图16分别表示利他行为和公共参与行为。利他行为中，从整体得分看，居民的社会行动得分介于2.68分和4.29分之间，也就是处于"有时参加"的程度。从三种类型分别来看，帮助陌生人得分最高，其次是捐助行为，志愿服务得分最低。不同社会阶层的社会行动参与情况有明显差异，表现出一定的趋势，不论是哪种类型的社会行动，随着阶层的上升，社会行动的参与程度也上升。

图16为公共参与型社会行动得分情况，在三种类型中，环保行动得

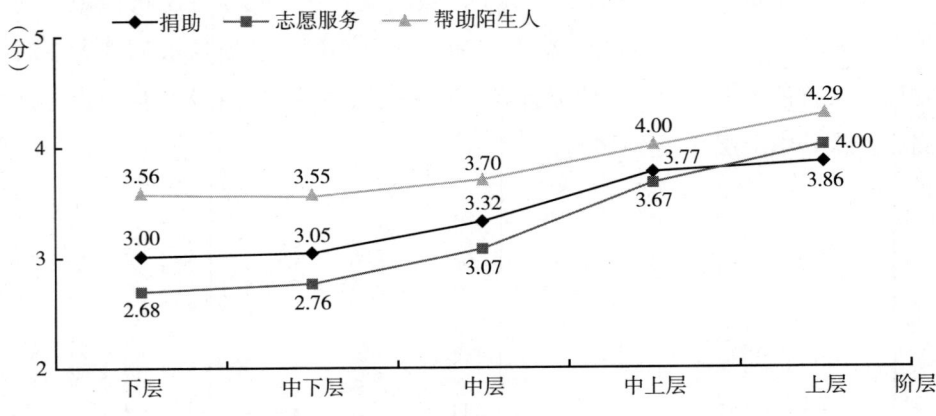

图 15　利他型社会行动

分最高,向政府机构和媒体等反映意见得分次之,举报腐败的行为得分最低。与利他型社会行动相似,公共参与型社会行动的得分也随着社会阶层的上升而增加。

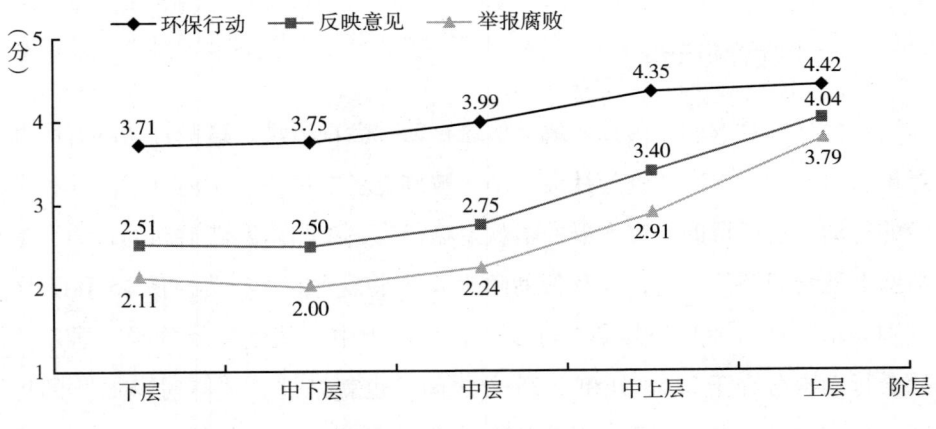

图 16　公共参与型社会行动

在影响社会行动的因素上,谭旭运(2017)的研究发现,男性社会参与多于女性;收入水平越高,社会参与经历越多;受教育程度越高,社会参与经历越多。

二 获得感及其相关因素

习近平总书记在参加十二届全国人大四次会议湖南代表团审议时首次提出"让广大人民群众有更多获得感"后,中央文件和主要领导人多次强调获得感,十九大报告再次重申"保证全体人民在共建共享发展中有更多获得感"。但是,如何衡量民众获得感、民众获得感的影响因素有哪些、民众对获得的要求程度等,都是社会心态研究需要关注的新问题。本次调查对获得感、获得需求和获得感影响因素进行了考察。

(一)获得需求

本报告考察居民获得需求,获得需求是人们对于自己生活状况改善的需求,直接关系人们的获得感和幸福感,也是影响人们未来预期和信心、社会公平感等社会心态的重要因素之一。

本次调查为了解居民的获得需求,使用3个项目的7点量表来测量,题目如"我要求最好的东西""我觉得各个方面我都应当获得更多"。被调查居民总体获得需求的平均分为4.10分,处于量表的中间位置。分别查看不同主观社会阶层获得需求的得分,结果如图17所示,主观社会阶层属于中上层和上层的获得需求得分最高,主观阶层认同为中层和下层的居民获得需求较低,中下阶层的获得需求最低。

(二)获得感

本次研究把获得感作为社会心态的一个指标来测量,使用的题目是"直到现在为止,我都能够得到我在生活上希望拥有的重要东西",被调查者在7点量表上的平均得分为4.07分,标准差为1.51,获得感属于中等略高。图18为不同社会阶层在获得感上的得分,除上层外,随着社会阶层的上升,获得感得分增加,但上层的获得感得分略低于中上层,处于第二位,可见,总体趋势上获得感是随着阶层上升而上升的。

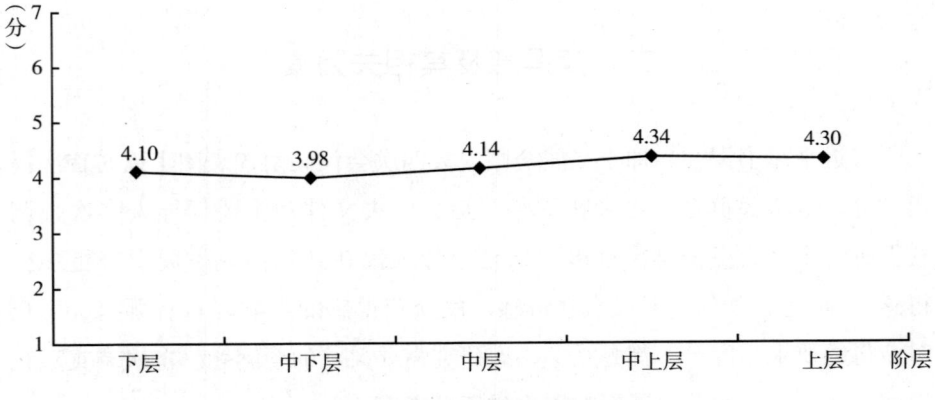

图17　不同社会阶层的获得需求

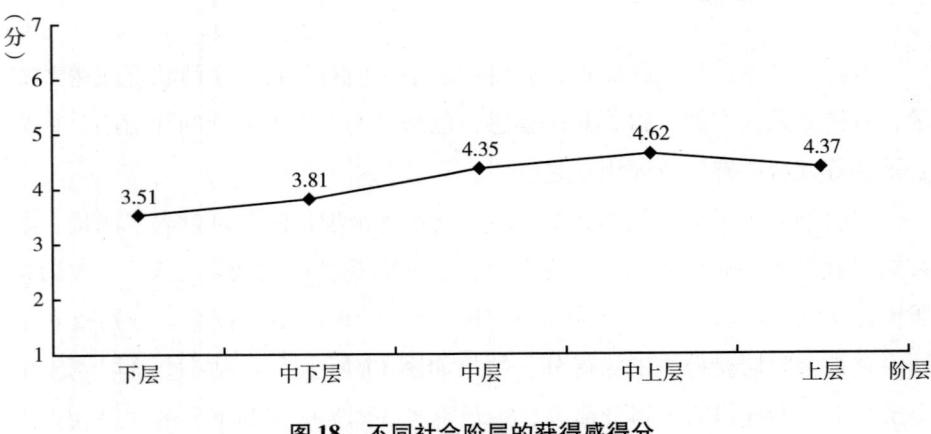

图18　不同社会阶层的获得感得分

（三）获得感影响因素

进一步研究获得感的影响因素，如表1所示，根据回归分析结果，影响获得感的主要因素包括：幸福取向，幸福取向量表的三个指标都进入模型中，但以投入指标影响最大；社会公平感，是影响获得感的主要因素；社会情绪，也是影响获得感的主要因素，并且工作时积极情绪影响更大；主观社会阶层，是影响获得感的主要因素；生活压力，也是影响获得感的主要因素，但可能作为动力来起作用。

表 1 获得感影响因素分析

类别	未标准化系数		标准化系数	t	显著性
	B	标准误差	Beta		
（常量）	-1.18	0.08		-15.53	0.000
投入	0.24	0.01	0.15	16.59	0.000
社会公平感	0.17	0.01	0.13	18.81	0.000
工作时积极情绪	0.33	0.01	0.17	24.51	0.000
主观社会阶层	0.20	0.01	0.12	19.14	0.000
生活压力	0.15	0.01	0.10	15.07	0.000
获得需要	0.10	0.01	0.07	11.05	0.000
性别	0.10	0.02	0.03	5.52	0.000
意义追求	0.07	0.02	0.04	4.74	0.000
收入	0.03	0.01	0.03	4.91	0.000
学历	-0.02	0.01	-0.02	-3.05	0.002
享乐追求	0.04	0.01	0.03	3.26	0.001
年龄	0.00	0.00	0.02	3.13	0.002
在家时积极情绪	0.02	0.01	0.02	2.68	0.007
$R^2 = 0.246$			$F = 569.747^{***}$		

注：*** 表示 $p < 0.001$。

三 基于社会心态特点的政策建议

这次大规模的社会心态调查使我们对于当前民众社会心态有了较为全面的了解，以上对社会心态特点的分析也只是一小部分，仅仅选取了主观社会阶层这样一个视角，但反映出的社会心态问题很值得关注，如何从十九大报告中提出的"加强社会心理服务体系建设"的高度来理解这些问题，并通过社会实践来解决这些问题值得探索。现就上面提到的社会心态研究发现提出以下建议。

（一）关注阶层心态，把握社会心态走向

改革开放以来，我国的社会结构发生了很大的变化，阶层分化明显，阶

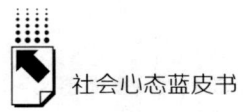

层问题带来很多社会问题,并体现在社会心态中。以往社会阶层研究更多关注收入水平、受教育程度、职业声望等社会地位的客观因素,从社会心态的研究发现,主观社会阶层虽然是影响社会心态的因素之一,但是在幸福感、公平感等指标上却并不是社会阶层等级越高幸福感或公平感越高。我们的许多研究发现,个人主观社会阶层认同显著影响社会心态。社会心态调查显示,主观社会阶层认同由趋于自我更低层级的归类(也就是底层认同)逐渐上移,为社会带来了积极意义。研究发现,主观社会阶层的中层和中上层成为积极社会心态的核心,他们的幸福感、安全感、公平感、社会支持感、社会信任感、积极情绪和社会参与程度更高,消极情绪更低……也就是主观认同的中间阶层各项社会心态指标更优,是社会建设和治理需要依靠的核心力量,也成为社会团结和社会凝聚的核心,起着引导和引领的作用。同时,更要关注下层、中下层的社会心态,了解当前社会的主要矛盾和问题。解决社会矛盾的关键是解决好下层、中下层问题。另外,也要关注属于社会少数人群的上层和中上层的社会心态问题,这代表着未来社会的努力方向,从主观社会阶层的发展和人们对于未来社会阶层的预期看,这个阶层的比例会逐渐扩大。贫富分化、阶层分化的极端表现都是体现在"下"与"上"这两个阶层,要避免这两个阶层类别化而产生的对立和敌意,消解差异性较大的类别化可能产生或加深的群际矛盾和冲突,这也是社会心理服务体系建设需要研究和面对的问题。

(二)满足社会需求,引导积极社会动机

十九大报告提出,当前社会的主要矛盾是"人民日益增长的美好生活需要和不平衡不充分的发展之间的矛盾",这就是说社会发展的目的就是满足社会成员日益增长的美好生活的基本需要。但如何满足社会需要,以及如何判断社会需求满足程度并不容易。而且,人民日益增长的美好生活需要与对满足这种需要的努力之间会始终存在一定的距离和时间的滞后,通过社会发展来解决这个矛盾是一个长期的艰巨任务。因此,应关注不同社会阶层的差异化需求,通过社会保障和社会网络建设来满足中层、中下层的基本生活

需求，加强社会支持体系建设，不断改善他们的生活条件，提高获得感，降低不公平感；也要关注中上和上层群体对更高生活水平的追求，尊重他们更高的获得需求，为他们提供通过合法努力可以实现更高目标的条件，引导他们积极的社会动机，为社会建设和社会整体状况改善而努力。

（三）研究社会认知，凝聚社会力量

社会心态的认知方面包括幸福感、安全感、公平感、社会支持这些从个人角度对社会现状的评价，也包括对人际关系、地方或城市的认同和国家认同等内容。民众的社会认知包含了许多社会现状和社会问题的重要信息，是社会治理需要了解的重要内容。政府部门和全社会都要重视民众的社会认知。从这次社会心态的调查看，民众的主观幸福感现状并不乐观，而幸福感与获得感是两个相关性很高的因素，十九大报告重申了幸福发展观，如何引导积极的幸福观，避免消费主义、物质主义倾向下"虚假需求"导致的外在目标无限不满足是值得研究的问题。食品安全、信息安全、环境安全依然是安全感最低的几个方面，这是人们美好生活需求的基本方面，衣食住行的基本生活需求需要在新形势下得到满足。从这次调查看，民众的国家认同程度很高，这是社会心态的积极力量，也是社会凝聚力的重要内容。社会心理服务体系建设不仅涉及心理学专业工作者的专业服务，而且需要全社会的努力，从而不断提高社会信任度、提高社会公平感，不断积累社会资源，凝聚社会力量，促使社会不断进步。

（四）疏解社会情绪，促进社会治理

每个时代都有每个时代的情绪表现和情感表达。调查发现，积极的社会情绪是主流，但也表现出一定的消极社会情绪。从历史发展的角度看，任何时期都不可避免地会有消极情绪，我们应该关注的是消极情绪的表现和消极情感的走向，以及如何合理疏解消极情绪，避免一味强调正能量而压制消极情绪的释放。消极情绪具有一定的信号意义，是社会治理需要关注的。关注社会阶层中不同群体的社会情绪，特别是要关注阶层之间消极情感的产生，

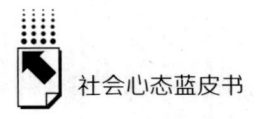

要避免阶层间消极情绪扩大或升级为消极情感，如贫富之间的不满上升为敌意或仇恨。

（五）化解社会矛盾，提高民众获得感

当前社会的主要矛盾是"人民日益增长的美好生活需要和不平衡不充分的发展之间的矛盾"，不平衡不充分的发展带来了阶层分化、贫富差距等，也带来了社会不公。社会治理必须重视这些社会心态问题，这关系社会的和谐与稳定。目前，社会信任长期处于较低水平，社会信任困境依然没有出现扭转的迹象。十九大报告提出，"要坚持在发展中保障和改善民生，在幼有所育、学有所教、劳有所得、病有所医、老有所养、住有所居、弱有所扶上不断取得新进展，保证全体人民在共建共享发展中有更多获得感"。除了提出具体的人生不同阶段的养育、教育、分配、医疗、养老外，也关注了弱有所扶的社会问题，这里的"扶"不仅仅是针对社会上一度讨论的"老人跌倒要不要扶"的社会信任问题，也涉及社会支持体系建设，更是社会心理服务体系建设的重要内容。

参考文献

李原：《不同目标追求对幸福感的影响》，载王俊秀主编《中国社会心态研究报告（2016）》，社会科学文献出版社，2016。

罗纳德·英格尔哈特：《中国尚未进入后物质主义价值观阶段》，《人民论坛》2013年第27期。

王俊秀：《居民需求满足与社会预期》，《江苏社会科学》2017年第1期。

王俊秀：《满足合理社会流动预期，促进社会持续发展》，载王俊秀主编《中国社会心态研究报告（2016）》，社会科学文献出版社，2016。

王俊秀：《社会心态理论：一种宏观社会心理学范式》，社会科学文献出版社，2014。

杨宜音：《关系化还是类别化：中国人"我们"概念形成的社会机制探讨》，《中国社会科学》2008年第4期。

张海东、杨城晨：《住房与城市居民的阶层认同——基于北京、上海、广州的研究》，《社会学研究》2017 年第 5 期。

赵志裕、温静、谭俭邦：《社会认同的基本心理历程——香港回归中国的研究范例》，《社会学研究》2005 年第 5 期。

Diener E., Emmons R. A., Larsen R. J., Griffin S., "The Satisfaction with Life Scale", *Journal of Personality Assessment*, 49 (1985).

Kasser T., Ryan R. M., "Further Examining the American Dream: Differential Correlates of Intrinsic and Extrinsic Goals", *Personality and Social Psychology Bulletin*, 22 (1996).

Ryan R. M., Deci E. L., "Self-Determination Theory and The Facilitation of Intrinsic Motivation, Social Development, and Well-Being", *American Psychologist*, 55 (2000).

社会阶层与幸福感
Social Status and Subjective Well-bing

B.2
城市居民主观社会阶层特点分析
——基于CASS-INTELLVISION社会心态调查数据*

高文珺**

摘　要： 本研究分析了人们主观社会阶层的现状、主观评定的社会阶层的变化特点和人们对于社会阶层的预期，探讨了客观社会经济地位和主观社会阶层之间的关系。采用2017年社会心态调查（CASS-INTELLVISION Social Mentality Survey 2017）13703个城市居民数据进行分析。结果表明，人们当前的社会阶层认同以中层偏下为主，比过去的社会阶层认同有明显提高，对于自己未来的社会阶层和下一代的社会阶层都预期较高。受教育程度、职业、收入和住房等客观社会经济地位

---

* 本报告受国家社会科学基金青年项目"社会共识形成和作用机制研究"（项目批准号：14CSH001）资助。
** 高文珺，中国社会科学院社会学研究所助理研究员，博士，研究方向为社会心理学。

指标和主观社会阶层关系紧密，但对阶层预期的影响较小。

关键词： 主观社会阶层　客观社会经济地位　阶层预期

一　引言

主观社会阶层（Subjective Social Status, SSS）是一种阶层认同，即个人对自己在社会阶层结构中所占据位置的感知（张海东、杨城晨，2017）。国外早期的主观社会阶层研究发现，民众能区分自己的阶级并且以客观地位为基础（Cantril，1943）；后续许多研究发现，客观和主观社会阶层之间虽然存在联系，但关联较弱，还有研究发现中产认同偏好具有普遍性，因此学者提出"主客观地位不一致"的结论（Hodge & Treiman，1968）；20 世纪后期研究发现个人的客观社会经济地位还是会影响主观社会阶层，但受到宏观经济、社会情境或制度因素的调节（Andersen & Curtis，2012）。国内研究者一致认为中国民众的主观社会阶层具有向下偏移的特点（刘欣，2001；赵延东，2005；冯仕政，2011；高勇，2013；陈光金，2013）。同时，传统客观经济地位指标，如收入、职业和受教育程度与主观社会阶层关系紧密（王春光、李炜，2002；李培林等，2005；范晓光、陈云松，2015）。近些年来，越来越多的研究者开始关注住房对于中国社会分层的作用，如李春玲（2007）提出住房构成了社会分层的一项分布指标；李强（2009）认为以住房为代表的财产分化是当今中国社会分层的一个主要指标，体现了基于财富的社会分层秩序的建立；最新的一项对于北上广三地居民的调查显示，住房对于居民阶层认同起到了关键作用（张海东、杨城晨，2017）。本研究认为住房可作为居民财富的标志，特别是对于城市居民来说，可将其视为一项新的社会经济地位指标。本研究将着重于分析传统和新的客观社会经济地位指标和主观社会阶层之间的关系，同时分析现阶段主观社会阶层的特点、主观社会阶层的变化特点以及人们对主观社会阶层的预期。

二 研究方法

（一）调查对象

本研究数据来源于社会心态调查（CASS-INTELLVISION Social Mentality Survey 2017），该调查由中国社会科学院（CASS）社会学研究所社会心理学研究中心和智媒云图（INTELLVISION）合作完成。调查于2016年8月到2017年4月，通过智媒云图研发的问卷调研APP"问卷宝"，向在线样本库的全国用户（共约110万人，覆盖全国346个地级城市）推送问卷，随后依靠用户分享问卷的方式来进行滚雪球式发放。问卷收回后，课题组利用测谎题、答题完成情况等对问卷进行筛选。调查最初共收回全部作答问卷24364份，经筛选后最终得到有效成人问卷22669份，问卷有效率为93.04%。本研究的分析不包含在校大学生和居住在农村的调查对象，最终选用的样本数量为13703人，其中男性7522人，占54.9%，女性6181人，占45.1%。年龄范围是18~70岁，平均年龄为30.0±8.4岁。调查对象来自北京、安徽、福建、甘肃、广东、广西、贵州、海南、河北、河南、黑龙江、湖北、湖南、吉林、江苏、江西、辽宁、内蒙古、宁夏、青海、山东、山西、陕西、上海、四川、天津、西藏、新疆、云南、浙江和重庆31个省、自治区和直辖市。调查对象具体情况参见表1。

表1 样本基本情况（N=13703）

单位：人，%

属性	类别	人数	百分比
性别	男	7522	54.9
	女	6181	45.1
受教育程度	小学	211	1.5
	初中	1123	8.2
	高中/中专/职高/技校	3704	27.0
	大专	3370	24.6
	大学本科	4473	32.6
	研究生及以上	822	6.0

续表

属性	类别	人数	百分比
职业	国家机关、党群组织、企业、事业单位负责人	700	5.1
	专业技术人员	3830	28.0
	办事人员和有关人员	1450	10.6
	商业、服务业人员	2754	20.1
	农、林、牧、渔、水利业生产人员	546	4.0
	生产、运输设备操作人员及有关人员	1404	10.2
	军人	47	0.3
	自由职业者	2029	14.8
	其他	943	6.9
住房	有自有住房	7591	55.4
	无自有住房	6112	44.6
居住社区	新近由农村社区转变过来的城市社区（村改居、村居合并或城中村）	1955	14.3
	未经改造的老城区	1622	11.8
	单一或混合的单位社区	1408	10.3
	保障性住房社区	1583	11.6
	普通商品房社区	6628	48.4
	别墅区或高级住宅区	507	3.7
城市类别	一线城市	2381	17.4
	二线发达城市	1372	10.0
	二线中等城市	2451	17.9
	二线发展较弱城市	689	5.0
	三线城市	2241	16.4
	四线及以下城市	4569	33.3

（二）测量工具

1. 客观社会经济地位测量

本研究测量了调查对象的客观社会经济地位（Socioeconomic Status，SES）和主观社会阶层（Subjective Social Status，SSS）。客观社会经济地位测量包括传统指标和新近指标两部分。传统社会经济地位指标包括受教育程度、个人月收入和职业。其中，职业的测量参照人力资源和社会保障部对国家职业资格管理的分类①,具体分为国家机关、党群组织、企业、事业单位负责人,专业技术人员,办事人员和有关人员,商业、服务业人员,农、林、牧、渔、水利业生产人员,生产、运输设备操作人员及有关人员,军人和不便分类的其他从业人员八个大类,同时,将最后一类其他从业人员进一步区分为自由职业者和其他两类,最终划分了九类职业。

新近的社会经济地位指标主要集中于住房。本研究从住房产权和居住环境两方面测量了住房变量。其中,住房产权的测量方式是询问调查对象的住房情况,拥有自建房、经济适用房和商品房都被视为拥有自有住房,编码为1;而租房、公租房、住单位宿舍或借住父母和他人之房则都被视为没有自有住房,编码为0。居住环境的测量方式是询问调查对象所居住的社区类型,包括未经改造的老城区、单一或混合的单位社区、保障性住房社区、普通商品房社区、别墅区或高级住宅区和新近由农村社区转变过来的城市社区(村改居、村居合并或城中村)六类。

2. 主观社会阶层测量

主观社会阶层的测量包括了三个方面,分别是主观社会阶层、主观社会阶层的变化和主观社会阶层的预期,测量均采用国内外研究中常用的阶梯量表(Adler et al., 2000),向调查对象呈现具有从1~10数字标注的阶梯图案,1代表处于社会的最底层,10代表处于社会的最上层,让调查对象分别报告自己目前处于哪个等级,五年前的等级,刚参加工作时的等级,五年后将会处在哪个等级以及下一代将会处在哪个等级之上。分析时,分别用目前的社会等级减去五年前的等级和刚参加工作时的等级,代表主观社会阶层的变化,分别用五年后的等级预期和下一代的等级预期减去目前的等级,代表主观社会阶层的预期。

3. 城市等级划分

不同地区经济发展程度不同,而客观社会经济地位对于主观社会阶层的影响,可能也受到地区发展状况的影响,为此,本研究将调查对象所处的城

---

① 分类参见 http://ms.nvq.net.cn/nvqdbApp/htm/fenlei/index.html。

市纳入分析之中。参照以往研究（应小萍，2016），将城市分为一线、二线、三线、四线几个等级。此次调查中涉及的一线城市包括北京、上海、广州和深圳四个城市。二线城市共32个，又分为二线发达城市9个，包括天津、重庆、杭州、南京、济南、青岛、大连、宁波和厦门；二线中等城市16个，包括沈阳、成都、武汉、苏州等城市；二线发展较弱城市7个，包括合肥、昆明、温州等城市。三线城市55个，包括贵阳、乌鲁木齐、海口、兰州等省会城市以及各省的经济强市。四线及以下城市共243个。

三 研究结果

（一）主观社会阶层的基本特点

首先分析主观社会阶层、社会阶层变化和预期的整体状况，结果如表2和图1~3所示。按10点量表计分，5层、6层代表中间阶层，从图1的分布看，调查对象普遍认为自己现在的阶层处于居中偏下的位置，选择5级的人数比例最高（27.7%），其次是选择4级（19.6%）和6级（16.4%）的人数比例，底层认同（1级、2级）的人数比例为10%，中下层认同（3级、4级）的选择人数占33.5%，中层认同（5级、6级）的人数比例为44.1%。图2的分布则表明，调查对象对自己5年前和刚工作时的阶层评价则更多的是向下偏移的认同，对于5年前自己社会阶层的评估，3级和1级的选择人数比例最多，分别为17.9%和17.8%，底层认同（1级、2级）的人数比例提升至31.4%，中下层认同（3级、4级）的选择人数占34.3%，中层认同（5级、6级）的人数比例仅为24.7%。对于刚工作时的社会阶层评估更为偏下，1级和3级的选择人数最多，分别占21.2%和19.1%，底层认同（1级、2级）的人数比例达到了35.8%，中下层认同（3级、4级）的选择人数占34.4%，中层认同（5级、6级）的人数比例为22.4%。图3的分布显示，调查对象对于自己5年后的阶层预期和对下一代的阶层预期则较为积极，表现出明显的向上偏移特点。对于5年后自己社会阶层的评估，6级和7级的选择人数比例较高，分别为20.7%和19.3%，底层和中下层认同（1~4级）的人数比例累计20.9%，中层认同（5级、6级）的人数比例为38.7%，中上层和上层人数比例达到了40.4%，其中以中上层认同（7级、8级）为主（31.5%）。而对于下一代社会阶层的预期，7级和8级的选择人数比例较高，分别为17.3%和16.8%，认为下一代处于底层和中下层（1~4级）的人数比例累计仅为13.4%，中层认同（5级、6级）的人数比例为31%，中上层和上层的选择人数超过了半数，达到55.6%，其中，中上层（7级、8级）选择人数比例为34.1%，上层（9级、10级）的选择人数比例为21.5%。

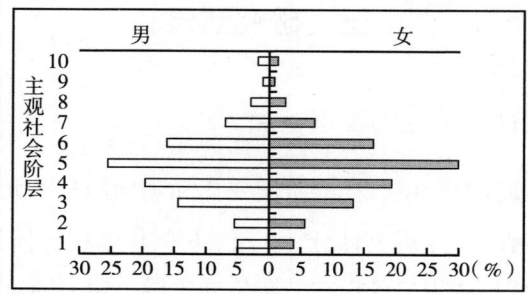

图1 主观社会阶层分布特点

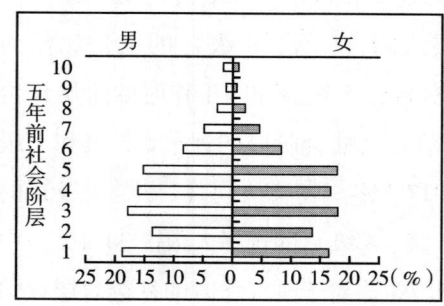 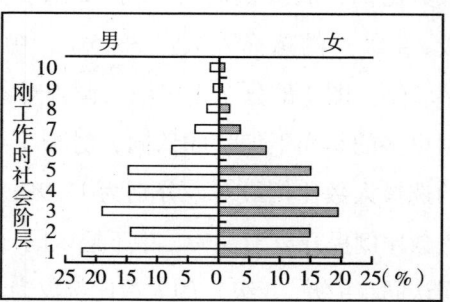

图2 五年前和刚工作时的社会阶层分布特点

表2中均值分析显示，和过去相比，调查对象认为自己的阶层上升了一个等级左右。和现在相比，调查对象认为自己五年后社会阶层会提升约一个等级，而下一代的社会阶层则会比自己提升约两个等级。

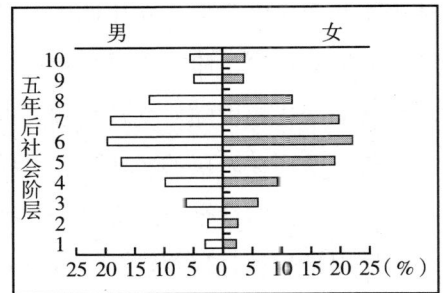 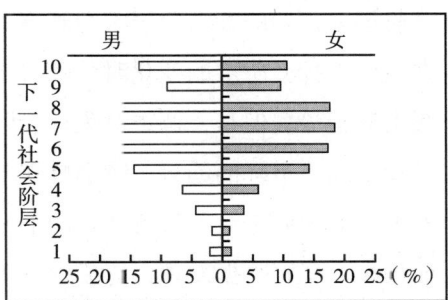

图 3　五年后和下一代的社会阶层分布特点

表 2　主观社会阶层基本特点（N = 13703）

类　别	均值	与现在社会阶层对比差异
主观社会阶层	4.691	0
5 年前社会阶层	3.711	-0.981
刚参加工作时社会阶层	3.473	-1.218
5 年后社会阶层	5.962	1.271
下一代社会阶层	6.744	2.053

综合上述分析，可以看出，从人们自评的社会阶层看，人们的社会阶层认同从最初的底层认同，开始上移至现在的中层认同，对未来社会阶层的预期则开始出现了向中上层偏移的趋势，而对下一代社会阶层的预期，则出现了向中上层和上层偏移的特点。

（二）传统社会经济地位指标与主观社会阶层

1. 受教育程度与主观社会阶层

采用方差分析的方法，比较受教育程度不同的调查对象在主观社会阶层、阶层变化和预期上的差异，结果分别见表3、表4和图4、图5。表3和图4结果显示，无论受教育程度如何，社会阶层的时间变化模式都比较相似，表现为目前的社会阶层居中，刚工作时和5年前社会阶层偏低，5年后和下一代社会阶层有所提升。但不同受教育程度的调查对象社会阶层高低存在差异，整体上，受教育程度越高，调查对象目前的主观社会阶层、以往的社会阶层和预期的社会阶层都会越高。从表4和图5中看出，对比调查对象现在与过去社会阶层的变化时，随着受教育程度的提升，阶层提升的幅度呈平缓上升趋势。但是，调查对象社会阶层预期的变化幅度随着受教育程度的提升却呈现了下降的趋势，特别是在下一代与自己现在阶层的对比上，受教育程度最高的调查对象，所估计的下一代比自己现在的社会阶层提升的幅度反而最小。观察数据发现，造成这一现象的原因是受教育程度较高的调查对象比受教育程度偏低的调查对象社会阶层认同更高，而两者对下一代社会阶层的预期都比较乐观，相差不是很大，因此，前者社会阶层预期的变化幅度要小于后者。

表3 社会阶层的受教育程度差异（N=13703）

受教育程度	主观社会阶层	五年前社会阶层	刚工作时社会阶层	五年后社会阶层	下一代社会阶层
小学	4.052	3.502	3.185	4.991	6.232
初中	4.194	3.361	3.133	5.549	6.776
高中/中专/职高/技校	4.500	3.612	3.358	5.874	6.847
大专	4.512	3.568	3.325	5.793	6.597
大学本科	4.940	3.865	3.615	6.162	6.735
研究生及以上	5.777	4.431	4.365	6.780	7.022
F值	123.723***	37.272***	50.524***	63.652***	10.327***

注：*** 表示 $p<0.001$。

表4 社会阶层变化与预期的受教育程度差异（N=13703）

受教育程度	现在-5年前	现在-刚工作	5年后-现在	下一代-现在
小学	0.550	0.867	0.938	2.180
初中	0.833	1.061	1.355	2.581
高中/中专/职高/技校	0.888	1.142	1.374	2.346
大专	0.945	1.188	1.281	2.085
大学本科	1.075	1.325	1.222	1.796
研究生及以上	1.347	1.412	1.002	1.245
F值	12.947***	9.366***	8.101***	55.765***

注：*** 表示 $p<0.001$。

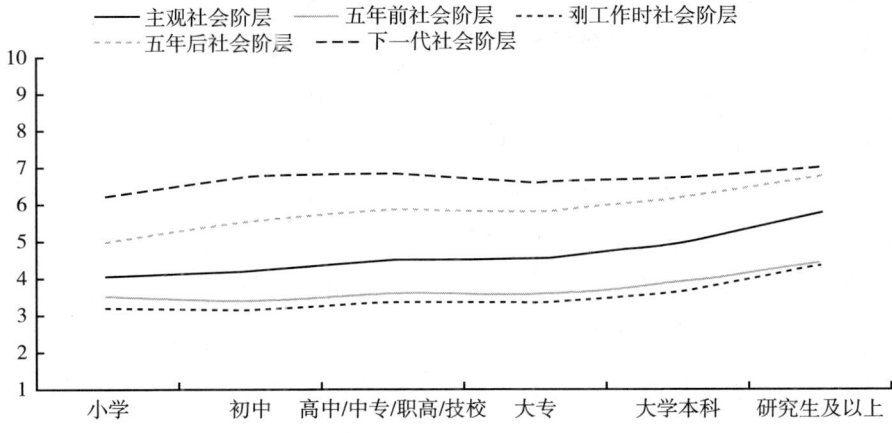

图 4　不同受教育程度调查对象的主观社会阶层

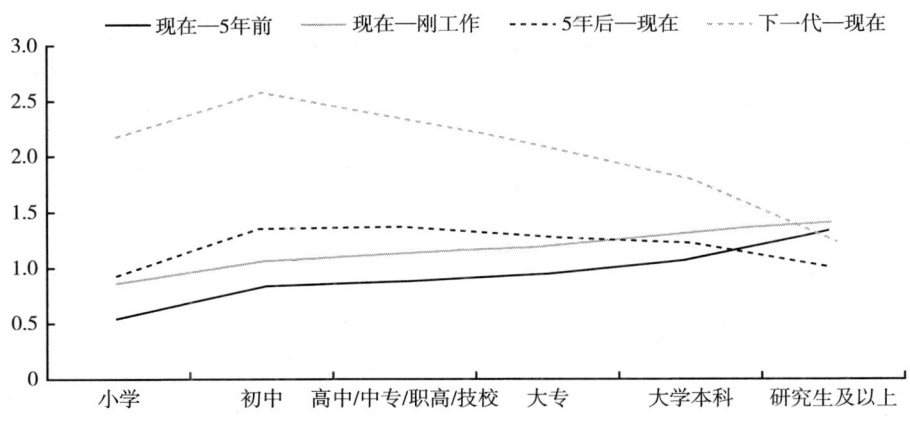

图 5　不同受教育程度调查对象的社会阶层变化与预期

2. 职业与主观社会阶层

采用方差分析的方法，比较不同职业的调查对象在主观社会阶层、阶层变化和预期上的差异，结果分别见表5、表6和图6、图7。表5和图6结果显示，不同职业的调查对象社会阶层高低存在差异，国家机关、党群组织、企业、事业单位负责人的社会阶层认同和未来的阶层预期都是最高的，专业技术人员、办事人员和有关人员及军人的社会阶层认同居中，生产、运输设备操作人员及有关人员,自由职业者和其他不便分类的从业者社会阶层认同最低,对未来的预期也较低。从表6和图7中社会阶层变化和预期的特点看,对于自身社会阶层与过去相比的变化评估,不同职业之间差异不是特别明显。但是,在对于社会阶层变化的预期上,尤其是在下一代与自己相比的阶层变化预期上出现了较大的差异,自身社会阶层认同最高的单位负责人,预期下一代社会阶层比自己提升的幅度最小;而前述自身社会阶层认同最低的生产、运输设备操作人员及有关人员,自由职业者和其他从业者,预期下一代社会阶层比自己提升的幅度则是最大的。从数据看,这两组不同职业的调查对象自身社会阶层存在一定差异,单位负责人比后几个从业者的社会阶层认同高出一个多等级,但他们对下一代的预期却相差不是很大,因而造成前者预期变化幅度小,后者预期变化幅度较大。

表5 社会阶层的职业差异(N=13703)

职业	主观社会阶层	五年前社会阶层	刚工作时社会阶层	五年后社会阶层	下一代社会阶层
国家机关、党群组织、企业、事业单位负责人	5.851	4.800	4.574	6.643	6.903
专业技术人员	4.905	3.866	3.655	6.073	6.691
办事人员和有关人员	5.113	4.094	3.841	5.973	6.628
商业、服务业人员	4.591	3.584	3.297	6.031	6.779
农、林、牧、渔、水利业生产人员	4.648	3.782	3.714	5.615	6.480
生产、运输设备操作人员及有关人员	4.184	3.326	3.011	5.585	6.693
军人	5.298	4.128	4.468	6.319	7.021
自由职业者	4.291	3.381	3.183	5.874	6.882
其他职业	4.220	3.269	2.986	5.724	6.840
F值	97.831***	54.525***	64.302***	22.978***	3.996***

注:*** 表示 $p<0.001$。

表6 社会阶层变化与预期的职业差异(N=13703)

职业	现在—5年前	现在—刚工作	5年后—现在	下一代—现在
国家机关、党群组织、企业、事业单位负责人	1.051	1.277	0.791	1.051
专业技术人员	1.039	1.250	1.169	1.787
办事人员和有关人员	1.019	1.272	0.860	1.514

续表

职业	现在—5年前	现在—刚工作	5年后—现在	下一代—现在
商业、服务业人员	1.007	1.294	1.440	2.188
农、林、牧、渔、水利业生产人员	0.866	0.934	0.967	1.832
生产、运输设备操作人员及有关人员	0.858	1.172	1.401	2.509
军人	1.170	0.830	1.021	1.723
自由职业者	0.909	1.107	1.583	2.591
其他职业	0.950	1.233	1.505	2.620
F值	1.996***	3.851***	31.079***	63.961***

注：*** 表示 p<0.001。

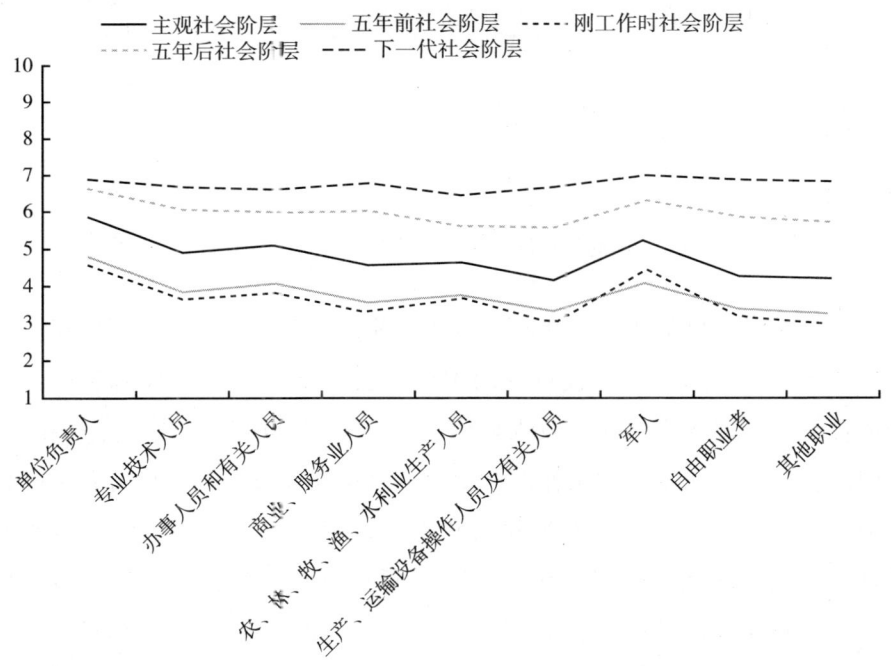

图6 不同职业调查对象的主观社会阶层

3. 收入与主观社会阶层

将个人月收入划分为低收入、中下、中等、中上和高收入五个等级，方差分析比较不同收入的调查对象在主观社会阶层、阶层变化和预期上

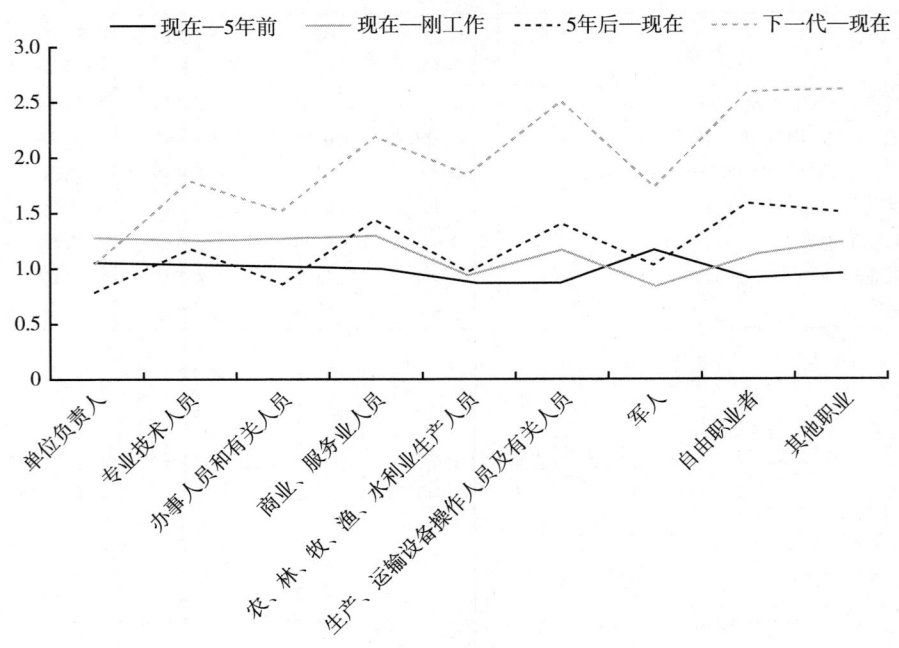

图 7　不同职业调查对象的社会阶层变化与预期

的差异,结果分别见表 7、表 8 和图 8、图 9。根据表 7 和图 8 呈现的结果,个人月收入越多,调查对象的主观社会阶层、之前的社会阶层和预期的社会阶层就越高。无论收入如何,社会阶层的时间变化特点都相似,目前的社会阶层居中,刚工作时和 5 年前社会阶层偏低,5 年后和下一代社会阶层有较大提升。从表 8 和图 9 来看,随着收入增多,对比调查对象现在与过去的社会阶层变化时,阶层提升的幅度会较平缓地上升。但是,调查对象社会阶层预期的变化幅度随收入增加却表现出不同的变化趋势,特别是在下一代与自己现在阶层的对比上,低收入的调查对象所估计的下一代相比自己现在的社会阶层提升的幅度是最大的。从数据看,虽然对下一代社会阶层的预期随收入增加而有所提高,但最大差距约 0.6 个等级,而低收入者自身的社会阶层认同与中高收入者之间的差距最大达到了 1.4 个等级,因而前者的社会阶层预期变化幅度要大于后者。

表7 社会阶层的月收入差异（N=13703）

个人月收入	主观社会阶层	五年前社会阶层	刚工作时社会阶层	五年后社会阶层	下一代社会阶层
低收入	3.994	3.153	2.972	5.446	6.592
中下收入	4.659	3.660	3.421	5.943	6.754
中等收入	5.218	4.171	3.894	6.319	6.781
中上收入	5.432	4.212	3.952	6.566	6.936
高收入	5.417	4.352	4.020	6.634	7.223
F值	321.144***	150.312***	127.573***	133.154***	14.379***

注：*** 表示 p<0.001。

表8 社会阶层变化与预期的月收入差异（N=13703）

个人月收入	现在—5年前	现在—刚工作	5年后—现在	下一代—现在
低收入	0.841	1.022	1.451	2.598
中下收入	0.999	1.238	1.284	2.095
中等收入	1.047	1.324	1.101	1.563
中上收入	1.220	1.480	1.134	1.554
高收入	1.065	1.397	1.217	1.806
F值	9.200***	19.396***	18.523***	111.336***

注：*** 表示 p<0.001。

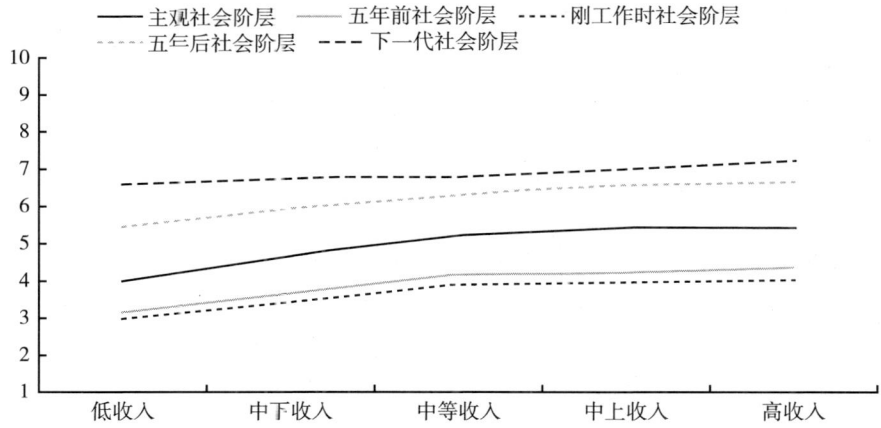

图8 不同收入调查对象的主观社会阶层

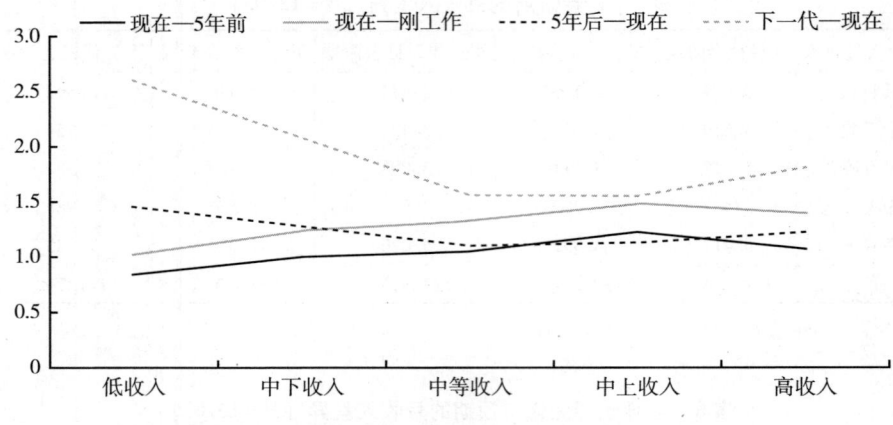

图9 不同收入调查对象的社会阶层变化与预期

（三）住房与主观社会阶层

1. 自有住房和主观社会阶层

通过 T 检验比较有无自有住房的调查对象主观社会阶层的差异，结果见表9。从表中看，无论是自身的社会阶层认同，还是对自己未来以及下一代社会阶层的预期，有自有住房的调查对象都要比没有房的调查对象的阶层认同高。但无房调查对象预期下一代和自己的阶层变化幅度会相对大一些。

表9 住房状况与主观社会阶层（N=13703）

比较项目	住房情况	平均值	T 值
主观社会阶层	无房	4.309	-23.122***
	有房	4.999	
五年前社会阶层	无房	3.325	-19.873***
	有房	4.021	
刚工作时社会阶层	无房	3.179	-15.394***
	有房	3.710	
五年后社会阶层	无房	5.767	-10.313***
	有房	6.120	

续表

比较项目	住房情况	平均值	T 值
下一代社会阶层	无房	6.620	-6.177***
	有房	6.845	
现在 - 5 年前	无房	0.984	0.164
	有房	0.978	
现在 - 刚工作	无房	1.230	-5.007***
	有房	1.289	
5 年后 - 现在	无房	1.457	10.535***
	有房	1.121	
下一代 - 现在	无房	2.510	11.705***
	有房	1.846	

注：*** 表示 $p < 0.001$。

2. 居住社区和主观社会阶层

采用方差分析的方法，比较居住在不同社区的调查对象在主观社会阶层、阶层变化和预期上的差异，结果分别见表10、表11和图10、图11。表10和图10结果显示，无论居住在哪个社区，调查对象的社会阶层变化趋势都类似，表现为目前社会阶层高于过去，未来社会阶层高于现在。但是，调查对象居住社区不同，其社会阶层的高低存在差异，别墅区或高档社区的调查对象社会阶层认同最高，其次是普通商品房和保障性住房社区的调查对象，老城区、城中村和单位社区的调查对象社会阶层认同最低。表11和图11的数据表明，在评价自身社会阶层与过去相比的变化时，不同社区的调查对象之间差异不是很明显。但是，在对于社会阶层变化的预期上，尤其是下一代的社会阶层与自己相比的变化上，出现了较大差异，住在别墅区或高档社区的调查对象，其预期的下一代社会阶层相比自己提升的幅度最小，而前述社会阶层认同最低的老城区和城中村的调查对象，预期下一代社会阶层相比自己提升的幅度则最大。从数据看，老城区和城中村的调查对象自身的社会阶层认同比别墅区的调查对象低了近两个等级，但是，两者对下一代的阶层预期相差不到0.5个等级，因而前者的预期变化幅度更大。

表10 社会阶层的社区差异（N=13703）

居住社区	主观社会阶层	五年前社会阶层	刚工作时社会阶层	五年后社会阶层	下一代社会阶层
新近由农村社区转变过来的城市社区（村改居、村居合并或城中村）	4.291	3.262	3.092	5.775	6.717
未经改造的老城区	4.043	3.229	2.934	5.652	6.661
单一或混合的单位社区	4.350	3.461	3.273	5.694	6.577
保障性住房社区	4.895	3.933	3.798	6.002	6.618
普通商品房社区	4.890	3.875	3.582	6.076	6.805
别墅区或高级住宅区	6.028	4.828	4.781	6.811	7.179
F值	161.837***	84.469***	97.441***	39.487***	8.793***

注：*** 表示 $p<0.001$。

表11 社会阶层变化与预期的社区差异（N=13703）

居住社区	现在—5年前	现在—刚工作	5年后—现在	下一代—现在
新近由农村社区转变过来的城市社区（村改居、村居合并或城中村）	1.029	1.199	1.484	2.426
未经改造的老城区	0.813	1.109	1.610	2.618
单一或混合的单位社区	0.889	1.077	1.344	2.227
保障性住房社区	0.961	1.097	1.107	1.724
普通商品房社区	1.015	1.308	1.186	1.915
别墅区或高级住宅区	1.199	1.247	0.783	1.152
F值	4.880***	7.331***	28.618***	58.421

注：*** 表示 $p<0.001$。

（四）客观社会经济地位与主观社会阶层的关系

前述分析已经表明，无论是在传统的社会经济地位指标，如受教育程度、收入和职业方面，还是在新增的社会经济地位指标，即住房相关指标上，调查对象的主观社会阶层、阶层的变化和预期都因这些指标的差异而存在一定差异。但由于这些指标之间存在一定相关性，为检验在考虑了指标间的相互作用之后，客观社会经济地位和主观社会阶层之间是否仍存在一定的关联，采用多重线性回归，整体分析客观社会经济地位和主观社会阶层之间的关联。

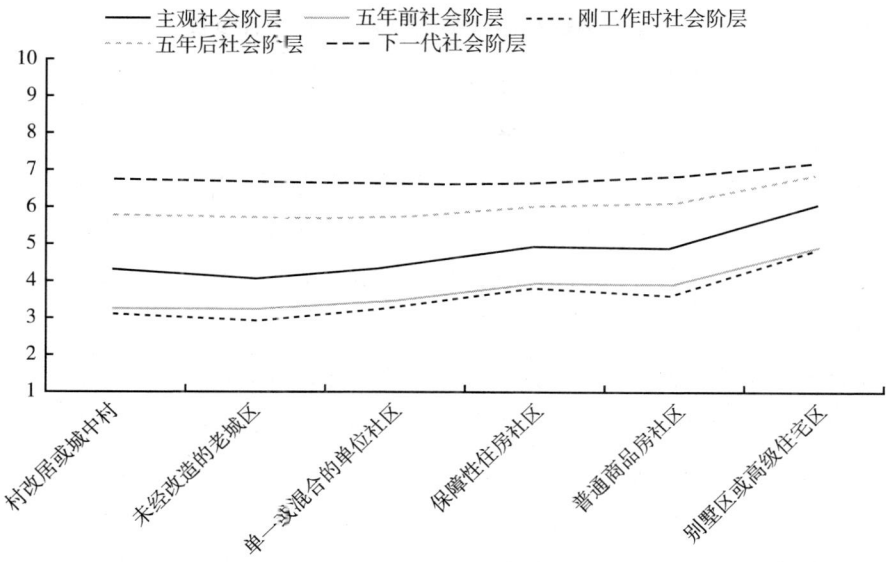

图 10　不同社区调查对象的主观社会阶层

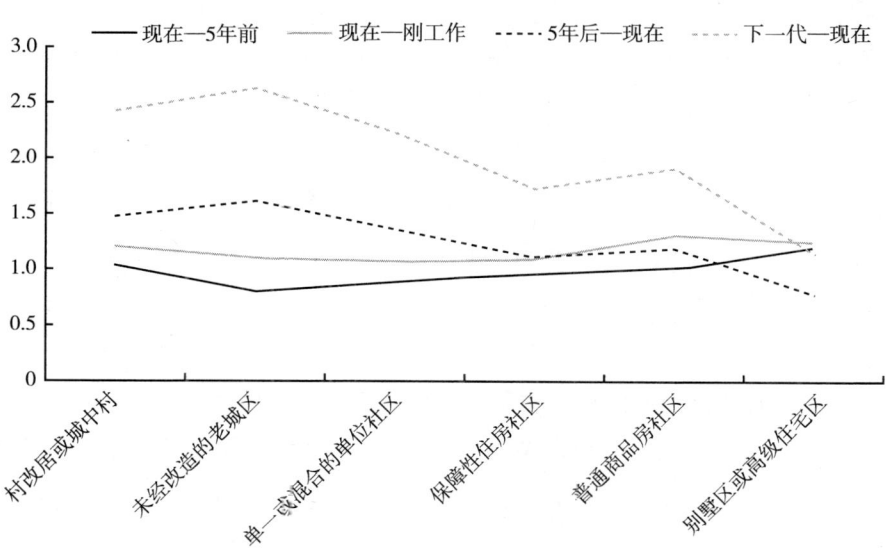

图 11　不同社区调查对象的社会阶层变化与预期

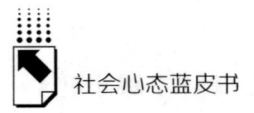

首先分析客观社会经济地位和社会阶层认同之间的关联。以当前的社会阶层为因变量，以受教育程度、个人月收入、职业、有无住房和居住社区这些客观社会经济地位指标为自变量进行回归分析，同时，回归方程中纳入性别、年龄和所属城市类型等人口学变量，剔除其对研究结果的影响。自变量采用层次进入的方式，考察每层中增加的变量对回归方程解释力度的影响，从而判定增加的变量是否和因变量独立关联。具体而言，第一层进入人口学变量，性别、年龄和所属城市类型，其中城市类型包括一线、二线发达、二线中等、二线发展较弱、三线和四线及以下城市五个类别，以四线及以下城市为参照类；第二层进入传统社会经济地位指标，即受教育程度、个人月收入和职业，其中职业包括国家机关、党群组织、企业、事业单位负责人，专业技术人员，办事人员和有关人员，商业、服务业人员，农、林、牧、渔、水利业生产人员，生产、运输设备操作人员及有关人员，军人，自由职业者和其他从业者九类，以其他从业者为参照类；第三层进入新的住房相关指标，包括有无住房和居住社区，其中，社区包括未经改造的老城区、单一或混合的单位社区、保障性住房社区、普通商品房社区、别墅区或高级住宅区和新近由农村社区转变过来的城市社区六类，以新近由农村社区转变过来的城市社区（城中村）为参照类。每层变量采用全部进入（ENTER）方式，结果见表12。

从表12中的结果看，传统社会经济地位指标和新增的住房指标都显著增加了回归的解释力度，两者都独立地与主观社会阶层关系紧密，累计可解释回归方程14.8%的变异。最终的回归方程中，人口学变量方面，年龄越大的调查对象主观社会阶层越低，以四线及以下城市为参照群体，发现处于一线城市和二线中等城市的调查对象社会阶层认同偏低。社会经济地位指标方面，受教育程度越高的调查对象，自评的社会阶层越高；月收入越高的调查对象，社会阶层认同水平也越高。以其他从业者为参照群体，单位负责人、专业技术人员、办事人员、商业和服务业人员、农林牧渔和水利生产人员及军人社会阶层认同都较高，从相关系数看，国家机关、党群组织、企业、事业单位负责人，专业技术人员及办事人员和有关人员的社会阶层认同更高。住房方面，有自有住房的调查对象社会阶层认同更高。从居住环境考察，以新近由农村社区转变过来的城市社区为参照群体，别墅区或高级住宅区、普通商品房社区和保障性住房社区居民认同的社会阶层较高，而未经改造的老城区居民阶层认同较低。

表12 社会阶层对客观社会经济地位的回归分析结果（N=13703）

变量	第一层 标准化系数β	第二层 标准化系数β	第三层 标准化系数β
性别	0.002	0.034 ***	0.032 ***
年龄	0.040 ***	0.007	-0.017 *
一线城市	-0.021 *	-0.071 ***	-0.047 ***
二线发达	-0.008	-0.021 *	-0.011
二线中等	-0.024 *	-0.039 ***	-0.028 **
二线发展较弱	0.007	-0.003	0.004
三线城市	0.000	0.000	0.002
受教育程度		0.077 ***	0.061 ***
个人月收入		0.228 ***	0.193 ***
国家机关、党群组织、企业、事业单位负责人		0.147 ***	0.123 ***
专业技术人员		0.102 ***	0.087 ***
办事人员和有关人员		0.112 ***	0.097 ***
商业、服务业人员		0.060 ***	0.052 ***
农、林、牧、渔、水利业生产人员		0.042 ***	0.035 ***
生产、运输设备操作人员及有关人员		-0.010	-0.007
军人		0.029 ***	0.026 ***
自由职业者		0.018	0.014
自有住房			0.100 ***
未经改造的老城区			-0.035 ***
单一或混合的单位社区			0.008
保障性住房社区			0.079 ***
普通商品房社区			0.086 ***
别墅区或高级住宅区			0.114 ***
R^2	0.002	0.114	0.148
F	5.118 ***	105.208 ***	104.100 ***

注：*** 表示 $p<0.001$，** 表示 $p<0.01$，* 表示 $p<0.05$。

四 讨论与结论

（一）目前主观社会阶层趋于中层认同，但阶层预期呈现向上偏移趋势

根据本研究的分析结果，人们自己评估的主观社会阶层从过去、现在到未来，呈现逐渐上移的特点。当前的主观社会阶层以中层偏中下为主，而与现在相比，人们回想自己5年前或刚参加工作时的社会阶层，则表现出中下偏低的阶层认同特点。换言之，人们对现在社会阶层与过去相比的变化评价表现出积极的态势。在预期自己5年后的社会阶层时，人们的社会阶层认同以中层偏中上层为主，而预期自己下一代的社会阶层时，认为下一代会处于社会中上层和上层的人占了多数，可见，大家对于未来生活的预期，尤其是对于下一代社会阶层的预期比较乐观积极。

（二）客观社会经济地位影响主观社会阶层，但较少影响阶层预期

本研究探讨了客观社会经济地位和主观社会阶层之间的关系，既分析了职业、受教育程度和收入这类传统社会经济地位指标，也考察了住房这样新的体现社会经济地位的指标。结果显示，无论是单独分析各个指标和主观社会阶层之间的关系，还是控制了区域、年龄、指标间相互作用等因素来综合分析，结果都一致表明，受教育程度越高，收入越高，从事声望较高的职业，有自有住房，居住社区条件好的调查对象，其社会阶层认同越高。但是，即便客观社会经济地位存在较大差异，调查对象对于未来社会阶层的预期，特别是对自己下一代的社会阶层预期的差异却比较小，因而出现了社会经济地位较低的调查对象所预期的下一代社会阶层的上升幅度较大的现象。

综合上述两方面结果，其整体上都表现出一种积极的主观社会阶层变化。更重要的是，无论人们如何审视自己当前的社会阶层，对于下一代的社会阶层预期都较为乐观。这种积极的未来预期也在一定程度上体现了人们对社会良性发展的期待。

参考文献

陈光金：《不仅有"相对剥夺"，还有"生存焦虑"——中国主观认同阶层分布十年变迁的实证分析（2001～2011）》，《黑龙江社会科学》2013年第5期。

范晓光、陈云松：《中国城乡居民的阶层地位认同偏差》，《社会学研究》2015年第4期。

冯仕政：《中国社会转型期的阶级认同与社会稳定》，《黑龙江社会科学》2011年第3期。

高勇：《地位层级认同为何下移兼论地位层级认同基础的转变》，《社会》2013年第33期。

李春玲：《当代中国社会的消费分层》，《中山大学学报》（社会科学版）2007年第41期。

李培林、张翼、赵延东、梁栋：《社会冲突与阶级意识》，社会科学文献出版社，2005。

李强：《转型时期城市"住房地位群体"》，《江苏社会科学》2009年第4期。

刘欣：《转型期中国大陆城市居民的阶层意识》，《社会学研究》2001年第3期。

王春光、李炜：《当代中国社会阶层的主观性建构和客观实在》，《江苏社会科学》2002年第4期。

应小萍：《居民生活压力感：城市比较研究》，载王俊秀主编《中国社会心态研究报告（2016）》，社会科学文献出版社，2016。

张海东、杨城晨：《住房与城市居民的阶层认同——基于北京、上海、广州的研究》，《社会学研究》2017年第5期。

赵延东：《"中间阶层认同"缺乏的成因及后果》，《浙江社会科学》2005年第2期。

Adler, N. E., Epel, E. S., Castellazzo, G., et al., "Relationship of Subjective and Objective Social Status with Psychological and Physiological Functioning: Preliminary Data in Healthy, White Women", *Health Psychology* 19 (2000).

Andersen, Robert, and J. Curtis, "The Polarizing Effect of Economic Inequality on Class Identification: Evidence from 44 Countries", *Research in Social Stratification & Mobility*, 30 (2012).

Cantril, H., "Identification with Social and Economic Class", *Journal of Abnormal & Social Psychology*, 38 (1943).

Hodge, Robert W., D. J. Treiman, "Social Participation and Social Status", *American Sociological Review*, 33 (1968).

B.3
社会参与现状分析及其影响因素研究*

谭旭运**

摘　要： 社会参与包含了政治、经济、文化、社会等诸多方面，涉及国家、社会、组织、社区、人际以及个体等因素。社会参与对社区邻里的改善、人际关系的增强、社会的建设都有积极影响，有助于提升公共政策制定实施过程中的公信力，以及促进民主制度的完善与实践。如何引导和规范社会参与已成为中国社会的热点和焦点问题。本报告基于2017年中国社会科学院—智媒云图社会心态调查（CASS-INTELLVISION Social Mentality Survey 2017）的大样本抽样调查数据，通过考察和对比民众在网上参与社会问题讨论、志愿服务活动、反映意见、环境保护和举报腐败五个领域的社会参与意愿和参与经历，探讨中国当前的社会参与状况；同时进一步考察性别、年龄、受教育程度、收入等人口学变量和主客观社会地位对社会参与的影响。结果显示：①就社会参与的总体状况而言，民众在环境保护方面的社会参与意愿和参与经历均最高；民众整体的社会参与意愿较高，而整体的社会参与经历则较低。②从人口学变量对社会参与的影响来看，民众的社会参与在性别、年龄、就业状况、户口类型、受教育程度和收入上均呈现显著差异；尤其在年龄、就业状况、受教育程度和收入上，民众社会参与意愿和

---

* 本报告受国家社会科学基金青年项目"社会心态视角下主观社会阶层对公众参与的影响与机制研究"（项目编号：17CSH040）资助。
** 谭旭运，心理学博士，中国社会科学院社会学研究所助理研究员，研究方向为社会心态、社会阶层、社会参与。

参与经历的变化趋势差异较大。③从主客观社会地位对社会参与的影响来看，客观社会地位负向预测社会参与意愿，正向预测社会参与经历；在控制客观社会地位后，主观社会地位仍然能够正向预测社会参与意愿和参与经历；同时，具体的主客观社会地位指标对社会参与意愿和社会参与经历存在不同的影响。

关键词： 社会参与　社会阶层　社会参与意愿　社会参与经历

一　引言

社会参与（Social Participation）是社会成员以某种方式参与、干预、介入国家的政治生活、经济生活、社会生活、文化生活以及社区的公共事务从而影响社会发展的过程（杨宜音、王俊秀，2013；王锡锌，2008）。社会参与经由政府部门和主责单位与公众之间双向交流，使公众可以参加决策过程，本质上有利于避免和化解居民和政府机构与相关团体的冲突。

如何引导和规范公众参与成为中国社会的热点和焦点问题。党的十八大报告指出：要加快形成党委领导、政府负责、社会协同、公众参与、法治保障的社会管理体制。中共中央、国务院（2015年4月25日）在《关于加快推进生态文明建设的意见》中提出要鼓励公众积极参与，完善公众参与制度。据此，环境保护部部务会议于2015年7月2日通过了《环境保护公众参与办法》。国务院办公厅2016年11月10日印发《关于全面推进政务公开工作的意见》实施细则，也要求扩大公众参与。围绕政府中心工作，明确公众参与事项范围，规范公众参与方式，完善公众参与渠道，让公众更大限度参与政策制定、执行和监督。

许多研究都是以人口统计学特征（如性别、年龄、婚姻状况、受教育程度和职业状况）为背景来研究志愿者行动参与的，而在政治学、社会学以及心理学研究中，人口统计学变量往往可以用于预测社会参与行为（Verba,

Schlozman, Brady, Nie, 1993)。Vassar（1978）研究了性别、年龄、婚姻状况、种族和社会地位等变量与街区俱乐部成员和社区项目成员的关系，发现以上变量对于后两者造成的变异分别只有5%和9%。Wandersman等（1987）有关街道和社区参与的跨文化比较研究，也发现居住时间越久和子女数量越多的居民就越有可能继续居住在社区，这些因素增加了居民社区参与机会和参与动机。而职业、学历、种族和民族因素和社区参与关系并不密切。

来自社会学、管理学的众多研究者从不同方面对社会参与的影响因素和产生机制进行了系统研究。社会阶层便是其中的重要影响因素之一。Cainzos和Voces（2010）对20个国家进行横向跨文化研究也发现在大多数欧洲国家中，社会阶层和政治参与显著相关。李路路、王宇（2008）发现与其他阶层相比，中间阶层在政治参与以及部分政治意识问题上表现得更加积极。孙中伟、黄时进（2015）发现上海中产阶层的居民更少表现出低碳认知行为和低碳生活行为，也更不愿意参与低碳社区建设。而且个体的主观社会阶层感知与客观社会阶层对社会参与等社会心理行为往往具有不同的影响（谭旭运，2016）。Wilkinson（1999）和Goodman（2003）提出，主观社会阶层作为社会阶层的一个指标，其提供的评定信息比客观社会阶层更优越，能更准确地捕捉到个体在社会地位中更为敏感的方面。因而有必要结合主客观社会阶层划分对民众的社会参与意愿和行为进行深入分析。

因此，为了更好地了解当前我国民众的社会参与现状以及相关影响因素，本报告基于2017年中国社会科学院—智媒云图社会心态调查（CASS-INTELLVISION Social Mentality Survey 2017）的大样本抽样调查数据，分析社会参与的现实状况，进而探讨各人口学变量和社会分层变量对社会参与的具体影响。

二 研究方法

（一）数据来源

本报告使用的数据来自中国社会科学院—凯迪数据研究中心联合发

布的 2017 年社会心态调查（CASS-INTELLVISION Social Mentality Survey）。调查问卷由中国社会科学院社会学研究所社会心理学研究中心编制，于 2016 年 8 月到 2017 年 4 月，通过凯迪数据研究中心研发的问卷调研 APP "问卷宝"，向在线样本库的全国用户（共约 110 万人，覆盖全国 346 个地级城市）推送问卷，再通过用户分享问卷的方式进行滚雪球式发放。目前问卷宝在问卷质量控制方面能够实现定制化调查和精准的问卷推送，依照调查目的向特定的用户群推送问卷，参与调查者需要经过系统认证，系统能够检测用户在问卷填写过程中的特征，对乱填乱写的用户进行剔除并列入黑名单，从而确保数据的可靠性。问卷收回后，课题组进一步依据陷阱题、答题完成情况、逻辑检验等对问卷进行筛选。CASS-INTELLVISION Social Mentality Survey 2017 覆盖全国 31 个省自治区市（不含港澳台），调查最初共收回全部作答问卷 24364 份，经筛选最终得到有效成人问卷 22669 份，问卷有效率为 93.04%。

（二）样本分布情况的描述分析

数据库中，男性样本 12897 人，占 56.9%，女性样本 9772 人，占 43.1%，性别比例与第六次全国人口普查数据（男性人口占 51.27%，女性人口占 48.73%）相比，男性比例略高，但没有显著差别。年龄范围是 18～70 岁，平均年龄为 27.38±8.28 岁。受到互联网用户年龄分布特点的影响，样本库中青年人（18～45 岁）比例相对更大，受教育程度也比全国人口普查数据更高。数据库样本在各人口学变量上的具体分布（不包括客观社会地位的相关指标）可见表 1。

表 1　2017 年社会心态调查样本在人口学变量上的分布情况

单位：人，%

变量	类别	计数（N）	百分比
性别	男性	12897	56.9
	女性	9772	43.1

续表

变量	类别	计数(N)	百分比
年龄	"90后"及其以后	13779	60.8
	"80后"	6549	28.9
	"70后"	1668	7.4
	"60后"	477	2.1
	"50后"	180	0.8
	"40后"	16	0.1
就业状况	全日制学生	6002	26.5
	一直无工作	949	4.2
	在职工作	10777	47.5
	离退在家	745	3.3
	离退返聘	383	1.7
	辞职、内退或下岗	468	2.1
	非固定工作	2273	10.0
	失业	676	3.0
	其他	396	1.7
户籍状况	本地城市	7501	33.1
	本地农村	9194	40.6
	外地城市	2058	9.1
	外地农村	3916	17.3
婚姻状况	未婚	12662	55.9
	已婚	8836	39.0
	正式分居	135	0.6
	离婚	232	1.0
	丧偶	46	0.2
	同居	492	2.2
	其他	266	1.2
民族	汉族	21480	94.8
	少数民族	1189	5.2
宗教信仰	佛教	3428	15.1
	道教	387	1.7
	伊斯兰教	273	1.2
	基督教	743	3.3
	天主教	168	0.7
	其他宗教	120	0.5
	民间信仰	751	3.3
	没有宗教信仰	16799	74.1

续表

变量	类别	计数(N)	百分比
政治面貌	共青团员	10358	45.7
	中共党员	2169	9.6
	民主党派	481	2.1
	群众	9235	40.7
	其他	426	1.9
职业类型	国家机关、党群组织、企业、事业单位负责人	851	3.8
	专业技术人员	4752	21.0
	办事人员和有关人员	1631	7.2
	商业、服务业人员	3334	14.7
	农、林、牧、渔、水利业生产人员	976	4.3
	生产、运输设备操作人员及有关人员	1889	8.3
	军人	87	0.4
	其他	9149	40.4

（三）调查工具

1. 社会参与意愿和经历

2017年社会心态调查使用10个题目的自编问卷，测量被调查者的社会参与意愿和经历。社会参与意愿的5个具体测量题目包括："您将来是否愿意在网上参与社会问题的讨论"，"您将来是否愿意参加志愿者服务活动"，"您将来是否愿意向政府机构、媒体等反映意见"，"您将来是否愿意参加绿色出行、节约用水、垃圾分类、减少使用塑料袋等这类活动"和"您将来是否愿意向有关部门举报腐败行为"。问卷题目采用李克特7点评分方法，1表示"非常不愿意"，7表示"非常愿意"，数字越大，表示被调查者参与该项社会参与活动的意愿越强。我们将5道题目的平均分作为社会参与意愿的得分，得分越高，代表被调查者社会参与意愿的强烈程度越高。5道题目的内部一致性良好（Cronbach's $\alpha=0.80$）。

社会参与经历的5个测量题目包括："过去一年，您是否在网上参与了社会问题的讨论"，"过去一年，您是否参加过志愿者服务活动"，"过去一年,您是否向政府机构、媒体等反映过意见","过去一年,您是否参加了绿色出行、节约用水、垃圾分类、减少使用塑料袋一类活动"和"过去一年,您是否向有关部门举报过腐败行为"。问卷题目采用李克特7点评分方法,1表示"从来没有",7表示"总是",数字越大,表示被调查者参与该项社会参与活动的经历越频繁。我们将5道题目的平均分作为社会参与经历的得分,得分越高,代表被调查者社会参与的经历越频繁。5道题目的内部一致性良好(Cronbach's α = 0.82)。

2. 客观社会地位

结合社会学中对社会地位指标的研究成果,2017年社会心态调查从受教育程度、经济收入等角度测量了被调查者的客观社会经济地位。具体题目包括:"请问您的受教育程度:①小学毕业及以下②初中毕业③高中(技校、职高、中专)毕业④大专(含在读)⑤大学本科(含在读)⑥研究生(含在读)及以上","过去一年您的月收入(包括工资收入、补贴、投资、兼职等)平均大约是:①2000元以下②2001～6000元③6001～10000元④1万～1.5万元⑤1.5万～3万元⑥3万～4.5万元⑦4.5万～6万元⑧6万～10万元⑨10万元以上","过去一年您家庭的月收入(包括工资收入、补贴、投资、兼职等)平均大约是:①2000元以下②2001～6000元③6001～10000元④1万～1.5万元⑤1.5万～3万元⑥3万～4.5万元⑦4.5万～6万元⑧6万～10万元⑨10万元以上","您家私人汽车的数量:①0②1辆③2辆④3辆⑤4辆及以上"。

3. 主观社会地位

2017年社会心态调查采用经典的阶梯问卷来测量被调查者的主观地位感知(见图1)。

给被调查者呈现一个十级的阶梯图片,并自下而上标记上1～10十个数字,然后告诉被调查者"在我们的社会里,有些人处在社会的上层,有些人处在社会的下层,如图1所示,梯子从上往下看,10分代表最顶层,1代表最底层",随后要求被调查者回答对过去、现在和未来主观社会地位的感知,具体包含3个题目:"您认为您自己目前在哪个等级上","您认为您五

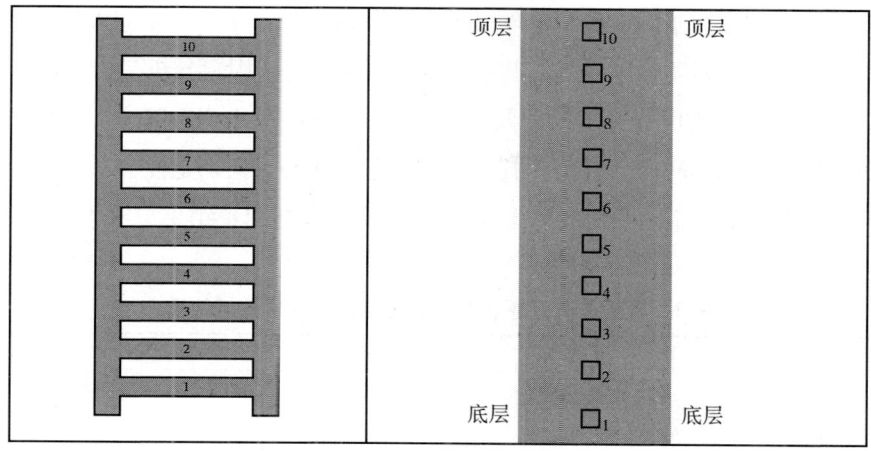

图 1 主观社会地位测量题目示意

年前会在哪个等级上""您认为五年后您将会在哪个等级上"。要求被调查者选择其中一个数字,表示自己所在的等级,所选数字越大,表明被调查者感知到的自己的主观社会地位越高。由于原数据库记录得分由上至下分别记为 1 ~ 10,因此我们首先进行反向计分的转换,然后将每个题目的得分作为被调查者在该题目上的地位感知得分。同时将 3 个题目的均分作为被调查者主观社会地位得分。数据分析结果表明,三道题目的内部一致性良好(Cronbach's α =0.70)。

(四)数据处理

使用统计分析软件对数据进行分析。主要运用的统计方法包括:描述性统计、相关分析、因素分析、独立样本 t 检验、方差分析和回归分析。

三 研究结果

(一)社会参与意愿和经历在测量题目上的独立性检验

为了检验社会参与意愿和经历是两个彼此独立的测量指标,我们对 10 个题目进行因素分析。第一步,我们对调查数据进行取样适当性检验。KMO =

0.79，表明数据适于因素分析，Bartlett 球形检验结果显示 $\chi^2 = 86119.62$，$df = 45$，$p < 0.001$，表明各题目具有共享因素的可能，进行因素分析是恰当的。第二步，我们使用主成分分析和最大方差旋转方法，抽取出两个因子，一共能够解释 58.68% 的变异，详见表 2。其中一个因子包含的对象都是社会参与意愿的测量题目，而另一个因子则都是社会参与经历的测量题目，结果与预期一致。

表 2 社会参与意愿和经历测量题目的因素分析结果

类别	因子成分	
	社会参与经历	社会参与意愿
是否愿意网上社会问题讨论	0.13	0.72
是否愿意志愿服务活动	0.10	0.75
是否愿意反映意见	0.19	0.72
是否愿意环境保护	-0.09	0.79
是否愿意举报腐败	0.11	0.70
网上社会问题讨论经历	0.71	0.21
志愿服务活动经历	0.80	0.11
反映意见经历	0.85	0.20
环境保护经历	0.60	0.30
举报腐败经历	0.83	-0.02
特征值	3.60	2.27
方差解释率	36.03	22.65

第三步，对被调查者在各个领域中社会参与意愿和参与经历的评分结果进行相关分析，具体结果见表 3 和表 4。

表 3 各个领域中社会参与意愿的相关关系

类别	相关系数（r）				
	题目 1	题目 2	题目 3	题目 4	题目 5
1 网上社会问题讨论					
2 志愿服务活动	0.48***				
3 反映意见	0.44***	0.41***			
4 环境保护	0.45***	0.41***	0.41**		
5 举报腐败	0.37***	0.38***	0.58***	0.40***	
社会参与意愿	0.73***	0.75***	0.76***	0.75***	0.74***

注：*** $p < 0.001$，下同。

表4　各个领域中社会参与经历的相关关系

类别	相关系数(r)				
	题目1	题目2	题目3	题目4	题目5
1 网上社会问题讨论					
2 志愿服务活动	0.54***				
3 反映意见	0.49***	0.54***			
4 环境保护	0.40***	0.48***	0.41***		
5 举报腐败	0.44***	0.53***	0.71***	0.35***	
社会参与经历	0.73***	0.80***	0.82***	0.70***	0.79***

结果发现,被调查者在不同领域中的社会参与意愿彼此间相关性均显著,在不同领域中的社会参与经历彼此间相关性也都显著。除了社会参与意愿和参与经历各领域之间的相关关系外,采用重复测量方差分析,进一步探究各个领域中社会参与意愿和参与经历的一般状况。

1. 不同领域中社会参与意愿的一般状况

采用重复测量方差分析,对五个不同领域中社会参与意愿的一般状况进行统计分析。结果发现,不同领域的社会参与意愿存在显著差异（F=76.64,p<0.001）。由图2可知,被调查者在环境保护领域的社会参与意愿最高,紧随其后的是志愿服务活动、举报腐败和反映意见,而在网上进行社会问题讨论的参与意愿最低。

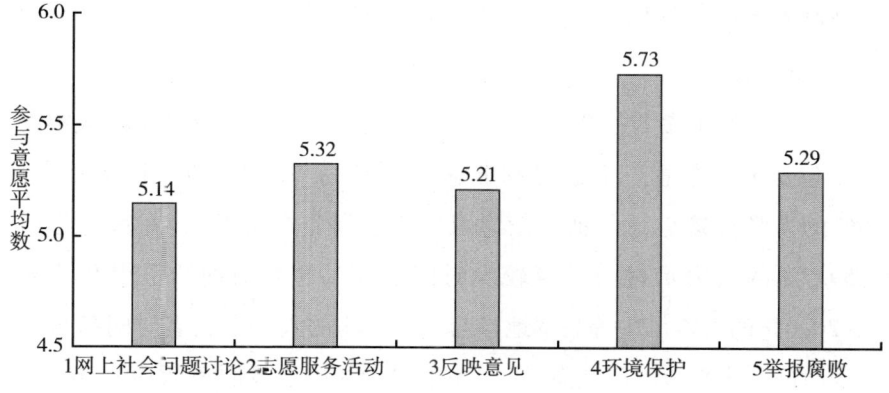

图2　个体在不同领域中的社会参与意愿的一般状况

2. 不同领域中社会参与经历的一般状况

采用重复测量方差分析,对五个不同领域中社会参与经历的一般状况进行统计分析。结果发现,不同领域的社会参与经历存在显著差异($F = 9381.62$, $p < 0.001$)。由图3可知,在过去一年里,被调查者在环境保护领域的社会参与经历最多,紧随其后的是在网上进行社会问题讨论、进行志愿服务活动和反映意见,而在举报腐败方面的社会参与经历最少。

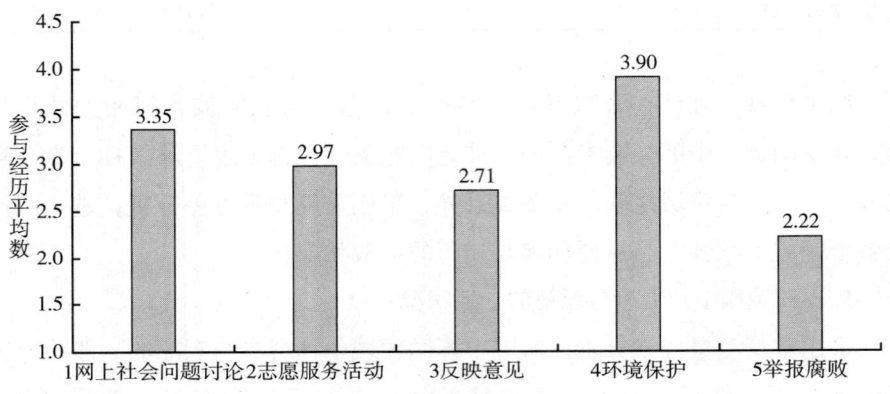

图3　个体在不同领域中的社会参与经历的一般状况

(二)社会参与意愿和参与经历的趋势对比

被调查者在社会参与意愿和参与经历的测量题目中选择频次分布情况如图4、图5所示。

关于"在网上参与社会问题讨论"的社会参与意愿,8.6%的人不愿意参与(包括不太愿意、不愿意和非常不愿意),23.0%的人持中立态度,68.5%的人愿意参与(包括比较愿意、愿意和非常愿意);在参与经历方面,59.7%的人表示过去一年较少时间参与(包括有时、很少和从来没有),20.0%的人表示中等频率地参与,20.3%的人表示较多时间参与(包括不少时间、大部分时间和总是)。关于"参加志愿者服务活动",6.6%的人表示不愿意参与,18.9%的人持中立态度,74.4%的人愿意参与;在参与

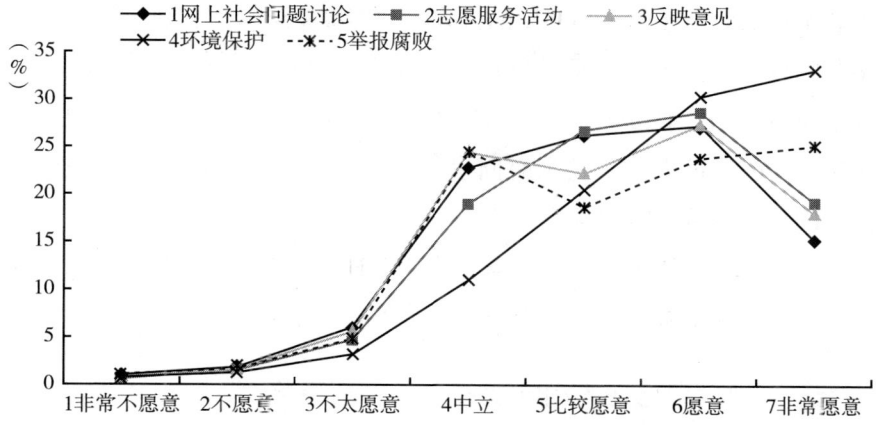

图4 被调查者在不同领域社会参与意愿的频次分布趋势

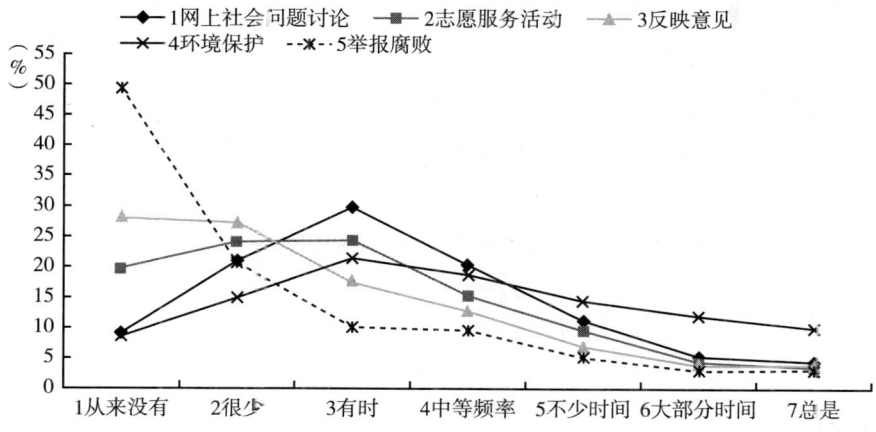

图5 被调查者在不同领域社会参与经历的频次分布趋势

经历方面，67.7%的人表示过去一年较少时间参与，15.1%的人表示中等频率地参与，17.2%的人表示较多时间参与。关于"向政府机构、媒体等反映意见"，7.7%的人表示不愿意参与，24.4%的人持中立态度，67.9%的人愿意参与；在参与经历方面，72.7%的人表示过去一年较少时间参与，12.7%的人表示中等频率地参与，14.6%的人表示较多时间参与。关于"参加绿色出行等环保活动"，仅有5.1%的被调查者表示不愿意参与，11.0%的人表示中立，83.9%的被调查者表示愿意参与；在参与经历方面，45.2%

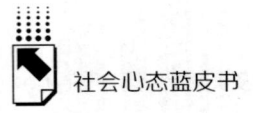

的人表示较少时间参与，18.6%的人表示中等频率地参与，36.2%的人表示较多时间参与。关于"向有关部门举报腐败行为"，7.9%的人表示不愿意参与，24.4%的人持中立态度，67.6%的人愿意参与；在参与经历方面，79.6%的人表示过去一年较少时间参与，9.4%的人表示中等频率地参与，11.0%的人表示较多时间参与。

结合图1和图2来看，被调查者的社会参与意愿普遍较强，但相关行为的参与经历则相对较少，多数人很少或有时参与相关行为。

（三）社会参与在人口学变量上的一般特征

1. 社会参与在性别上的差异

采用独立样本t检验的方法，对社会参与意愿和社会参与经历在性别上的差异进行统计分析，结果发现，被调查者的社会参与意愿不存在性别差异；在社会参与经历上存在显著的性别差异，男性的社会参与经历显著多于女性（$t=12.49$，$p<0.001$），见表5。

表5 社会参与意愿和经历的性别差异分析

类别	性别	样本（人）	均值	标准差	t
社会参与意愿	男	12897	5.34	0.97	0.21
	女	9772	5.34	0.94	
社会参与经历	男	12897	3.12	1.24	12.49***
	女	9772	2.91	1.23	

2. 社会参与在年龄上的差异

采用单因素方差分析的方法，对社会参与意愿和社会参与经历在年龄上的差异进行统计分析，结果发现，被调查者的社会参与意愿和社会参与经历均存在显著的年龄差异。根据事后多重比较结果发现，在参与意愿方面，"60后"及以上的参与意愿最低，"90后"及以下的参与意愿最高，随着年龄的增长，呈现逐步下降的趋势；而在参与经历方面，"60后"及以上的参与经历却最多，"70后"的参与经历最少，见表6。

表6 社会参与意愿和经历的年龄差异分析

类别	年龄组	样本(人)	均值	标准差	F
社会参与意愿	"60后"及以上	673	5.11	1.06	24.23***
	"70后"	1668	5.27	0.95	
	"80后"	6549	5.31	0.98	
	"90后"及以下	13779	5.37	0.95	
社会参与经历	"60后"及以上	673	3.10	1.32	5.69**
	"70后"	1668	2.92	1.22	
	"80后"	6549	3.02	1.25	
	"90后"及以下	13779	3.04	1.23	

3. 社会参与在户口类型上的差异

采用单因素方差分析的方法，对社会参与意愿和社会参与经历在户口类型上的差异进行统计分析，结果发现，被调查者社会参与意愿和社会参与经历均在户口类型上存在显著差异。在社会参与意愿方面，外地城市户口被调查者的社会参与意愿显著低于其他群体，而本地农村户口被调查者的社会参与意愿显著高于其他群体；在社会参与经历方面，外地农村户口被调查者的社会参与经历显著少于其他群体，而外地城市户口被调查者的社会参与经历则显著多于其他群体，见表7。

表7 社会参与意愿和经历的户口类型差异分析

类别	户口类型	样本(人)	均值	标准差	F
社会参与意愿	本地城市	7501	5.32	0.96	66.28***
	本地农村	9194	5.40	0.96	
	外地城市	2058	5.08	1.01	
	外地农村	3916	5.37	0.91	
社会参与行为	本地城市	7501	3.03	1.25	26.76***
	本地农村	9194	3.03	1.24	
	外地城市	2058	3.23	1.25	
	外地农村	3916	2.93	1.24	

4. 社会参与在就业类型上的差异

采用单因素方差分析的方法，分析发现被调查者社会参与意愿和经历均在就业类型上存在显著差异。在社会参与意愿方面，无工作被调查者的社会参与意愿显著低于其他群体，而其他从业者的社会参与意愿显著高于其他群体；在社会参与经历方面，其他从业者的社会参与经历显著少于其他群体，而在职工作被调查者的社会参与经历则显著多于其他群体，见表8。

表8 社会参与意愿和经历的就业类型差异分析

类别	就业类型	样本(人)	均值	标准差	F
社会参与意愿	全日制学生	6002	5.44	0.91	44.72***
	无工作	2838	5.18	1.03	
	在职工作	11160	5.32	0.97	
	非固定工作	2273	5.31	0.95	
	其他	396	5.58	0.87	
社会参与经历	全日制学生	6002	2.99	1.18	36.34***
	无工作	2838	2.95	1.33	
	在职工作	11160	3.12	1.25	
	非固定工作	2273	2.90	1.23	
	其他	396	2.60	1.18	

5. 社会参与在受教育程度上的差异

采用单因素方差分析的方法，分析发现被调查者社会参与意愿和经历均在受教育程度上存在显著差异。在社会参与意愿方面，硕士学历群体的社会参与意愿显著低于其他群体，而高中学历群体的社会参与意愿显著高于其他群体；在社会参与经历方面，随着学历的升高，民众的社会参与经历大体呈逐步上升的趋势，具体而言，初中及以下学历群体的社会参与经历显著少于其他群体，而博士学历群体的社会参与经历则显著多于其他群体，见表9。

6. 社会参与在收入上的差异

采用单因素方差分析的方法，分析发现被调查者社会参与意愿和经历均在收入上存在显著差异。在社会参与意愿方面，收入水平在7001～10000元的群体的社会参与意愿显著低于其他群体，而收入水平在1000元及以下的

表9 社会参与意愿和经历在学历上的差异分析

类别	受教育程度	样本(人)	均值	标准差	F
社会参与意愿	初中及以下	1434	5.20	1.01	22.40***
	高中	4119	5.40	0.96	
	中专/技校/职高	2835	5.31	0.96	
	大专	5473	5.35	0.96	
	大学本科	7552	5.37	0.93	
	硕士	1021	5.08	1.00	
	博士	235	5.31	1.25	
社会参与经历	初中及以下	1434	2.69	1.30	75.29***
	高中	4119	2.97	1.24	
	中专/技校/职高	2835	2.96	1.27	
	大专	5473	2.96	1.22	
	大学本科	7552	3.11	1.19	
	硕士	1021	3.52	1.23	
	博士	235	3.35	1.48	

群体的社会参与意愿显著高于其他群体；在社会参与经历方面，随着收入水平的提高，民众社会参与经历大体呈上升趋势，具体而言，暂无收入这一群体的社会参与经历显著少于其他群体，而收入在20000元以上的群体社会参与经历则显著多于其他群体，见表10。

表10 社会参与意愿和经历在收入上的差异分析

类别	收入水平	样本(人)	均值	标准差	F
社会参与意愿	暂无收入	4668	5.42	0.91	20.87***
	1000元及以下	1229	5.43	0.93	
	1001~3000元	4425	5.33	0.94	
	3001~5000元	6552	5.35	0.95	
	5001~7000元	2980	5.30	1.00	
	7001~10000元	1957	5.12	1.05	
	10001~20000元	568	5.33	1.01	
	20000元以上	290	5.40	1.20	

续表

类别	收入水平	样本（人）	均值	标准差	F
社会参与经历	暂无收入	4668	2.79	1.16	105.75***
	1000元及以下	1229	3.09	1.30	
	1001~3000元	4425	2.86	1.23	
	3001~5000元	6552	3.01	1.20	
	5001~7000元	2980	3.23	1.25	
	7001~10000元	1957	3.49	1.24	
	10001~20000元	568	3.42	1.31	
	20000元以上	290	3.60	1.51	

（四）主客观社会地位对社会参与的影响

1. 主客观社会地位各指标对社会参与意愿的影响

采用分层回归分析方法，探讨主客观社会地位对社会参与意愿的影响，第一层为单纯的人口学变量（$R^2 = 0.006$，$\Delta R^2 = 0.005$，$F = 22.44$，$p < 0.001$），第二层纳入客观社会地位指标（$R^2 = 0.007$，$\Delta R^2 = 0.006$，$F = 18.96$，$p < 0.001$），第三层纳入主观社会地位指标（$R^2 = 0.038$，$\Delta R^2 = 0.037$，$F = 80.49$，$p < 0.001$），每一层内的各指标采用进入法进行分析（见表11）。结果发现，在客观社会地位方面，个人月收入显著地负向预测社会参与意愿，家庭月收入显著地正向预测社会参与意愿；在主观社会地位方面，过去地位和当前地位显著地负向预测社会参与意愿，未来地位显著地正向预测社会参与意愿。

表11 主客观社会地位各指标和社会参与意愿的回归分析

类别	第一层		第二层		第三层	
	β	t	β	t	β	t
性别	0.003	0.38	-0.001	-0.21	0.003	0.40
年龄	-0.05	-7.72***	-0.04	-6.18***	-0.01	-1.40*
就业状况	-0.02	-3.32**	-0.009	-1.28	-0.002	-0.30
户口	-0.01	-1.71	-0.01	-1.50	-0.02	-2.27*
受教育程度			0.04	5.09***	0.03	4.80

续表

类别	第一层		第二层		第三层	
	β	t	β	t	β	t
个人月收入			-0.05	-6.12***	-0.04	-5.39***
家庭月收入			0.03	4.08***	0.02	2.34*
汽车拥有量			-0.01	-0.97	-0.001	-0.15
过去地位					-0.12	-15.67***
当前地位					-0.04	-5.09***
未来地位					0.19	23.98***

注：*p<0.05；**p<0.01；***p<0.001，下同。

2. 主客观社会地位各指标对社会参与经历的影响

采用分层回归分析方法，探讨主客观社会地位对社会参与经历的影响，第一层为单纯的人口学变量（$R^2=0.008$，$\Delta R^2=0.007$，$F=43.45$，$p<0.001$），第二层纳入客观社会地位指标（$R^2=0.055$，$\Delta R^2=0.055$，$F=166.15$，$p<0.001$），第三层纳入主观社会地位指标（$R^2=0.079$，$\Delta R^2=0.078$，$F=176.28$，$p<0.001$），每一层内的各指标采用进入法进行分析（见表12）。结果发现，在客观社会地位方面，个人月收入和汽车拥有量显著地正向预测社会参与经历，家庭月收入显著地负向预测社会参与经历；在主观社会地位方面，过去地位、当前地位和未来地位均显著地正向预测社会参与经历。

表12　主客观社会地位各指标和社会参与经历的回归分析

类别	第一层		第二层		第三层	
	β	t	β	t	β	t
性别	-0.08	-12.25***	-0.07	-11.12***	-0.08	-11.67***
年龄	-0.005	-0.75	-0.03	-4.36***	-0.04	-5.61***
就业状况	0.02	-2.92**	-0.04	-5.48***	-0.03	-4.28***
户口	-0.02	-2.65**	0.002	0.28	0.01	1.74
受教育程度			0.05	7.26**	0.04	5.51***
个人月收入			0.14	17.82***	0.11	14.12***

续表

类别	第一层		第二层		第三层	
	β	t	β	t	β	t
家庭月收入			-0.05	-6.22***	-0.06	-7.73***
汽车拥有量			0.14	20.28***	0.10	14.54***
过去地位					0.09	11.88***
当前地位					0.09	10.98***
未来地位					0.02	2.75**

3. 主客观社会地位对社会参与意愿的影响

首先,对以上分析中采用的主客观社会地位各指标进行标准化,将标准化分数的平均分分别作为主客观社会地位得分。随后,采用分层回归分析方法,探讨主客观社会地位对社会参与意愿的影响,第一层为客观社会地位($R^2=0.00$,$\Delta R^2=0.00$,$F=6.32$,$p=0.01$),第二层为主观社会地位($R^2=0.001$,$\Delta R^2=0.001$,$F=8.55$,$p<0.001$),每一层均采用进入法进行分析(见表13)。结果发现,客观社会地位负向预测社会参与意愿;控制客观社会地位后,主观社会地位正向预测社会参与意愿。

表13 主客观社会地位和社会参与意愿的回归分析

类别	第一层		第二层	
	β	t	β	t
客观社会地位	-0.02	-2.51*	-0.03	-3.51***
主观社会地位			0.02	3.28**

4. 主客观社会地位对社会参与经历的影响

首先,对以上分析中采用的主客观社会地位各指标进行标准化,将标准化分数的平均分分别作为主客观社会地位得分。随后,采用分层回归分析方法,探讨主客观社会地位对社会参与经历的影响,第一层为客观社会地位($R^2=0.04$,$\Delta R^2=0.04$,$F=833.87$,$p<0.001$),第二层为主观社会地位($R^2=0.06$,$\Delta R^2=0.06$,$F=721.34$,$p<0.001$),每一层均采用进入法进

行分析（见表14）。结果发现，客观社会地位正向预测社会参与经历；即便控制客观社会地位，主观社会地位仍然能正向预测社会参与经历。

表14 主客观社会地位和社会参与经历的回归分析

类 别	第一层		第二层	
	β	t	β	t
客观社会地位	0.19	28.88***	0.13	18.80***
主观社会地位			0.17	24.23***

（五）小结

在以上结果分析中，从社会参与意愿和参与经历两个方面分析了中国民众社会参与的一般状况及其影响因素。民众在网上参与社会问题讨论、志愿服务活动、反映意见、环境保护和举报腐败五个领域表现出不同的社会参与意愿和参与经历，且民众整体的社会参与意愿和社会参与经历也表现出不同的趋势；民众的社会参与意愿和参与经历会因性别、年龄、就业状况等基本的人口学变量而产生差异。此外，主客观社会地位也会对社会参与意愿和参与经历产生不同的影响。

社会参与意愿和参与经历存在分布上的差异，社会参与意愿相对高，而社会参与经历相对少，这在一定程度上表明个体在社会参与行为中存在阻碍。这提示，应该意识到民众的社会参与意愿的确较高，但仅仅社会参与意愿"高"并不能真正地推动社会发展和维持社会稳定。当民众的社会参与意愿较高时，如果没有恰当的社会参与途径，缺乏社会参与保障，个体可能会基于风险和利益预期等因素仍表现出较少的社会参与行为。这启示，在推动社会参与的过程中，应该注意社会参与意愿和参与经历存在差异的现象和可能的原因。

从社会参与经历在人口学变量上的差异来看，性别上，男性的社会参与经历多于女性；收入水平越高，社会参与经历越多，但在社会参与意愿方面，反而是收入越低，社会参与意愿越强；在受教育程度上，整体趋势是受教育程度越高，社会参与经历越多，但在社会参与意愿方面，反而是受教育程度越低，社会参与意愿越高。因此，一方面要创设低收入、低受教育程度的个体社会参与的途径；另一方面，可能就是要提升高收入、高受教育程度的个体的社会参与意愿。此外，从参与经历来看，似乎更重要的是提升民众的收入水平和受教育程度。

此外，本研究结果提示我们可以采取一些措施推动社会参与，激励社会参与，如主客观社会地位的影响。整体上看，主观社会地位正向预测社会参与经历，尤其是未来的主观社会地位，不仅正向预测社会参与经历，而且正向预测社会参与意愿，而过去和当前主观社会地位在二者中表现出不一致。因此，要注重从社会环境入手，提升民众未来的主观社会地位。在客观社会地位方面，客观社会地位负向预测社会参与意愿，正向预测社会参与经历。个人月收入表现出相同的趋势，在社会参与意愿上，要注重提升高收入个体的社会参与意愿；从社会参与经历来看，要创设和保障低收入个体的社会参与途径，并注重提升个体的个人收入水平。因此，在激励社会参与的过程中，一方面要建立平等的社会体系，倡导群体平等、善待弱势群体，提高个体的公平感，另一方面则要缩小收入等方面的差距，完善法制保障，提升社会参与水平。

参考文献

李路路、王宇：《当代中国中间阶层的社会存在：阶层认知与政治意识》，《社会科学战线》2008年第10期。

孙中伟、黄时进：《"中产"更环保吗？城市居民的低碳行为及态度——以上海市黄浦区为例》，《人口与发展》2015年第3期。

谭旭运：《主客观社会地位对社会信任心态的影响》，《哈尔滨工业大学学报》（社会科学版）2016年第4期。

王锡锌：《公众参与：参与式民主的理论想象及制度实践》，《政治与法律》2008年第6期。

杨宜音、王俊秀：《当代中国社会心态研究》，社会科学文献出版社，2013。

Caínzos M, Voces C., "Class Inequalities in Political Participation and the 'Death of Class' Debate", *International Sociology*, 25 (2010).

Vassar Lynn S., *Community Participation in a Metropolitan Area: an Analysis of the Characteristics of Participants*, Ph. D. diss., University of Illinois, 1978.

Verba S., Schlozman K. L., Brady H., Nie N. H., "Race, Ethnicity and Political Resources: Participation in the United States", *British Journal of Political Science*, 23 (1993).

Wandersman A., Florin P., Friedmann R., et al., *Who Participates, who Does not, and Why? An Analysis of Voluntary Neighborhood Organizations in the United States and Israel*, Netherlands: Kluwer Academic Publishers, 1987.

B.4 自我类别化及其对群际冲突判断的影响[*]

陈满琪[**]

摘 要： 本研究分析了自我类别化对群际冲突严重程度判断的影响，探讨先赋性的制度安排和后致性获得如何影响人们的自我类别化，以及先赋性的制度安排、后致性获得、自我类别化如何影响个体对群际冲突严重程度的判断。采用2017年中国社会科学院—智媒云图社会心态调查（CASS-INTELLVISION Social Mentality Survey 2017）的大样本抽样调查数据进行分析。结果表明，个体倾向于将自我类别化为相对较弱势的群体；个体的自我类别化影响其对群际冲突严重程度的判断，当个体将自身类别化为较优势群体时倾向于较低估计群际冲突严重程度，当个体将自身类别化为较弱势群体时倾向于较高估计群际冲突严重程度；个体类别化为富人或穷人，对群际冲突严重程度判断的影响最大，其次是脑力劳动者或体力劳动者，再次是雇主或雇员，最后是干部或群众；个体的自我类别化与先赋性的制度安排、后致性获得虽关联密切，然并非一一对应。

关键词： 群体 自我类别化 群际冲突

---

[*] 本报告受国家社会科学基金重大项目"社会心理建设：社会治理的心理学路径"（项目批准号：16ZDA231）资助。
[**] 陈满琪，中国社会科学院社会学研究所副研究员，社会心理学研究中心副主任，硕士生导师，研究方向为社会心理学。

一 引言

处于转型期的中国社会赋予其社会成员多种与转型有关的群体资格。基于社会体制产生了不同的社会分类符号和社会分类边界，每个个体自出生起就被外在地根据社会分类符号相应地被社会范畴化（方文，2008）。自我类别化理论认为个体从一个独立的个体到群体成员是通过类别化实现的，通过"去个性化"实现对群体的归属和成员身份的定位（杨宜音，2008）。社会认同理论认为在社会认同的建构过程中，最基本的历程首先是类别化，类别化使个体将自己归为某一特定的社会群体，并按照这一特定社会群体的身份要求自身，从而表现出该群体成员的典型特征（赵志裕等，2005）。个体自我类别化的标准既可能来自于特定的社会体制，也可能来自于自身的心理感受。前者可以是一种先赋性的制度安排或者后致性获得（潘泽泉，2007）。先赋性的制度安排包含不同国家制度和特殊户籍制度，后致性获得包含个体通过后天获得的教育水平或个人职业选择等。以往研究较多地探讨先赋性的制度安排和后致性获得如何影响个体的自我类别化过程，实际上个体的自我类别化包含着另一个过程，即通过社会比较与社会认知完成的自我类别化的心理过程，这一过程较之于前者更为隐蔽。不管是何种类别化的过程，个体均将通过自我类别化赋予自身群体身份，从而增加了自我与群体身份之间的联系，由此产生了一系列心理效应，如产生内群偏好、外群歧视，甚至可能导致群际冲突和集体行动（吴莹，2015）。

本研究基于 2017 年中国社会科学院—智媒云图社会心态调查（CASS-INTELLVISION Social Mentality Survey 2017）的大样本抽样调查数据进行分析，描述人们如何对自己进行类别化，探讨先赋性的制度安排（户口）和后致性获得（个人月收入、教育水平、职业、单位性质）如何影响人们的自我类别化，分析人们的自我类别化如何影响其对群际冲突严重程度的判断。

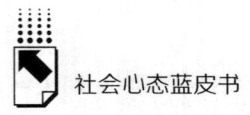

社会心态蓝皮书

二 研究方法

（一）数据来源

本报告使用的数据来自中国社会科学院—智媒云图联合发布的2017年社会心态调查（CASS-INTELLVISION Social Mentality Survey 2017）。调查问卷由中国社会科学院社会学研究所社会心理学研究中心编制，于2016年8月到2017年4月，通过智媒云图研发的问卷调研APP"问卷宝"，向在线样本库的全国用户（共约110万人，覆盖全国346个地级城市）推送问卷，再通过用户分享问卷的方式进行滚雪球式发放。目前问卷宝在问卷质量控制方面能够实现定制化调查和精准的问卷推送，依照调查目的向特定的用户群推送问卷，参与调查者需要经过系统认证，系统能够检测用户在问卷填写过程中的特征，对乱填乱写的用户进行剔除并列入黑名单，从而确保数据的可靠性。问卷收回后，课题组进一步依据陷阱题、答题完成情况、逻辑检验等对问卷进行筛选。CASS-INTELLVISION Social Mentality Survey 2017覆盖全国31个省自治区市（不含港澳台），调查最初共收回全部作答问卷24364份，经筛选最终得到有效成人问卷22669份，问卷有效率为93.04%。

（二）样本分布情况的描述分析

数据库中，男性样本12897人，占56.9%，女性样本9772人，占43.1%，性别比例与第六次全国人口普查数据（男性人口占51.27%，女性人口占48.73%）相比，男性比例略高，但没有显著差别。年龄范围是18~70岁，平均年龄为27.38±8.28岁。受互联网用户年龄分布特点影响，样本库中青年人（18~45岁）比例相对更大，受教育程度也比全国人口普查数据更高。数据库样本在各人口学特征上的具体分布见表1。

表1　2017年社会心态调查样本在人口学变量上的分布情况

单位：人，%

变量	类别	计数(N)	百分比
性别	男性	12897	56.9
	女性	9772	43.1
年龄	"90后"及其以后	13779	60.8
	"80后"	6549	28.9
	"70后"	1668	7.4
	"60后"	477	2.1
	"50后"	180	0.8
	"40后"	16	0.1
就业状况	全日制学生	6002	26.5
	一直无工作	949	4.2
	在职工作	10777	47.5
	离退在家	745	3.3
	离退返聘	383	1.7
	辞职、内退或下岗	468	2.1
	非固定工作	2273	10.0
	失业	676	3.0
	其他	396	1.7
户籍状况	本地城市	7501	33.1
	本地农村	9194	40.6
	外地城市	2058	9.1
	外地农村	3916	17.3
婚姻状况	未婚	12662	55.9
	已婚	8836	39.0
	正式分居	135	0.6
	离婚	232	1.0
	丧偶	46	0.2
	同居	492	2.2
	其他	266	1.2
民族	汉族	21480	94.8
	少数民族	1189	5.2

续表

变量	类别	计数(N)	百分比
宗教信仰	佛教	3428	15.1
	道教	387	1.7
	伊斯兰教	273	1.2
	基督教	743	3.3
	天主教	168	0.7
	其他宗教	120	0.5
	民间信仰	751	3.3
	没有宗教信仰	16799	74.1
政治面貌	共青团员	10358	45.7
	中共党员	2169	9.6
	民主党派	481	2.1
	群众	9235	40.7
	其他	426	1.9
职业类型	国家机关、党群组织、企业、事业单位负责人	851	3.8
	专业技术人员	4752	21.0
	办事人员和有关人员	1631	7.2
	商业、服务业人员	3334	14.7
	农、林、牧、渔、水利业生产人员	976	4.3
	生产、运输设备操作人员及有关人员	1889	8.3
	军人	87	0.4
	其他	9149	40.4

（三）调查工具

1. 自我类别化

询问被调查者"现在社会上常常将人们划分为下面一些不同的类型，您认为自己属于其中的哪一个群体"，这些群体涉及了富人或穷人、干部或群众、城里人或乡下人、雇主或雇员、管理者或被管理者、高学历者或低学历者、体力劳动者或脑力劳动者以及当地人或外地人共计八大类。当被调查者不确定自己归属哪个群体时，可选择"说不清"。在本次调查中，选择"说不清"的被调查者被计为缺失值不列入统计分析。

2. 群际冲突

询问被调查者认为现在社会上富人与穷人、干部与群众、城里人与乡下人、雇主与雇员、管理者与被管理者、高学历者与低学历者、体力劳动者与脑力劳动者、当地人与外地人之间冲突的严重程度如何。采用李克特7点量表，1表示"非常不严重"，7表示"非常严重"。

进一步询问了被调查者"您认为我国现在社会群体之间利益冲突的严重程度如何"和"您认为今后我国社会群体之间利益冲突激化的可能性有多大"。采用李克特7点量表，1表示"非常不严重"，7表示"非常严重"。两个题项具有良好的内部一致性（Cronbach's $\alpha = 0.71$），均值用于衡量个体总体对群际冲突严重程度的判断。

（四）数据处理

使用统计分析软件对数据进行分析。主要运用的统计方法有描述性统计、方差分析和回归分析。

三 研究结果

（一）个体自我类别化的概况

个体对富人或穷人、干部或群众、城里人或乡下人、雇主或雇员、管理者或被管理者、高学历者或低学历者、体力劳动者或脑力劳动者以及当地人或外地人八大类群体的认同情况见表2。从表2可知，仅有4.4%的被调查者认为自己是富人，3.7%的被调查者认为自己是干部，5.8%的被调查者认为自己是雇主，8.1%的被调查者认为自己是管理者。25.4%的被调查者认为自己是城里人，28.5%的被调查者认为自己是高学历者，50.9%的被调查者认为自己是脑力劳动者，56.2%的被调查者认为自己是当地人。可见，除了脑力劳动者和当地人两个群体以外，多数被调查者在主观上倾向于将自身类别化为相对较为弱势的群体。

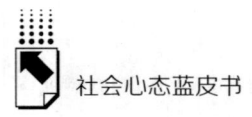

社会心态蓝皮书

表2 个体的自我类别化

单位：人，%

类别	人数	百分比	类别	人数	百分比
富人	1000	4.4	管理者	1847	8.1
穷人	12356	54.5	被管理者	17052	75.2
说不清	9313	41.1	说不清	3770	16.6
干部	835	3.7	高学历者	6464	28.5
群众	19282	85.1	低学历者	12010	53.0
说不清	2552	11.3	说不清	4195	18.5
城里人	5764	25.4	体力劳动者	7300	32.2
乡下人	13421	59.2	脑力劳动者	11541	50.9
说不清	3484	15.4	说不清	3828	16.9
雇主	1305	5.8	当地人	12729	56.2
雇员	16001	70.6	外地人	7978	35.2
说不清	5363	23.7	说不清	1962	8.7

（二）人口学特征对自我类别化的影响

个体的自我类别化与人口学特征具有密切关联，这些人口学特征可分为先赋性制度安排和后致性获得。本次调查以自我类别化为因变量，以人口学特征为自变量进行回归分析。因自我类别化为二分定性变量，故回归分析采用Logistic回归分析。因变量中被调查者选择"说不清"的列入缺失值不进入统计分析，因此每个类别统计分析的样本数有差异。研究选取户口作为先赋性制度安排因素，个人月收入、职业、工作单位性质、受教育程度作为后致性获得因素。个人月收入与受教育程度作为连续变量，职业、工作单位性质、户口是类别变量。职业以"其他"为参照组、工作单位性质以"其他"为参照组，户口以"外地农村户口"为参照组（本文随后分析所需的参照组设置与此相同）。自我类别化中穷人、群众、乡下人、雇员、被管理者、低学历者、体力劳动者和外地人被编码为0，而富人、干部、城里人、管理者、高学历者、脑力劳动者和本地人被编码为1（本文随后分析所需的编码方式与此相同）。具体分析结果如表3和表4所示。

表3 群体类别化对人口学特征的 logistic 回归分析结果 A

人口学特征	穷人或富人		干部或群众		城里人或乡下人		雇主或雇员	
	B	Exp(B)	B	Exp(B)	B	Exp(B)	B	Exp(B)
个人月收入	0.27***	1.30	0.18***	1.20	0.14***	1.15	0.26***	1.30
受教育程度	-0.06	0.95	0.09**	1.10	0.24***	1.27	-0.10***	0.91
本地城市户口	0.84***	2.32	0.86***	2.37	3.25***	25.72	0.93***	2.53
本地农村户口	0.34***	1.41	0.40**	1.50	0.14	1.15	0.38***	1.46
外地城市户口	0.61***	1.84	0.64***	1.90	1.97***	7.20	0.71***	2.03
党政机关	0.84***	2.33	1.64***	5.17	-0.13	0.88	0.69***	2.00
事业单位	0.77***	2.17	0.47**	1.60	-0.18***	0.83	0.15	1.16
国有企业	0.62***	1.86	0.47**	1.60	0.04	1.04	0.31**	1.36
外资企业	0.88***	2.41	0.61***	1.84	-0.35***	0.70	0.28	1.32
合资企业	0.53**	1.70	-0.05	0.95	-0.13	0.88	0.16	1.17
私营企业	-0.10	0.91	-0.50***	0.61	-0.25***	0.78	-0.09	0.91
国家机关、党群组织、企业、事业单位负责人	0.81***	2.25	1.24***	3.45	-0.16	0.86	0.57***	1.77
专业技术人员	0.10	1.11	0.78***	2.19	0.06	1.06	-0.03	0.97
办事人员和有关人员	-0.02	0.98	0.92***	2.52	0.12	1.12	-0.41***	0.66
商业、服务业人员	-0.08	0.92	-0.08	0.92	0.26***	1.30	0.14	1.15
农、林、牧、渔、水利业生产人员	-0.02	0.98	0.38	1.46	-0.73***	0.48	-0.31	0.73
生产、运输设备操作人员及有关人员	-0.97***	0.38	-0.32	0.73	-0.25**	0.78	-1.16***	0.31
军人	-0.06	0.94	1.01***	2.74	-0.57	0.57	0.30	1.35
样本数(人)	13356		20117		19185		17306	
Chi-square	13.55		23.15**		18.43**		12.50	

注：*p<0.05，**p<0.01，***p<0.001，下同。

表4 群体类别化对人口学特征的 logistic 回归分析结果 B

变量	管理者或被管理者		高学历者或低学历者		体力劳动者或脑力劳动者		当地人或外地人	
	B	Exp(B)	B	Exp(B)	B	Exp(B)	B	Exp(B)
个人月收入	0.26***	1.29	0.10***	1.11	0.07***	1.08	0.01	1.01
受教育程度	-0.02	0.98	1.06***	2.88	0.75***	2.11	-0.01	0.99
本地城市户口	0.79***	2.21	0.53***	1.70	0.24***	1.27	4.13***	62.16
本地农村户口	0.37***	1.45	0.06	1.06	-0.02	0.98	3.43***	30.83

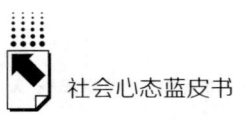

续表

变量	管理者或被管理者		高学历者或低学历者		体力劳动者或脑力劳动者		当地人或外地人	
	B	Exp(B)	B	Exp(B)	B	Exp(B)	B	Exp(B)
外地城市户口	0.59***	1.81	0.18**	1.20	0.49***	1.63	1.04***	2.84
党政机关	0.53***	1.70	0.06	1.06	-0.22	0.80	-0.20	0.82
事业单位	0.00	1.00	-0.01	0.99	-0.06	0.95	-0.24***	0.79
国有企业	0.17	1.18	-0.14*	0.87	-0.16*	0.85	-0.49***	0.61
外资企业	0.40**	1.49	-0.41***	0.67	0.02	1.02	-0.87***	0.42
合资企业	0.19	1.21	-0.22**	0.81	-0.04	0.96	-0.49***	0.61
私营企业	-0.04	0.96	-0.29***	0.75	-0.34***	0.71	-0.17**	0.84
国家机关、党群组织、企业、事业单位负责人	0.66***	1.93	0.09	1.09	0.13	1.14	-0.19	0.82
专业技术人员	0.12	1.13	0.14**	1.15	0.21***	1.23	-0.13**	0.88
办事人员和有关人员	-0.18	0.84	-0.07	0.93	0.46***	1.58	-0.09	0.91
商业、服务业人员	0.15	1.16	-0.05	0.95	-0.15***	0.86	0.05	1.05
农、林、牧、渔、水利业生产人员	-0.36*	0.70	-0.42***	0.66	-0.22**	0.80	-0.18*	0.83
生产、运输设备操作人员及有关人员	-0.75***	0.47	-0.55***	0.58	-1.10***	0.33	-0.02	0.98
军人	0.85*	2.35	0.02	1.02	-0.19	0.83	-0.18	0.84
样本数(人)	18899		18474		18841		20707	
Chi-square	10.966		112.917***		30.75***		29.381***	

1. 人口学特征对类别化为穷人或富人的影响

从表3可知，人口学特征并不能显著地解释穷人或富人的群体类别化。从自变量的情况来看，个人月收入越高，类别化为富人的概率越大，个人月收入每增加一个层次，类别化为富人的发生比将是原来的1.3倍；本地城市户口、本地农村户口、外地城市户口较之于外地农村户口类别化为富人的概率更高，发生比分别是外地农村户口的2.32倍、1.41倍和1.84倍；工作单位性质为党政机关、事业单位、国有企业、外资企业和合资企业较之于其他类别化为富人的概率更高，发生比分别是其他的2.33倍、2.17倍、1.86倍、2.41倍和1.7倍；职业为国家机关、党群组织、企业、事业单位负责人较之于其他类别化为富人的概率更高,是其他的 2.25 倍,而生产、运输设备操作人员及有关人员较之于其他类别化为富人的概率更低,是其他的 38%,下降了 62%。

2. 人口学特征对类别化为干部或群众的影响

从表 3 可知,人口学特征显著地解释了干部或群众的群体类别化。从自变量的情况来看,个人月收入越高类别化为干部的概率越大,个人月收入每增加一个层次,类别化为干部的发生比将是原来的 1.2 倍;受教育程度越高类别化为干部的概率越大,受教育程度每增加一个层次,类别化为干部的发生比将是原来的 1.1 倍;本地城市户口、本地农村户口、外地城市户口较之于外地农村户口类别化为干部的概率更高,发生比分别是外地农村户口的 2.37 倍、1.5 倍和 1.9 倍;工作单位性质为党政机关、事业单位、国有企业、外资企业较之于其他类别化为干部的概率更高,而私营企业较之于其他类别化为干部的概率更低,党政机关类别化为干部的发生比是其他的 5.17 倍,事业单位类别化为干部的发生比是其他的 1.6 倍,国有企业类别化为干部的发生比是其他的 1.5 倍,外资企业类别化为干部的发生比是其他的 1.84 倍,而私营企业类别化为干部的发生比是其他的 61%,下降了 39%;职业为国家机关、党群组织、企业、事业单位负责人,专业技术人员,办事人员和有关人员及军人较之于其他类别化为干部的概率更高。发生比分别是其他的 3.45 倍、2.19 倍、2.52 倍和 2.74 倍。

3. 人口学特征对类别化为城里人或乡下人的影响

从表 3 可知,人口学特征显著地解释了城里人或乡下人的群体类别化。个人月收入越高类别化为城里人的概率越大,个人月收入每增加一个层次,类别化为城里人的发生比将是原来的 1.15 倍;受教育程度越高类别化为城里人的概率越大,受教育程度每增加一个层次,类别化为城里人的发生比将是原来的 1.27 倍;本地城市户口、外地城市户口较之于外地农村户口类别化为城里人的概率更高,发生比分别是外地农村户口的 25.72 倍和 7.2 倍;工作单位性质为事业单位、外资企业和私营企业较之于其他类别化为城里人的概率更低,发生比分别是其他的 83%、70% 和

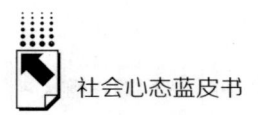

78%；职业为商业、服务业人员较之于其他类别化为城里人的概率更高，发生比是其他的1.3倍，农、林、牧、渔、水利业生产人员，生产、运输设备操作人员及有关人员较之于其他类别化为城里人的概率更低，发生比分别是其他的48%和78%。

4. 人口学特征对类别化为雇主或雇员的影响

从表3可知，人口学特征不能显著地解释雇主或雇员的群体类别化。从自变量的情况来看，个人月收入越高类别化为雇主的概率越大，个人月收入每增加一个层次，类别化为雇主的发生比将是原来的1.3倍；受教育程度越高类别化为雇主的概率越低，受教育程度每增加一个层次，类别化为雇主的发生比将是原来的91%；本地城市户口、本地农村户口、外地城市户口较之于外地农村户口类别化为雇主的概率更高，发生比分别是外地农村户口的2.53倍、1.46倍和2.03倍；工作单位性质为党政机关和国有企业较之于其他类别化为雇主的概率更高，发生比分别是其他的2倍和1.36倍；职业为国家机关、党群组织、企业、事业单位负责人较之于其他类别化为雇主的概率更高，发生比是其他的1.77倍，办事人员和有关人员及生产、运输设备操作人员及有关人员较之于其他类别化为雇主的概率更低，发生比分别是其他的66%和31%。

5. 人口学特征对类别化为管理者或被管理者的影响

从表4可知，人口学特征不能显著地解释管理者或被管理者的群体类别化。从自变量的情况来看，个人月收入越高类别化为管理者的概率越大，个人月收入每增加一个层次，类别化为管理者的发生比将是原来的1.29倍。本地城市户口、本地农村户口、外地城市户口较之于外地农村户口类别化为管理者的概率更高，发生比分别是外地农村户口的2.21倍、1.45倍和1.81倍。工作单位性质为党政机关和外资企业较之于其他类别化为管理者的概率更高。发生比分别是其他的1.7倍和1.49倍。职业为国家机关、党群组织、企业、事业单位负责人较之于其他类别化为管理者的概率更高，其发生比是其他的1.93倍；农、林、牧、渔、水利业生产人员较之于其他类别化为管理者的概率更低，其发生比是其他的70%；生产、运输设备操作人员及有关人员较之于其他类别化为管理者的概率更低，其发生比是其他的47%；军人较之于其他类别化为管理者的概率更高，其发生比是其他的2.35倍。

6. 人口学特征对类别化为高学历者或低学历者的影响

从表4可知，人口学特征显著地解释了高学历者或低学历者的群体类别化，个人月收入越高类别化为高学历者的概率越大，个人月收入每增加一个层次，类别化为高学历者的发生比将是原来的1.11倍。本地城市户口较之于外地农村户口类别化为高学历者的概率更高，其发生比是外地农村户口的1.70倍；外地城市户口较之于外地农村户口类别化为高学历者的概率更高，其发生比是外地农村户口的1.20倍。工作单位性质为国有企业较之于其他类别化为高学历者的概率更低，其发生比是其他的87%；外资企业较之于其他类别化为高学历的概率更低，其发生比是其他的67%；合资企业类别化为高学历者的概率更低，其发生比是其他的81%；私营企业类别化为高学历者的概率更低，其发生比是其他的75%。职业为专业技术人员较之于其他类别化为高学历者的概率更高，其发生比是其他的1.15倍；农、林、牧、渔、水利业生产人员较之于其他类别化为高学历者的概率更低，其发生比是其他的66%；生产、运输设备操作人员及有关人员较之于其他类别化为高学历者的概率更低，其发生比是其他的58%。

7. 人口学特征对类别化为脑力劳动者或体力劳动者的影响

从表4可知，人口学特征显著地解释了脑力劳动者或体力劳动者的群体类别化，个人月收入越高类别化为脑力劳动者的概率越大，个人月收入每增加一个层次，类别化为脑力劳动者的发生比将是原来的1.08倍。受教育程度越高类别化为脑力劳动者的概率越高，受教育程度每增加一个层次，类别化为脑力劳动者的发生比将是原来的2.11倍。本地城市户口较之于外地农村户口类别化为脑力劳动者的概率更高，其发生比是外地农村户口的1.27倍，外地城市户口较之于外地农村户口类别化为脑力劳动者的概率更高，其发生比是外地农村户口的1.63倍。工作单位性质为国有企业较之于其他类别化为脑力劳动者的概率更低，其发生比是其他的85%；私营企业类别化为脑力劳动者的概率更低，其发生比是其他的71%。职业为专业技术人员

较之于其他类别化为脑力劳动者的概率更高，其发生比是其他的1.23倍；办事人员和有关人员较之于其他类别化为脑力劳动者的概率更高，其发生比是其他的1.58倍；商业、服务业人员较之于其他类别化为脑力劳动者的概率更低，其发生比是其他的86%；农、林、牧、渔、水利业生产人员较之于其他类别化为脑力劳动者的概率更低，其发生比是其他的80%；生产、运输设备操作人员及有关人员较之于其他类别化为脑力劳动者的概率更低，其发生比是其他的33%。

8. 人口学特征对类别化为当地人或外地人的影响

从表4可知，人口学特征显著地解释了当地人或外地人的群体类别化。本地城市户口较之于外地农村户口类别化为当地人的概率更高，其发生比是外地农村户口的62.16倍；本地农村户口较之于外地农村户口类别化为当地人的概率更高，其发生比是外地农村户口的30.83倍；外地城市户口较之于外地农村户口类别化为当地人的概率更高，其发生比是外地农村户口的2.84倍。工作单位性质为事业单位较之于其他类别化为当地人的概率更低，其发生比是其他的79%；国有企业较之于其他类别化为当地人的概率更低，其发生比是其他的61%；外资企业较之于其他类别化为当地人的概率更低，其发生比是其他的42%；合资企业较之于其他类别化为当地人的概率更低，其发生比是其他的61%；私营企业较之于其他类别化为当地人的概率更低，其发生比是其他的84%。职业为专业技术人员较之于其他类别化为当地人的概率更低，其发生比是其他的88%；农、林、牧、渔、水利业生产人员较之于其他类别化为当地人的概率更低，其发生比是其他的83%。

从上述结果中可以看到，个体的自我类别化与客观的人口学特征虽关联密切，却并非一一对应。那些边界明确的群体类别与人口学特征的联系程度更高，如城里人或乡下人、当地人或外地人。边界明确的群体类别往往与先赋性制度安排和后致性获得有关，先赋性制度安排因素的典型代表是户籍因素，后致性获得因素的典型代表是工作单位性质或职业类别。边界较为模糊的群体类别与人口学特征的联系程度较低，如穷人或富人、管理者或被管理者。边界不明确的群体类别往往与个体的心理感受和社会比较有关。

(三)自我类别化对群际冲突判断的影响

为了探讨个体的自我类别化如何影响其对群际冲突的判断,研究分别以八大类群体自我类别化为自变量,分别以八大类群际冲突、总体群际冲突为因变量做 ANOVA 分析,考察自我类别化对群际冲突的影响,探讨自我类别化如何影响个体对我国现在社会群体之间利益冲突的严重程度的判断,以及对于今后我国社会群体之间利益冲突激化可能性的判断。

从表5可知,自我类别化为富人的个体,其对穷人与富人之间、干部与群众之间、城里人与乡下人之间、雇主与雇员之间、管理者与被管理者之间、高学历者与低学历者之间、体力劳动者与脑力劳动者之间、当地人与外地人之间群际冲突严重程度的判断显著低于自我类别化为穷人的个体,其感知到的社会群体之间利益冲突的严重程度显著低于自我类别化为穷人的个体,其评定社会群体之间利益冲突激化的可能性显著低于自我类别化为穷人的个体。

表5 自我类别化为富人或穷人对群际冲突的影响

群际冲突	富人(N=1000)		穷人(N=12356)		F值
	均值	标准差	均值	标准差	
穷人与富人之间	4.09	1.52	4.79	1.32	253.00***
干部与群众之间	4.12	1.48	4.59	1.29	117.28***
城里人与乡下人之间	4.13	1.48	4.43	1.31	48.06***
雇主与雇员之间	4.01	1.44	4.30	1.25	46.15***
管理者与被管理者之间	4.05	1.45	4.31	1.25	41.89***
高学历者与低学历者之间	4.05	1.50	4.27	1.32	24.21***
体力劳动者与脑力劳动者之间	4.12	1.50	4.37	1.36	28.64***
当地人与外地人之间	4.15	1.51	4.40	1.30	35.38***
社会群体之间利益冲突的严重程度	3.63	1.55	4.42	1.29	340.96***
社会群体之间利益冲突激化的可能性	3.94	1.39	4.48	1.18	190.05***

从表6可知，当个体自我类别化为干部时，其对穷人与富人之间、干部与群众之间、城里人与乡下人之间、雇主与雇员之间、管理者与被管理者之间、高学历者与低学历者之间、体力劳动者与脑力劳动者之间、当地人与外地人之间群际冲突严重程度的判断显著低于个体自我类别化为群众时；同时，其感知到的社会群体之间利益冲突的严重程度显著低于个体自我类别化为群众时；其评定社会群体之间利益冲突激化的可能性显著低于个体自我类别化为群众时。

表6 自我类别化为干部或群众对群际冲突的影响

群际冲突	干部（N=835）		群众（N=19282）		F值
	均值	标准差	均值	标准差	
穷人与富人之间	4.24	1.48	4.76	1.27	133.57***
干部与群众之间	4.09	1.41	4.52	1.24	95.98***
城里人与乡下人之间	4.14	1.40	4.38	1.26	29.68***
雇主与雇员之间	4.04	1.34	4.24	1.21	20.97***
管理者与被管理者之间	4.03	1.37	4.26	1.20	26.53***
高学历者与低学历者之间	3.97	1.41	4.23	1.28	34.77***
体力劳动者与脑力劳动者之间	3.98	1.44	4.32	1.32	53.70***
当地人与外地人之间	4.09	1.44	4.37	1.27	38.61***
社会群体之间利益冲突的严重程度	3.77	1.47	4.38	1.22	192.97***
社会群体之间利益冲突激化的可能性	4.06	1.35	4.41	1.14	74.96***

从表7可知，当个体自我类别化为城里人时，其对干部与群众之间、城里人与乡下人之间、雇主与雇员之间、管理者与被管理者之间、高学历者与低学历者之间、体力劳动者与脑力劳动者之间、当地人与外地人之间群际冲突严重程度的判断显著低于个体自我类别化为乡下人时；同时，其感知到的社会群体之间利益冲突的严重程度显著低于个体自我类别化为乡下人时；其评定社会群体之间利益冲突激化的可能性显著低于个体自我类别化为乡下人时。而个体自我类别化为城里人或乡下人并不影响其对穷人与富人之间群际冲突严重程度的判断。

表 7 自我类别化为城里人或乡下人对群际冲突的影响

群际冲突	城里人(N=5764)		乡下人(N=13421)		F 值
	均值	标准差	均值	标准差	
穷人与富人之间	4.71	1.28	4.73	1.31	2.07
干部与群众之间	4.45	1.24	4.52	1.27	15.22***
城里人与乡下人之间	4.17	1.22	4.47	1.31	215.71***
雇主与雇员之间	4.13	1.18	4.29	1.25	67.78***
管理者与被管理者之间	4.16	1.18	4.30	1.25	52.25***
高学历者与低学历者之间	4.10	1.29	4.29	1.31	82.09***
体力劳动者与脑力劳动者之间	4.16	1.33	4.39	1.34	119.71***
当地人与外地人之间	4.23	1.26	4.42	1.30	88.37***
社会群体之间利益冲突的严重程度	4.26	1.22	4.36	1.27	27.43***
社会群体之间利益冲突激化的可能性	4.33	1.18	4.41	1.16	23.27***

从表 8 可知,当个体自我类别化为雇主时,其对穷人与富人之间、干部与群众之间、城里人与乡下人之间、雇主与雇员之间、管理者与被管理者之间、高学历者与低学历者之间、体力劳动者与脑力劳动者之间、当地人与外地人之间群际冲突严重程度的判断显著低于个体自我类别化为雇员时;同时,其感知到的社会群体之间利益冲突的严重程度显著低于个体自我类别化为雇员时;其评定社会群体之间利益冲突激化的可能性显著低于个体自我类别化为雇员时。

表 8 自我类别化为雇主或雇员对群际冲突的影响

群际冲突	雇主(N=1305)		雇员(N=16001)		F 值
	均值	标准差	均值	标准差	
穷人与富人之间	4.26	1.47	4.77	1.29	184.93***
干部与群众之间	4.21	1.40	4.54	1.26	81.24***
城里人与乡下人之间	4.21	1.38	4.39	1.28	22.86***
雇主与雇员之间	4.07	1.34	4.25	1.23	26.74***
管理者与被管理者之间	4.10	1.37	4.26	1.23	21.17***
高学历者与低学历者之间	4.13	1.43	4.22	1.30	6.57**
体力劳动者与脑力劳动者之间	4.14	1.44	4.31	1.34	19.76***
当地人与外地人之间	4.18	1.44	4.37	1.28	26.09***
社会群体之间利益冲突的严重程度	3.83	1.44	4.37	1.25	226.48***
社会群体之间利益冲突激化的可能性	4.06	1.32	4.42	1.16	116.25***

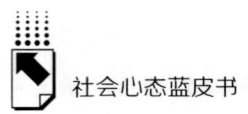

从表9可知，当个体自我类别化为管理者时，其对穷人与富人之间、干部与群众之间、城里人与乡下人之间、雇主与雇员之间、管理者与被管理者之间、高学历者与低学历者之间、体力劳动者与脑力劳动者之间、当地人与外地人之间群际冲突严重程度的判断显著低于个体自我类别化为被管理者时；同时，其感知到的社会群体之间利益冲突的严重程度显著低于个体自我类别化为被管理者时；其评定社会群体之间利益冲突激化的可能性显著低于个体自我类别化为被管理者时。

表9 自我类别化为管理者或被管理者对群际冲突的影响

群际冲突	管理者（N=1847）		被管理者（N=17052）		F 值
	均值	标准差	均值	标准差	
穷人与富人之间	4.41	1.40	4.77	1.28	122.94***
干部与群众之间	4.26	1.35	4.53	1.25	78.86***
城里人与乡下人之间	4.19	1.33	4.39	1.28	42.36***
雇主与雇员之间	4.07	1.27	4.26	1.23	37.43***
管理者与被管理者之间	4.09	1.31	4.27	1.22	34.71***
高学历者与低学历者之间	4.08	1.36	4.24	1.29	23.26**
体力劳动者与脑力劳动者之间	4.17	1.39	4.32	1.34	23.35***
当地人与外地人之间	4.18	1.36	4.38	1.28	38.38***
社会群体之间利益冲突的严重程度	3.94	1.41	4.38	1.24	201.25***
社会群体之间利益冲突激化的可能性	4.15	1.28	4.42	1.16	93.48***

从表10可知，当个体自我类别化为高学历者时，其对干部与群众之间、城里人与乡下人之间、雇主与雇员之间、管理者与被管理者之间、高学历者与低学历者之间、体力劳动者与脑力劳动者之间、当地人与外地人之间群际冲突严重程度的判断显著低于个体自我类别化为低学历者时；同时，其感知到的社会群体之间利益冲突的严重程度显著低于个体自我类别化为低学历者时；其评定社会群体之间利益冲突激化的可能性显著低于个体自我类别化为低学历者时。

表 10 自我类别化为高学历者或低学历者对群际冲突的影响

群际冲突	高学历者(N=6464)		低学历者(N=12010)		F 值
	均值	标准差	均值	标准差	
穷人与富人之间	4.71	1.25	4.74	1.34	2.22
干部与群众之间	4.44	1.22	4.55	1.31	31.68***
城里人与乡下人之间	4.31	1.24	4.42	1.33	33.52***
雇主与雇员之间	4.14	1.19	4.30	1.27	70.48***
管理者与被管理者之间	4.14	1.19	4.32	1.26	84.77***
高学历者与低学历者之间	4.07	1.27	4.32	1.32	157.78***
体力劳动者与脑力劳动者之间	4.14	1.31	4.41	1.36	173.33***
当地人与外地人之间	4.27	1.26	4.41	1.32	50.78***
社会群体之间利益冲突的严重程度	4.22	1.21	4.39	1.30	71.49***
社会群体之间利益冲突激化的可能性	4.33	1.16	4.44	1.19	33.62***

从表 11 可知，当个体自我类别化为脑力劳动者时，其对穷人与富人之间、干部与群众之间、城里人与乡下人之间、雇主与雇员之间、管理者与被管理者之间、高学历者与低学历者之间、体力劳动者与脑力劳动者之间、当地人与外地人之间群际冲突严重程度的判断显著低于个体自我类别化为体力劳动者时；同时，其感知到的社会群体之间利益冲突的严重程度显著低于个体自我类别化为体力劳动者时；其评定社会群体之间利益冲突激化的可能性显著低于个体自我类别化为体力劳动者时。

表 11 自我类别化为脑力劳动者或体力劳动者对群际冲突的影响

群际冲突	脑力劳动者(N=7300)		体力劳动者(N=11541)		F 值
	均值	标准差	均值	标准差	
穷人与富人之间	4.67	1.26	4.80	1.37	45.43***
干部与群众之间	4.44	1.24	4.59	1.32	60.30***
城里人与乡下人之间	4.32	1.26	4.44	1.33	34.36***
雇主与雇员之间	4.19	1.21	4.30	1.27	33.46***
管理者与被管理者之间	4.19	1.22	4.34	1.27	64.73***
高学历者与低学历者之间	4.13	1.28	4.35	1.34	122.23***
体力劳动者与脑力劳动者之间	4.21	1.32	4.45	1.38	145.46***
当地人与外地人之间	4.29	1.28	4.43	1.32	52.03***
社会群体之间利益冲突的严重程度	4.21	1.24	4.48	1.29	210.21***
社会群体之间利益冲突激化的可能性	4.33	1.14	4.47	1.22	64.13***

从表 12 可知,当个体自我类别化为当地人时,其对城里人与乡下人之间、雇主与雇员之间、管理者与被管理者之间、当地人与外地人之间群际冲突严重程度的判断显著低于个体自我类别化为外地人时;同时,其评定社会群体之间利益冲突激化的可能性显著低于个体自我类别化为外地人时;但是,其对穷人与富人之间冲突严重程度的判断却显著高于个体自我类别化为外地人时。个体自我类别化为当地人或外地人时,其对干部与群众之间、高学历者与低学历者之间、体力劳动者与脑力劳动者之间群际冲突严重程度的判断无显著差异,对社会群体之间利益冲突的严重程度的判断也无显著差异。

表 12 自我类别化为当地人或外地人对群际冲突的影响

群际冲突	当地人(N=12729)		外地人(N=7978)		F 值
	均值	标准差	均值	标准差	
穷人与富人之间	4.75	1.27	4.68	1.32	15.41***
干部与群众之间	4.48	1.24	4.50	1.29	1.46
城里人与乡下人之间	4.32	1.26	4.44	1.30	41.60***
雇主与雇员之间	4.20	1.20	4.28	1.26	16.60***
管理者与被管理者之间	4.23	1.20	4.27	1.25	5.74*
高学历者与低学历者之间	4.22	1.28	4.22	1.32	0.03
体力劳动者与脑力劳动者之间	4.31	1.32	4.31	1.36	0.02
当地人与外地人之间	4.31	1.26	4.43	1.32	42.35***
社会群体之间利益冲突的严重程度	4.34	1.19	4.31	1.34	3.80
社会群体之间利益冲突激化的可能性	4.37	1.14	4.40	1.19	3.86*

从上述分析可知,一是当个体自我类别化为优势群体(富人、干部、城里人、雇主、管理者、高学历者、脑力劳动者、当地人)时,将较低估计相应类别群际冲突的严重程度。当个体将自己类别化弱势群体(穷人、群众、乡下人、雇员、被管理者、低学历者、体力劳动者和外地人)时,将较高估计相应类别群际冲突的严重程度。如当个体自我类别化为富人群体时,其知觉到的富人与穷人之间群际冲突的严重程度显著低于个体自我类别

化为穷人群体时。二是个体群体类别化不仅影响其对本类别群际冲突严重程度的判断,并且进一步泛化至其他类别群际冲突严重程度的判断。如个体自我类别化为富人群体时,其对干部与群众之间、城里人与乡下人之间等类别群际冲突的严重程度的判断显著低于个体自我类别化为穷人群体时。三是自我类别化显著影响了个体对于社会群体之间利益冲突严重程度和冲突激化可能性的判断。当自我类别化为弱势群体时,个体评定群际冲突的严重程度更高;当自我类别化为优势群体时,个体评定群际冲突的严重程度更低。在本部分的分析中,个体类别化为穷人或富人时对群际冲突的知觉较不遵循上述结论,这可能由于穷人或富人这一类别具有较强的跨类别性。同一个体可分属于不同的群体类别,不同群体类别之间并非完全排他性,而是互相交叉的。自我类别化为富人群体时,富人群体较易与城里人群体、高学历者群体、雇主群体相重叠。

（四）自我类别化对群际冲突判断的预测作用

前述分析已经表明,人口学特征与个体的自我类别化虽密切关联,但也非一一对应。个体将自身类别化为某一类别群体必然会影响其对群际冲突的判断。为了进一步考察哪一种自我类别化对群际冲突判断的影响最大,研究采用多重线性回归,整体分析人口学特征和自我类别化如何对群际冲突判断产生影响。

以群际冲突严重程度的判断为因变量,以受教育程度、个人月收入、职业、工作单位性质、户口、八大类群体类别化为自变量进行回归分析。自变量采用层次进入的方式,考察每层中增加的变量对回归方程解释力度的影响,从而判定增加的变量是否和因变量独立关联。具体而言,第一层进入人口学特征,包括受教育程度、个人月收入、职业、工作单位性质和户口;第二层进入自我类别化,包括富人或穷人、干部或群众、城里人或乡下人、雇主或雇员、管理者或被管理者、高学历者或低学历者、体力劳动者或脑力劳动者、当地人或外地人。参照组和自我类别化的编码方式参见上述部分的分析。每层变量采用全部进入（ENTER）方式,结果见表 13。

从表 13 的结果可知，自我类别化显著增加了回归的解释力度（$\Delta R^2 = 0.029$，$\Delta F = 36.14$，$p < 0.001$），人口学特征和自我类别化两者都独立地与群际冲突严重程度的判断关联紧密。最终的回归方程中，从人口学特征来看，个人月收入水平越高的调查对象对群际冲突严重程度的判断越低；受教育程度越高的调查对象对群际冲突严重程度的判断越高；以其他从业者为参照群体，国家机关、党群组织、企业、事业单位负责人，办事人员和有关人员，农、林、牧、渔、水利业生产人员对群际冲突严重程度的判断更低；以其他单位性质为参照组，党政机关、事业单位、国有企业、外资企业和合资企业的调查对象对群际冲突严重程度的判断更低。从自我类别化来看，以类别化为穷人的调查对象为参照组，类别化为富人的调查对象对群际冲突严重程度的判断更低；以类别化为群众的调查对象为参照组，类别化为干部的调查对象对群际冲突严重程度的判断更低；以类别化为雇员的调查对象为参照组，类别化为雇主的调查对象对群际冲突严重程度的判断更低；以类别化为体力劳动者的调查对象为参照组，类别化为脑力劳动者的调查对象对群际冲突严重程度的判断更低。从相关系数来看，富人或穷人对群际冲突严重程度的判断影响最大，其次是脑力劳动者或体力劳动者，再次是雇主或雇员，最后是干部或群众。

表 13　群际冲突对主观群体类别的回归分析结果

变量	第一层标准化系数 β	第二层标准化系数 β
个人月收入	-0.02*	0.01
受教育程度	0.03*	0.05***
本地城市户口	-0.06***	-0.06***
本地农村户口	-0.06***	-0.07***
外地城市户口	-0.08***	-0.07***
国家机关、党群组织、企业、事业单位负责人	-0.05***	-0.03**
专业技术人员	-0.02	-0.02
办事人员和有关人员	-0.06***	-0.06***

续表

变量	第一层标准化系数β	第二层标准化系数β
商业、服务业人员	-0.02	-0.02
农、林、牧、渔、水利业生产人员	-0.04***	-0.04***
生产、运输设备操作人员及有关人员	0.03***	0.00
军人	-0.01	-0.01
党政机关	-0.04***	-0.02*
事业单位	-0.05***	-0.04**
国有企业	-0.08***	-0.07***
外资企业	-0.05***	-0.04**
合资企业	-0.03**	-0.03*
私营企业	0.00	-0.01
富人或穷人		-0.10***
干部或群众		-0.03**
城里人或乡下人		0.02
雇主或雇员		-0.05**
管理者或被管理者		-0.02
高学历者或低学历者		0.00
脑力劳动者或体力劳动者		-0.09***
当地人或外地人		0.02
R^2	0.03	0.06
F	16.00***	22.53***

四　讨论与结论

（一）个体具有将自身类别化为较为弱势群体的倾向

根据本研究的分析结果，人们具有将自我类别化为弱势群体的倾向。这与国内研究者提出的中国民众主观社会阶层具有向下偏移的特点较为相似（陈光金，2013；高勇，2013）。由此可见，在具有明确优劣性的群体分类上,中国民众在将自身类别化为何种类型群体时,似乎展现出认同更低层体的倾向,喜欢将自身类别化为相对处于较低地位的群体。中国民众为何具有这种倾向是一个值得关注的问题,将自身类别化为相对较为弱势群体的动机和机制是将来研究可探讨的问题。

(二)自我类别化影响对群际冲突严重程度的判断

不管个体基于何种动机或机制将自身类别化为相对处于较为弱势地位的群体,这种自我类别化的倾向却并不利于和谐群际关系的建立。本研究的结果显示,当个体自我类别化为优势群体时,其对所有群际冲突严重程度的判断更低;当个体将自己类别化弱势群体时,其对所有群际冲突严重程度的判断更高。当个体自我类别化为优势群体时,他们对社会群体之间利益冲突严重程度和冲突激化可能性评定得更低;当个体将自己类别化为弱势群体时,他们对社会群体之间利益冲突严重程度和冲突激化可能性评定得更高。从构建和谐社会的角度来看,个体这种自我类别化的倾向并不利于整体的社会和谐,容易引发个体高估群际冲突严重程度、削弱社会合作、破坏社会凝聚力的现象,并进一步危害社会稳定,也不利于培育社会心理资源和社会心理支持系统。在不同的自我类别化群体中,个体将自身类别化为富人或穷人时对群际冲突严重程度的判断影响最大,可见贫富差距可能透过个体的自我类别化成为影响社会稳定的重要因素之一。

参考文献

陈光金:《不仅有"相对剥夺",还有"生存焦虑"——中国主观认同阶层分布十年变迁的实证分析(2001~2011)》,《黑龙江社会科学》2013年第5期。

方文:《转型心理学:以群体资格为中心》,《中国社会科学》2008年第4期。

高勇:《地位层级认同为何下移兼论地位层级认同基础的转变》,《社会》2013年第33期。

潘泽泉:《社会分类与群体符号边界:以农民工社会分类问题为例》,《社会》2007年第4期。

吴莹:《文化会聚主义与多元文化认同》,载杨宜音主编《中国社会心理学评论》(第9辑),社会科学文献出版社,2015。

杨宜音:《关系化还是类别化:中国人"我们"概念形成的社会机制探讨》,《中国社会科学》2008年第4期。

赵志裕、温静、谭俭邦:《社会认同的基本心理历程——香港回归中国的研究范例》,《社会学研究》2005年第5期。

B.5
不同地区幸福取向对主观幸福感的影响[*]

刘晓柳[**]

摘　要： 幸福取向理论认为，个体在追求幸福时可采用三种不同的途径，即追求意义、追求享乐和追求投入，三种幸福取向都会对个体的主观幸福感产生显著的正向影响。本研究将重点探讨这种影响机制在全国（不含港澳台地区）不同地区是否存在差异，并具体考察在不同地区中，三种幸福取向对主观幸福感的影响。本报告使用的数据来自中国社会科学院—智媒云图（INTELLVISION）联合发布的2017年社会心态调查（CASS‒INTELLVISION Social Mentality Survey 2017）。结果发现，三种幸福取向都对主观幸福感有显著正向的影响，整体来讲，投入取向的影响最大，意义取向次之，享乐取向最低。而分地区考察的结果发现，各个地区有自己独特的影响模式。

关键词： 地区比较　幸福取向　主观幸福感

一　研究背景

幸福感一直都是心理学，尤其是积极心理学关注的重要变量之一

---

[*] 本报告受国家社会科学基金重大项目"社会心理建设：社会治理的心理学路径"（项目批准号：16ZDA231）资助。

[**] 刘晓柳，中国社会科学院社会学研究所，博士，研究方向为心理健康。

（Seligman & Csikszentmihalyi，2000）。主观幸福感（Subjective Well-being）指的是个体主观对其客观生活的整体评估（Diener & Fujita，1997），是衡量个体生活质量的重要指标。而今，幸福感不仅是个体层面的变量，而且是衡量整个社会稳定的重要因素之一。研究者认为，个体的幸福感可以反映个体对政府、对社会的满意度，它既受到社会现状的影响，也影响着社会的和谐与稳定（陈哲熙、林凯，2013）。从2007年开始，国家统计局与中央电视台联合主办的《经济生活大调查》每年都评选出"中国最具幸福感的十大城市"。在党的十八大、十九大报告中，"多谋民生之命、多解民生之忧"等民生问题一直贯穿始终。包括美联社在内的外媒认为"幸福感"是中国政府近年工作的主题。因此，学术界对幸福感的关注，不应仅仅停留在个体层面，更应该上升到地区层面、社会层面，从更加宏观的视角了解社会整体的幸福感情况。

以往对于主观幸福感的研究中，幸福取向（Happiness Orientation）是一个重要的影响因素。幸福取向指的是追求幸福的过程中可能选取的不同途径和方向，这些途径包括：通过追求享乐（Hedonism）来实现幸福，通过追求意义（Meaning）来实现幸福，通过追求投入（Engagement）来实现幸福。相较于前两种注重结果的取向，投入取向更注重的是过程。Peterson等人（2005）根据Seligman（2004）提出的"对投入的追求"这一概念，认为个体在全身心投入一项工作或活动的过程中，就已经感受到愉悦感了。当个体体验到这种"忘我"的境界时，也同样感受到了幸福。因此，除了结果性质的享乐和意义，追求过程性质的投入也可以是个体实现幸福的途径之一。

除了幸福取向这个个体层面的变量，在过去的研究中，还发现很多地区和社会层面的变量会影响个体的幸福感。比如叶南客等人（2008）通过社会生活指标（包括经济建设、政治建设、社会建设、文化建设）和个人生活指标（包括个人物质生活、个体人际关系、个体状态）两个方面构建了南京市的幸福感指标体系。而王曲元（2009）认为社会因素，如经济增长与经济发展、个体居住水平、交通环境、公共服务、社会安全、教育水平等都会影响个体的主观幸福感；同时，地区因素，如宗教、风俗、节日及地区的地理环境因素等，也会影响个体的主观幸福感。综合这两方面因素，本研究将加入地区作为调节变量，以考察不同地区个体主观幸福感的差异。

中国关于幸福取向和主观幸福感的研究还比较缺乏，关于各地区比较的实证研究几乎没有。因此，本研究尝试探究以下几个问题：①中国各地区个体的主观幸福感如何？②不同的幸福取向与主观幸福感的关系如何？③各地区中，不同幸福取向对主观幸福感的影响是否存在差异？

二 研究方法

（一）被调查者与测量过程

本报告使用的数据来自中国社会科学院—智媒云图（INTELLVISION）联合发布的2017年社会心态调查（CASS-INTELLVISION Social Mentality Survey 2017）。调查问卷由中国社会科学院社会学研究所社会心理学研究中心编制，于2016年8月到2017年4月，通过智媒云图（INTELLVISION）研发的问卷调研APP"问卷宝"，向在线样本库的全国用户（共约110万人，覆盖全国346个地级城市）推送问卷，再通过用户分享问卷的方式进行滚雪球式发放。目前问卷宝在问卷质量控制方面能够实现定制化调查和精准的问卷推送，依照调查目的向特定的用户群推送问卷，参与调查者需要经过系统认证，系统能够检测用户在问卷填写过程中的特征，对乱填乱写的用户进行剔除并列入黑名单，从而确保数据的可靠性。问卷收回后，课题组进一步依据陷阱题、答题完成情况、逻辑检验等对问卷进行筛选。CASS-INTELLVISION Social Mentality Survey 2017覆盖全国31个省、自治区、市（不含港澳台），调查最初共收回全部作答问卷24364份，经筛选最终得到有效成人问卷22669份，问卷有效率为93.04%。数据库中，男性样本12897人，占56.9%，女性样本9772人，占43.1%，性别比例与第六次全国人口普查数据（男性人口占 51.27%，女性人口占 48.73%）相比，男性比例略高，但没有显著差别。年龄范围是 18~70 岁，平均年龄为 27.38 ± 8.28 岁。受到互联网用户年龄分布特点的影响，样本库中青年人（18~45 岁）比例相对更大，被调查者的受教育程度也比全国人口普查数据更高。

（二）测量工具

1. 主观幸福感

主观幸福感的测量采用了 Diener 等人（1985）编制的生活满意度量表（Satisfaction with Life Scale，SWLS），该量表采用 5 道题目来测量个体对其生活满意度的整体评价。测量采用李克特式 7 点计分，要求被调查者根据自己的感受评价（1 = "非常不同意"，7 = "非常同意"）。样题包括："我的生活大致符合我的理想"和"我满意自己的生活"。在本研究中，该量表内部一致性信度为 0.86，符合心理测量学要求。

2. 幸福取向

幸福取向的测量采用了 Peterson 等人（2005）编制的幸福取向量表（Orientations to Happiness Scale，OHS），该量表采用 18 道题目来测量个体对三种不同幸福取向的评价，分别为意义取向、享乐取向和投入取向。测量采用李克特式 7 点计分，要求被调查者根据自己的感受评价（1 = "非常不同意"，7 = "非常同意"）。样题包括："人生就要追求更高的目标"（意义取向）、"人生苦短，应及时行乐"（享乐取向）、"不管我做什么，我都全心投入，感觉时间过得很快"（投入取向）。在本研究中，该量表内部一致性信度为 0.90，意义取向分量表为 0.78，享乐取向分量表为 0.75，投入取向分量表为 0.83，基本符合心理测量学要求。

（三）数据处理

本研究采用 SPSS 20.0 统计分析软件对数据进行分析，主要分析方法包括：描述统计、相关分析、差异检验、回归分析等。

三 研究结果

(一)主观幸福感的一般特征

为探究主观幸福感的一般特征,我们将分别按照不同性别、不同年龄、不同学历、不同收入来进行描述统计,并且检验不同地区个体主观幸福感的差异。结果表明,不同性别、不同年龄、不同学历,个体感受到的主观幸福感存在显著差异,具体结果参见表1~5、图1~5。

在主观幸福感的评价上,女性个体的评分显著高于男性个体(t=6.88,p<0.001),如表1、图1所示。

表1 不同性别的主观幸福感

单位:人,分

性别	人数	平均分	标准差
男	11839	4.00	1.23
女	10828	4.11	1.17

注:缺失数值未标出,下同。

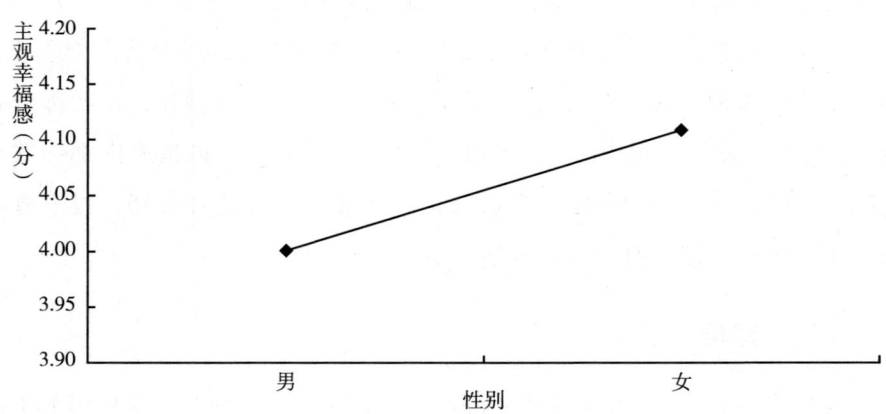

图1 不同性别的主观幸福感

主观幸福感的评分为7点评分，4分表示"中立"，低于4分为不幸福，高于4分为幸福。男性个体的均分为4分，表明大多数男性评价自己的幸福感时认为既不觉得幸福也不觉得不幸福。而女性个体的均分为4.11分，说明大多数女性评价自己的幸福感时认为自己的感受介于"中立"和"比较幸福"之间。

表2为不同出生年份的个体的主观幸福感，本样本群体大多数集中在1940~2009年出生，故只列出这部分人群的数据。差异检验结果表明，不同出生年份的个体的主观幸福感存在着显著差异（F = 6.15，df = 6，p < 0.001），事后检验的结果表明，"00后"的主观幸福感显著高于"90后"、"80后"、"70后"，"60后"和"50后"的主观幸福感显著高于"90后"和"80后"，而"80后"的主观幸福感显著高于"90后"，如图2所示。

表2 不同出生年份的主观幸福感

单位：人，分

出生年份	人数	平均分	标准差
2000~2009年，"00后"	329	4.30	1.24
1990~1999年，"90后"	13624	4.03	1.20
1980~1989年，"80后"	6521	4.07	1.20
1970~1979年，"70后"	1554	4.09	1.22
1960~1969年，"60后"	446	4.20	1.16
1950~1959年，"50后"	161	4.27	1.14
1940~1949年，"40后"	26	4.32	0.79

从图2可以看出，不同出生年份个体的主观幸福感呈"倒U形"，"00后"主观幸福感较高，"90后"主观幸福感最低，而后逐渐上升，"40后"的主观幸福感基本和"00后"持平。不同出生年份个体的主观幸福感主要表现的是年龄对主观幸福感的影响，"00后"个体处在学生阶段，主要面临学业任务，整体比较幸福。而"90后"、"80后"、"70后"个体基本属于大学毕业进入职场之后，个体需要承担职场责任、家庭责任，正是"上有老下有小"的年龄阶段，主观幸福感低于其他年龄阶段的个体，但仍在4分"中立"以上。"60后"、"50后"和"40后"，这部分个体已经达到退休年龄，基本处于颐养天年、儿孙绕膝的生活，主观幸福感相对较高。

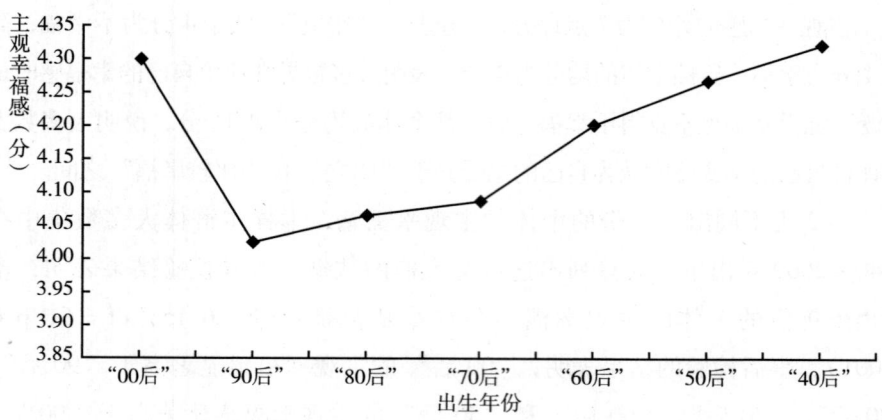

图 2 不同出生年份的主观幸福感

表 3 为不同学历个体的主观幸福感，差异检验结果表明，不同学历个体的主观幸福感存在着显著差异（$F=15.20$，$df=6$，$p<0.001$），事后检验的结果表明，学历水平为博士、硕士、大学本科的主观幸福感为最高的前三名，学历为高中的主观幸福感高于学历为初中及以下和大专，其他学历组别之间没有显著差异，如图 3 所示。

表 3 不同学历的主观幸福感

单位：人，分

学历	人数	平均分	标准差
初中及以下	1433	3.95	1.31
高中	4120	4.05	1.22
中专/技校/职高	2835	4.01	1.25
大专	5473	3.98	1.19
大学本科	7552	4.10	1.16
硕士	1021	4.24	1.11
博士	235	4.42	1.27

从图 3 可以看出，不同学历个体的主观幸福感大体呈上升趋势，学历越高，其报告的主观幸福感越高。学历代表的可能是个体的能力、拥有的社会资源、解决问题的策略等，这些都会让个体体验到更多的生活掌控感以及主

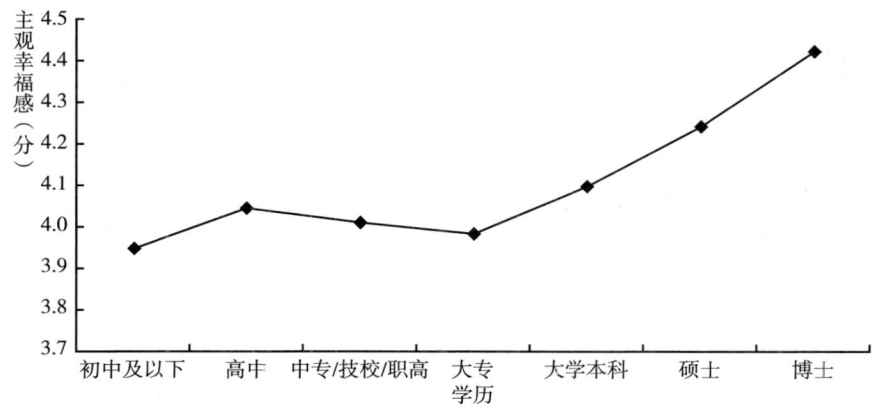

图 3　不同学历的主观幸福感

观幸福感。

表 4 为不同收入个体的主观幸福感，差异检验结果表明，不同收入个体的主观幸福感存在着显著差异（F = 29.46，df = 7，p < 0.001），事后检验的结果表明，10001～20000 元及 20000 元以上两组没有显著差异，都高于其他各组；5001～7000 元及 7001～10000 元两组没有显著差异，都高于 5001元以下各组；1000 元及以下、1001～3000 元及 3001～5000 元组显著高于暂无收入组，其中 3001～5000 元组显著高于 1001～3000 元组，如图 4 所示。

从图 4 可以看出，不同收入个体的主观幸福感大体呈上升趋势，整体而

表 4　不同收入的主观幸福感

单位：人，分

收入	人数	平均分	标准差
暂无收入	4668	3.91	1.18
1000 元及以下	1228	4.04	1.27
1001～3000 元	4425	3.98	1.22
3001～5000 元	6552	4.06	1.19
5001～7000 元	2979	4.16	1.17
7001～10000 元	1957	4.22	1.13
10001～20000 元	568	4.36	1.22
20000 元以上	290	4.38	1.38

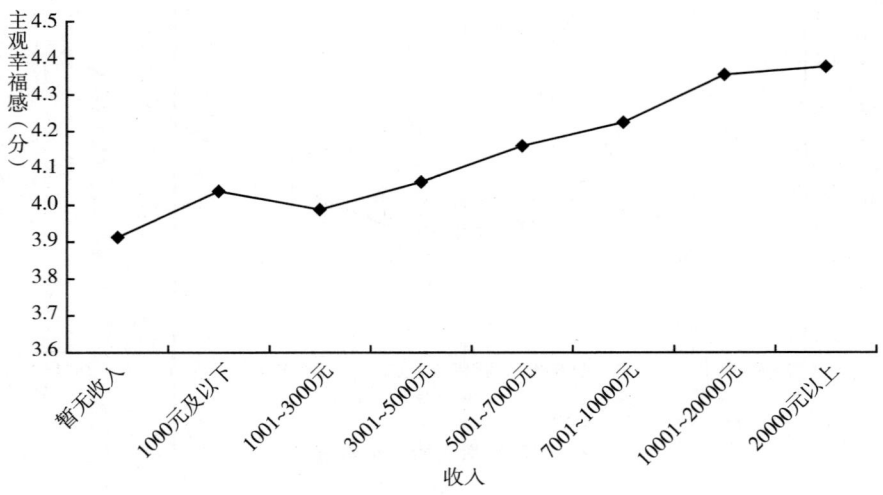

图4　不同收入的主观幸福感

言,收入越高,其报告的主观幸福感越高。收入与学历相似,同样代表的可能是个体的能力、拥有的社会资源、解决问题的策略等,这些都会让个体体验到更多的生活掌控感以及主观幸福感。

下面将考察不同地区的个体主观幸福感,根据地理位置,将全国(不含港澳台地区)分为华东地区、华南地区、华中地区、华北地区、西北地区、西南地区及东北地区。华东地区包括上海市、安徽省、山东省、江苏省、江西省、浙江省及福建省;华南地区包括广东省、广西壮族自治区及海南省;华中地区包括河南省、湖北省及湖南省;华北地区包括内蒙古自治区、北京市、天津市、山西省及河北省;西北地区包括宁夏回族自治区、新疆维吾尔自治区、甘肃省、陕西省及青海省;西南地区包括云南省、四川省、西藏自治区、贵州省及重庆市;东北地区包括吉林省、辽宁省及黑龙江省。各个地区的个体主观幸福感如表5所示。

差异检验结果表明,不同地区的个体主观幸福感存在着显著差异（$F = 4.25$, $df = 6$, $p < 0.001$）,事后检验的结果表明,东北地区显著高于华南地区、华中地区、华北地区、西南地区等,华东地区显著高于华南地区、华中地区、西南地区,其他地区之间没有显著差异,如图5所示。

表5 不同地区的主观幸福感

单位：人，分

地区	人数	平均分	标准差
华东地区	6890	4.09	1.20
华南地区	4189	4.00	1.18
华中地区	3588	4.04	1.21
华北地区	3749	4.05	1.22
西北地区	835	4.03	1.17
西南地区	2028	4.00	1.19
东北地区	1364	4.13	1.23

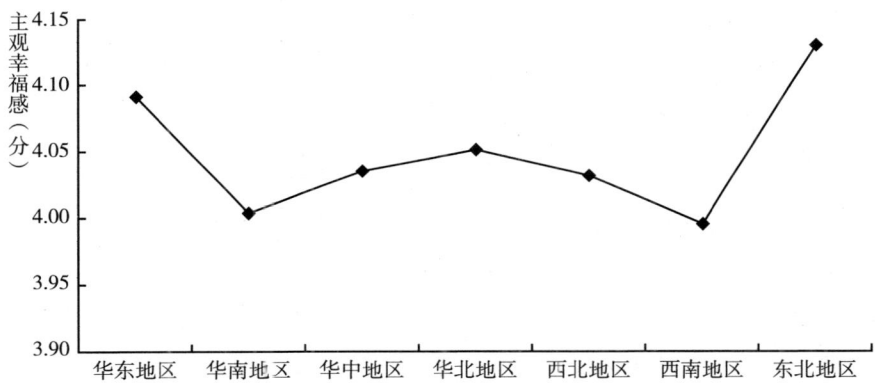

图5 不同地区的主观幸福感

从图5可以看出，不同地区的个体主观幸福感存在一定的差异，其深层原因有待进一步的探究和考察。

(二)幸福取向对主观幸福感的影响

我们将一般人口学变量（性别、出生年份、学历、收入）、幸福取向（意义取向、享乐取向、投入取向）与主观幸福感做相关分析，结果见表6。

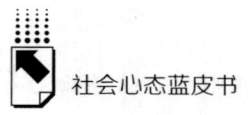

表6　人口学变量、幸福取向与主观幸福感的相关分析（N=22669）

变量	性别	出生年份	学历	收入	意义取向	享乐取向	投入取向
出生年份	0.06**						
学历	0.01	-0.03**					
收入	-0.04**	0.31**	0.32**				
意义取向	-0.05**	-0.05**	0.00	-0.02**			
享乐取向	0.04**	-0.05**	-0.01	-0.01	0.61**		
投入取向	-0.03**	0.00	0.00	0.04**	0.74**	0.60**	
主观幸福感	0.05**	0.02**	0.04**	0.09**	0.36**	0.31**	0.42**

注：本报告中 ** 表示 $p<0.01$，* 表示 $p<0.05$，† 表示 $p<0.1$，下同。

从表6可以看出，三种取向都与主观幸福感呈显著的中等程度正相关（$p<0.01$），说明认同这三种幸福取向都对主观幸福感有正向影响，下面将使用回归分析的方法就幸福取向对主观幸福感的影响进行深入探讨。

从表7回归分析的结果可以看到，模型1中单独放入所有人口学变量时，性别和收入对主观幸福感的影响为显著的正向影响，学历对主观幸福感的影响为边缘显著的正向影响，该模型可以解释主观幸福感变量总变异的1.1%。模型2中加入了地区、三种幸福取向，结果可以看出，在控制了人口学变量之后，地区不能显著影响主观幸福感，而三种幸福取向都可以显著正向地影响主观幸福感，模型2可以解释主观幸福感变量总变异的18.6%，且模型2对主观幸福感的影响效应显著高于模型1。模型3中加入了地区与三种幸福取向的交互项，交互项为各变量标准化后的乘积，结果可以看出三个交互项中，"地区×意义取向"对主观幸福感的影响是显著的，"地区×投入取向"的影响是边缘显著的，而"地区×享乐取向"的影响不显著。

表7　幸福取向对主观幸福感的影响

模型	变量	未标准化系数B	标准误	标准化系数Beta	t	ΔR²	ΔF
1	(Constant)	3.65	0.05		77.54**	0.011	62.21**
	性别	0.12	0.02	0.05	7.50**		
	出生年份	-0.01	0.01	-0.01	-0.98		
	学历	0.01	0.01	0.01	1.71†		
	收入	0.06	0.01	0.09	12.28**		

续表

模型	变量	未标准化系数 B	标准误	标准化系数 Beta	t	ΔR²	ΔF
2	(Constant)	0.71	0.06		11.43**	0.186	1309.97**
	性别	0.15	0.01	0.06	10.35**		
	出生年份	0.01	0.01	0.00	0.68		
	学历	0.02	0.01	0.02	2.74*		
	收入	0.05	0.01	0.08	11.20**		
	地区	0.00	0.00	0.00	-0.65		
	意义取向	0.14	0.01	0.11	11.32**		
	享乐取向	0.07	0.01	0.05	6.65**		
	投入取向	0.39	0.01	0.31	33.86**		
3	(Constant)	0.60	0.09		6.49**	0.001	6.04**
	性别	0.15	0.01	0.06	10.42**		
	出生年份	0.01	0.01	0.00	0.71		
	学历	0.02	0.01	0.02	2.76*		
	收入	0.05	0.01	0.08	11.21**		
	地区	0.00	0.00	0.00	-0.68		
	意义取向	0.22	0.02	0.17	9.55**		
	享乐取向	0.04	0.02	0.03	2.17*		
	投入取向	0.36	0.02	0.28	16.40**		
	地区×意义取向	-0.03	0.01	-0.07	-4.19**		
	地区×享乐取向	0.01	0.01	0.02	1.58		
	地区×投入取向	0.01	0.01	0.03	1.87†		

为了进一步详细探究各个地区中，三种幸福取向对主观幸福感的影响，下面将分地区讨论。

（三）不同地区中幸福取向对主观幸福感的影响

1. 华东地区

从表8的结果可以看到，在控制了基本人口学变量之后，三种幸福取向都对主观幸福感有显著的正向影响。加入了幸福取向之后的模型2对主观幸福感的影响效应显著高于模型1，模型2可以解释主观幸福感变量总变异的19.5%。而通过标准化后回归系数Beta的比较，可以看出在华东地区，三种幸福取向中,投入取向对主观幸福感的影响最大,意义取向其次,享乐取向最小。

表8 华东地区幸福取向对主观幸福感的影响

模型	变量	未标准化系数 B	标准误	标准化系数 Beta	t	ΔR^2	ΔF
1	(Constant)	3.63	0.09		42.34**	0.018	31.23**
	性别	0.17	0.03	0.07	5.90**		
	出生年份	-0.04	0.02	-0.02	-1.82†		
	学历	0.01	0.01	0.01	1.04		
	收入	0.08	0.01	0.12	8.64**		
2	(Constant)	0.52	0.11		4.68**	0.195	568.79**
	性别	0.22	0.03	0.09	8.35**		
	出生年份	0.00	0.02	0.00	-0.21		
	学历	0.01	0.01	0.01	0.79		
	收入	0.06	0.01	0.09	7.46**		
	意义取向	0.18	0.02	0.13	7.98**		
	享乐取向	0.07	0.02	0.05	3.56**		
	投入取向	0.38	0.02	0.30	18.20**		

2. 华南地区

从表9的结果可以看到,在控制了基本人口学变量之后,三种幸福取向中,意义取向和投入取向对主观幸福感有显著的正向影响,而享乐取向对主观幸福感没有显著影响。加入了幸福取向之后的模型2对主观幸福感的影响效应显著高于模型1,模型2可以解释主观幸福感变量总变异的19.4%。而通过标准化后回归系数 Beta 的比较,可以看出,在华南地区,投入取向对主观幸福感的影响最大,意义取向次之。

3. 华中地区

从表10的结果可以看到,在控制了基本人口学变量之后,三种幸福取向都对主观幸福感有显著的正向影响。加入了幸福取向之后的模型2对主观幸福感的影响效应显著高于模型1,模型2可以解释主观幸福感变量总变异的20.7%。而通过标准化后回归系数 Beta 的比较,可以看出,在华中地区,三种幸福取向中,投入取向对主观幸福感的影响最大,意义取向其次,享乐取向最小。

表9 华南地区幸福取向对主观幸福感的影响

模型	变量	未标准化系数 B	标准误	标准化系数 Beta	t	ΔR²	ΔF
1	(Constant)	3.79	0.11		34.32**	0.005	5.61**
	性别	0.03	0.04	0.01	0.71		
	出生年份	0.00	0.03	0.00	0.15		
	学历	-0.01	0.01	-0.01	-0.63		
	收入	0.05	0.01	0.08	4.30**		
2	(Constant)	0.85	0.14		6.06**	0.194	337.59**
	性别	0.06	0.03	0.03	1.78†		
	出生年份	0.02	0.02	0.02	1.02		
	学历	0.01	0.01	0.01	0.70		
	收入	0.06	0.01	0.09	5.44**		
	意义取向	0.16	0.03	0.13	5.66**		
	享乐取向	0.02	0.02	0.01	0.67		
	投入取向	0.39	0.03	0.33	14.63**		

表10 华中地区幸福取向对主观幸福感的影响

模型	变量	未标准化系数 B	标准误	标准化系数 Beta	t	ΔR²	ΔF
1	(Constant)	3.93	0.12		32.79**	0.011	10.27**
	性别	0.07	0.04	0.03	1.85†		
	出生年份	-0.08	0.03	-0.05	-2.82**		
	学历	0.01	0.02	0.01	0.31		
	收入	0.08	0.01	0.11	5.69**		
2	(Constant)	0.72	0.15		4.73**	0.207	315.53**
	性别	0.11	0.04	0.05	3.13**		
	出生年份	-0.05	0.03	-0.03	-1.83†		
	学历	0.01	0.01	0.01	0.67		
	收入	0.06	0.01	0.08	4.82**		
	意义取向	0.21	0.03	0.16	7.04**		
	享乐取向	0.08	0.03	0.06	3.05**		
	投入取向	0.35	0.03	0.28	12.33**		

4. 华北地区

从表11的结果可以看到，在控制了基本人口学变量之后，三种幸福取向都对主观幸福感有显著的正向影响。加入了幸福取向之后的模型2对主观幸福感的影响效应显著高于模型1，模型2可以解释主观幸福感变量总变异的14.8%。而通过标准化后回归系数Beta的比较，可以看出，在华北地区，三种幸福取向中，投入取向对主观幸福感的影响最大，意义取向和享乐取向次之。

表11　华北地区幸福取向对主观幸福感的影响

模型	变量	未标准化系数B	标准误	标准化系数Beta	t	ΔR^2	ΔF
1	(Constant)	3.45	0.12		28.98**	0.014	13.62**
	性别	0.19	0.04	0.08	4.78**		
	出生年份	0.02	0.03	0.01	0.69		
	学历	0.01	0.02	0.01	0.56		
	收入	0.07	0.01	0.09	4.93**		
2	(Constant)	0.87	0.16		5.60**	0.148	219.92**
	性别	0.19	0.04	0.08	5.18**		
	出生年份	0.02	0.02	0.02	0.92		
	学历	0.01	0.01	0.01	0.82		
	收入	0.05	0.01	0.07	4.32**		
	意义取向	0.10	0.03	0.08	3.22**		
	享乐取向	0.08	0.03	0.06	2.94**		
	投入取向	0.37	0.03	0.29	12.38**		

5. 西北地区

从表12的结果可以看到，在控制了基本人口学变量之后，三种幸福取向中享乐取向和投入取向对主观幸福感有显著的正向影响，而意义取向对主观幸福感没有显著影响。加入了幸福取向之后的模型2对主观幸福感的影响效应显著高于模型1，模型2可以解释主观幸福感变量总变异的19.9%。而通过标准化后回归系数Beta的比较，可以看出，在西北地区，三种幸福取向中，投入取向对主观幸福感的影响最大，享乐取向次之。

表12 西北地区幸福取向对主观幸福感的影响

模型	变量	未标准化系数 B	标准误	标准化系数 Beta	t	ΔR^2	ΔF
1	(Constant)	3.68	0.24		15.52**	0.019	4.01**
	性别	0.08	0.08	0.04	1.03		
	出生年份	-0.01	0.05	-0.01	-0.25		
	学历	-0.01	0.03	-0.02	-0.41		
	收入	0.10	0.03	0.14	3.61**		
2	(Constant)	0.63	0.31		2.02*	0.199	70.35**
	性别	0.09	0.07	0.04	1.18		
	出生年份	0.00	0.05	0.00	0.04		
	学历	0.00	0.03	0.00	0.09		
	收入	0.08	0.02	0.11	3.11**		
	意义取向	0.08	0.06	0.06	1.32		
	享乐取向	0.11	0.05	0.09	2.32*		
	投入取向	0.43	0.06	0.35	7.71**		

6. 西南地区

从表13的结果可以看到，在控制了基本人口学变量之后，三种幸福取向中只有投入取向对主观幸福感有显著的正向影响，而意义取向和享乐取向对主观幸福感没有显著影响。加入了幸福取向之后的模型2对主观幸福感的影响效应显著高于模型1，模型2可以解释主观幸福感变量总变异的16.9%。而通过标准化后回归系数Beta的比较，可以看出，在西南地区，三种幸福取向中，投入取向对主观幸福感的影响最大。

表13 西南地区幸福取向对主观幸福感的影响

模型	变量	未标准化系数 B	标准误	标准化系数 Beta	t	ΔR^2	ΔF
1	(Constant)	3.86	0.15		25.42**	0.003	1.45**
	性别	0.05	0.05	0.02	0.97		
	出生年份	-0.03	0.04	-0.02	-0.76		
	学历	0.02	0.02	0.02	0.84		
	收入	0.03	0.02	0.04	1.70		

续表

模型	变量	未标准化系数 B	标准误	标准化系数 Beta	t	ΔR²	ΔF
2	(Constant)	1.14	0.21		5.52**	0.169	137.33**
	性别	0.10	0.05	0.04	2.00*		
	出生年份	0.00	0.03	0.00	−0.07		
	学历	0.03	0.02	0.03	1.50		
	收入	0.01	0.02	0.01	0.42		
	意义取向	0.00	0.04	0.00	0.09		
	享乐取向	0.05	0.03	0.04	1.51		
	投入取向	0.49	0.04	0.39	13.03**		

7. 东北地区

从表14的结果可以看到，在控制了基本人口学变量之后，三种幸福取向中享乐取向和投入取向对主观幸福感有显著的正向影响，而意义取向对主观幸福感没有显著影响。加入了幸福取向之后的模型2对主观幸福感的影响

表14 东北地区幸福取向对主观幸福感的影响

模型	变量	未标准化系数 B	标准误	标准化系数 Beta	t	ΔR²	ΔF
1	(Constant)	3.11	0.20		15.87**	0.025	8.80**
	性别	0.20	0.07	0.08	2.93**		
	出生年份	0.07	0.04	0.05	1.89†		
	学历	0.05	0.02	0.06	2.22*		
	收入	0.07	0.02	0.09	3.02**		
2	(Constant)	0.16	0.24		0.68	0.201	117.27**
	性别	0.20	0.06	0.08	3.30**		
	出生年份	0.05	0.03	0.04	1.51		
	学历	0.06	0.02	0.06	2.52*		
	收入	0.06	0.02	0.07	2.79**		
	意义取向	0.07	0.05	0.05	1.32		
	享乐取向	0.16	0.04	0.12	3.94**		
	投入取向	0.41	0.05	0.32	8.63**		

效应显著高于模型1，模型2可以解释主观幸福感变量总变异的20.1%。而通过标准化后回归系数Beta的比较，可以看出，在东北地区，三种幸福取向中，投入取向对主观幸福感的影响最大，享乐取向次之。

四 讨论

（一）主观幸福感的一般特征

从一般人口学变量来看，可以发现主观幸福感的一般特征：女性报告的主观幸福感显著高于男性；不同年龄个体的主观幸福感呈现"倒U形"，"00后"即青少年时期的个体，报告出较高的主观幸福感，而"90后"即成年初期的个体报告出中等和稍高一些的主观幸福感，而后，随着年龄增长，个体报告的主观幸福感逐步提升，到了"40后"即成年晚期的个体，基本回到与青少年时期相似水平的主观幸福感；整体来讲，受教育程度越高，报告的主观幸福感越高；同样的，收入越高，报告的主观幸福感越高。

不同地区的个体报告的主观幸福感存在显著差异，整体来讲，主观幸福感最高的地区包括东北地区和华东地区，第二梯队为华中、华北、西北地区，而华南地区和西南地区的个体报告的主观幸福感基本在中立水平左右。

（二）幸福取向对主观幸福感的影响

从相关分析的结果可以看出，三种不同的幸福取向都与主观幸福感呈现显著的正相关，按照相关系数的大小排序，与主观幸福感相关最高的为投入取向，其次为意义取向，享乐取向的相关系数最低。这部分结果与Peterson等人（2005）的研究结果一致，即三种幸福取向都与主观幸福感显著相关，且投入取向的影响效应最大。进一步的回归分析也印证了这个结果，在控制了人口学变量和地区变量之后，三种不同的幸福取向都可以显著正向地影响个体的主观幸福感。按照标准化系数的大小排序，依旧为投入取向最高，意义取向其次，享乐取向最低。这些结果表明，无论是哪种取向，都可以正向影响个体的主观幸福感。无论强调的是结果导向的"人生意义"和"及时行乐"，还是过程导向的"重在参与"，个体都可以感受到主观幸福感。但是通过影响效应的比较，我们可以看出，强调过程的"重在参与"对主观幸福感的影响最大。也就是说，为了提高或改善个体的主观幸福感，应该更多地将注意力放在投入的过程中，当个体为了某项工作、某项任务全身心投入时，会体验到一种忘我的境界，会觉得时间飞逝，甚至因此废寝忘食。而这种投入本身，就会给个体带来幸福感（无论投入之后的结果如何）。当然，三种幸福取向彼此也有较高的正相关性，说明各个幸福取向并不是完全独立的，在享受投入过程的同时，也会因为得到了有意义的结果，而感受到欣喜的愉悦感，从而提高了主观幸福感。

（三）不同地区中幸福取向对主观幸福感的影响

根据地理位置，将全国（不含港澳台地区）分为华东地区、华南地区、华中地区、华北地区、西北地区、西南地区及东北地区后，针对各个地区个体幸福取向对主观幸福感的影响进行分别考察。结果发现，全国七个地区的个体，其投入取向都可以显著地正向影响主观幸福感。在华东、华南、华北、华中四个地区，意义取向可以显著正向地影响主观幸福感。在华东、华中、华北、西北和东北地区，享乐取向可以显著正向地影响主观幸福感。总结起来讲，华东地区、华中地区、华北地区，三种幸福取向都可以显著正向地影响主观幸福感，而影响效应的排序都是投入取向最高、意义取向次之、享乐取向最低。西北地区与东北地区类似，只有投入取向和享乐取向对主观幸福感产生显著正向影响，且投入取向的影响效应大于享乐取向。在华南地区，只有投入取向和意义取向有显著正向影响，而享乐取向没有显著影响。在西南地区，只有投入取向对主观幸福感存在显著正向的影响，意义取向和享乐取向都没有显著影响。按照这四种不同的影响模式组合进行划分，可以看到其地理趋势。

全国的中东部、北部、西部地区分别有各自的特点。各地区的特征反映的可能不只是地理位置的影响，也包括当地经济、文化、习俗等特征对个体的影响（王曲元，2009），使得个体的主观幸福感受到不同幸福取向的影响。

根据本研究的结果，我们认为，在倡导个体的幸福取向时，应根据各地区的不同特点进行宣传。全国范围的宣传，应重点倡导投入取向的重要性，强调"爱岗敬业""刻苦努力"，让个体明白享受过程的重要性，进而提高全国范围的主观幸福感。而针对个别地区，就应该制定特殊的宣传方针，如针对西北、东北地区，除了对投入取向的强调外，还应该注重宣传的趣味性，以"引人愉悦"的效果引起个体对享乐取向的重视，进而提高主观幸福感。而针对华南地区，还应该强调"人生意义"的教育，倡导个体追求贡献与价值，从而提高这部分地区个体的主观幸福感。

参考文献

陈哲熙、林凯：《从十八大看国民"幸福感"》，《学理论》2013年第15期。

王曲元：《中国少数民族地区居民生活质量与主观幸福感研究》，博士学位论文，中央民族大学，2009。

叶南客、陈如、饶红、许益军、董淑芬：《幸福感、幸福取向：和谐社会的主体动力、终极目标与深层战略——以南京为例》，《南京社会科学》2008年第1期。

Diener, E., et al., "The Satisfaction With Life Scale", *Journal of Personality Assessment*, 49 (1) (1985).

Diener, E. and Fujita, F., "Social Comparisons and Subjective Well-being", in B. P. Buunk and F. X. Gibbons, eds., *Health, Coping, and Well-being: Perspectives from Social Comparison Theory*, Mahwah, NJ: Lawrence Erlbaum Associates, 1997.

Peterson, C., Park, N., and Seligman, M. E. P., "Orientations to Happiness and Life Satisfaction: the Full Life Versus the Empty Life", *Journal of Happiness Studies*, 6 (1) (2005).

Seligman, M. E., *Authentic Happiness: Using the New Positive Psychology to Realize Your Potential for Lasting Fulfillment*, Simon and Schuster, 2004.

Seligman, M. E. and Csikszentmihalyi, M., "Positive Psychology. An Introduction", *American Psychologist*, 55 (1) (2000).

社会认知与创新创业

Social Cognition and Innovation

B.6
地方认同对环境风险认知的影响[*]
——以政府信任为中介变量

尹佳骏 吴建平[**]

摘 要： 改革开放以来我国经济社会迅速发展，越来越多的环境问题随之而来，大型工业项目制造的环境污染成为社会的热点问题并受到民众的关注。因此，国内出现了很多反对高污染、高风险工业项目的声音，个别地区甚至出现了针对已建成、在建或者未建项目的群体性事件。本研究选取国内近十年引发过数次群体性事件的PX项目作为研究对象，选取三座城市即项目未建城市北京、项目在建城市厦门、项目已建城市

---

[*] 本报告受国家社会科学基金重大项目"社会心理建设：社会治理的心理学路径"（项目批准号：16ZDA231）资助。
[**] 尹佳骏，北京林业大学人文社会科学学院，武警北京市总队第十八支队保卫科；吴建平，北京林业大学人文社会科学学院副教授，博士，研究方向为社会心理、生态与环境心理。

乌鲁木齐作为对照，探讨城市认同、政府信任和环境风险认知的关系，以及如何使公众对 PX 项目的风险有正确的认识，了解提高居民环境风险认知能力的途径和方法，为政府有效实施环境风险管理提供建议。本研究得出如下结论：①对于不同城市，地方认同、政府信任和环境风险认知三者的关系不尽相同，对于和项目相关的城市，地方认同水平越高，政府信任度就越高，环境风险认知越低，但对于和项目不相关的城市，这一关系并不显著。②地方认同、政府信任、环境风险认知在不同人口学变量上存在差异。③对于项目在建城市厦门，政府信任在地方认同和环境风险认知之间起到完全的中介作用，而对于项目未建城市北京和项目已建城市乌鲁木齐，这一中介作用并没有被发现。④无论信息源是什么，所传递的信息内容一致时，居民对政府的信任感都更高；无论信息观点是一致还是矛盾，和民众传播的信息相比，居民都更加相信专家传递的信息。

关键词： 地方认同　政府信任　环境风险认知　中介效应　PX 项目

一　引言

（一）研究背景

近年来，在经济飞速发展的背景下，个别地方政府和企业，为了追求一时的经济增长和短期的眼前利益，不顾民众意见，通过采取隐瞒欺骗等手段，让一大批对生态环境存在潜在风险、安全性有待论证的工业项目成功立项，有的甚至开工建设。一旦这些项目发生事故，或者民众知道类似项目在

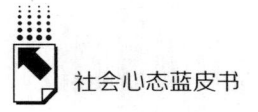

本地建设，往往会造成很大的负面社会影响。

从厦门、大连、昆明、茂名、宁波等地的PX项目事件，到江苏启东王子事件、上海松江死猪事件，再到青岛输油管爆炸事件、腾格里沙漠排污事件，一直到2015年发生的天津港爆炸事件、深圳山体滑坡事件，众多环境突发事件刺激着公众的神经，有的甚至引发了大规模群体性事件。这其中又以PX项目备受瞩目。PX（对二甲苯），是一种重要的有机化工原料。从聚乙烯保鲜盒、纤维衣物，到药品胶囊、汽油，都要用到PX的下游产品。PX本身属于低毒类危险化学品，与汽油属于一个级别。在致癌性上，PX被归为第三类致癌物，即缺乏对人体致癌证据的物质，与咖啡、咸菜属于同一个类别。其可能发生的风险事故主要为火灾爆炸事故和化学品泄漏事故。据统计，每年国内消耗的PX有近一半需要依靠国外进口。截至2015年，国内已投产PX项目分布在重庆、青岛、上海、乌鲁木齐、南京、洛阳、天津、辽阳、泉州、漳州等地区。因民众反对而取消或者停产的有厦门、宁波、大连、昆明、九江、茂名等。

2007年发生在厦门的针对PX项目的群体性事件可以说是最具代表性的。和其他地区因为PX项目而起的群体性事件相比，厦门事件最显著的特点，也是最让人感到积极的亮点，是开创了通过正常渠道解决群众诉求问题的先河。但是，从此后在昆明、宁波、茂名等地发生的事件，我们可以看到，这些地方的政府、企业并没有借鉴厦门的成功经验，传统的社会管理模式依然是其解决问题的主要手段，通过舆论控制，使这些本应是民众和政府沟通问题的渠道沦为权力的附庸，完全服务于行政意图。

地方认同理论的相关研究表明，如果将具有高风险的工业项目引入某地，将会对当地居民地方认同的四个维度产生消极的影响。环境风险的感知和"此时、此地、确定、本人"有关（佘升翔、陆强、王振全，2012）。和这些理论相符的是，有媒体调查发现，这些群体性事件也都有一种"此时此地"效应，尤其是"此地"。一些相关谣言最初都是在本地论坛、QQ群、贴吧传播的，而参与讨论、转发这些谣言的都是当地市民或居住在当地的外地人。媒体采访当地居民得到最多的回答是担心PX项目会带来危险，影响到居住的安全感；担心引入PX项目后会给当地带来太大的变化，使城市变得陌生。这也符合地方认同研究得出的结论——对于大多数人来说，城市在日常生活中扮演着重要的角色，这个角色承载了很多心理意义，这些意义在塑造人的认同感方面具有重要的作用。而这些心理意义又是与城市的具体、象征性的特征相连的，这些特征可以唤起内心深处的安全感和舒适感（Chow & Healey，2008）。但是在其他城市进行采访就会发现，绝大多数受访者只是听过相关事件和名词，对于事件具体的起因是什么，都表示不是很了解而且也不关心。此外，在总结各地政府针对PX项目的宣传和辟谣材料后发现，各地政府的应急处理方式基本是模式化的——宣传PX项目的正面作用，比如提升城市知名度、创造就业岗位、带动经济发展，刻意淡化PX项目可能出现的问题和带来的隐患。但是这些宣传显然对民众接受PX项目没有任何帮助，主要有以下几个可能的原因：一是科普宣传不够，很多抵制PX项目的人对于PX是什么缺乏了解，只是出于对PX类化工项目的恐惧而反对，甚至只是一种从众行为；二是政府重大项目立项时信息公开和讨论不够，公众缺乏了解和表达意见的平台和渠道；三是环境的恶化以及近些年来化工企业不断出现的安全及环境污染事件，影响其社会形象和公众信任度等。这类似于信息传播的可获得性—诊断力模型，该理论指出，信息可获得性和诊断力的高低决定了信息是否能在个体做决策时被采用。可获得性是指在记忆中提取信息的容易程度，当信息对于消除分歧、做出选择有帮助时，就被认为是有诊断力的。基于这一模型，研究者认为，更加私人和形象鲜明的口头传播方式带来的信息，比由媒体带来的信息更容易被接受。这也就解释了为什么在群体性事件发生前后，政府、媒体发布的信息并不被公众接受。

综上所述，人们对环境风险的感受和是不是当地居民有着密切的关系。地方政府想通过宣传让民众意识到，PX项目的引入可以给城市和居民带来很多好处，从而提高对城市的认同感。但是由于在风险信息的沟通上，民众获取信息的渠道多种多样，不仅仅是政府及相关部门发布的信息，还有其他各种渠道的信息，这些信息有时还和政府发布的信息是矛盾的，因此很多民众并不信任政府发布的信息，对PX项目的风险认知保持在一个很高的水平。本文基于地方认同和环境风险认知之间的联系，从政府信任的角度出发，希望通过科学的实证研究，了解三者之间的关系，找出提高政府信任度的途径，为避免类似群体性事件建言献策。

（二）研究目的和意义

1. 研究目的

本研究的主要目的在于探讨地方认同、政府信任和环境风险认知的关系，以及如何使公众对PX项目的风险有正确的认识。

（1）编制PX风险认知问卷，探索这一具体项目的风险认知结构，并验证量表的适用性。

（2）探讨地方认同、政府信任和环境风险认知之间的关系，并进一步探讨政府信任在地方认同和环境风险认知之间的作用。

（3）从信息源和信息一致性的角度探讨如何提高政府信任度，并且给出可操作的具体建议。

2. 研究意义

理论上来讲，本研究具有以下意义。

（1）丰富地方认同的理论研究，国外对于地方认同的研究已持续多年，且研究角度较为多样，但国内对于地方认同的研究开始得较晚，已有研究多从游憩休闲角度出发，研究人群也多是游客、农民工等特殊群体。本研究以普通市民为研究对象，从环境风险认知的角度展开研究。

（2）丰富政府信任理论研究，政府信任一直是学术界关注的热点，地方政府公信力下降已经成为一个严重的社会问题，虽然针对国家级别的政府信任研究已有很多，但是国内关于地方政府信任的研究还不够充分和系统，本研究希望通过实证的方式丰富地方政府信任相关理论。

（3）丰富风险认知理论研究，尽管国外已经对风险认知进行了广泛的研究，但是国内特别是心理学领域对环境风险认知的研究却很少，而且研究视角多以地震等自然灾害为主，本研究从PX项目这一具体项目出发，探讨分析个体对于工业风险的认知。

实践上来讲，本研究从居民对政府信任的角度探讨地方认同对环境风险认知的影响，揭示地方认同、政府信任、环境风险认知之间的关系，有助于全面了解提高居民环境风险认知能力的途径和方法。

（1）环境风险认知研究是风险认知研究的一部分，本研究致力于揭示公众的环境风险认知规律，以提高环境风险信息沟通的有效性，为有效实施环境风险管理奠定坚实的基础。

（2）环境风险事件已经成为影响地方稳定的突出问题，它不仅会对社会稳定产生较大的负面影响，有的甚至演化为严重的群体性事件，本研究对提高居民对政府的信任度，避免类似事件的发生有实际意义。

二 文献回顾

（一）研究背景

1. 环境风险认知及相关研究

风险认知，是指个体对存在于外界环境中，有危险、影响日常生活和工作的各种因素（客观存在）的感受和认识，这种感受是一种内在的心理感受，这一说法的关注点是个体凭借直觉对风险事件做出评估、判断和反应（Slovic，1979）。环境风险认知也是借鉴风险认知理论发展起来的，是指因为自然或人为活动，给个体带来的对不确定环境事件的主观感受和认识，强调个体的直觉判断和主观经验对个体认知的影响，包括事故发生的可能性、可能造成的损失的大小等。

本研究关注的是风险认知的结构、测量方式和影响因素，因此，主要回顾了相关的国内外研究。当前，Slovic 等 1978 年提出的心理测量范式在环境风险认知研究领域中仍然占主导地位，这一方法是运用量表问卷等手段，直接测量人们对风险的感知，以及对不同风险的偏好。1987 年 Slovic 通过因素分析的方法提出自愿性、灾难性、新奇性、可控制性、恐慌性这五个具有普遍解释性的风险特征（Slovic，1987），自此，心理测量范式在风险认知

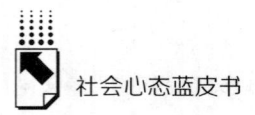

的研究中得到广泛应用。在心理测量范式之后,从认知的角度对环境风险认知进行研究,也成为一种应用较为普遍的研究方法,该理论认为,人们对环境风险认知的偏差是因为认知方法的不同。

国内学者根据Slovic的研究结论,编制了风险认知调查问卷,通过因素分析共抽取出5个公共因子:可控性、可见性、可怕性、可能性、严重性(刘金平、周广亚、黄宏强,2006)。对中国民众的环境风险认知结构进行研究,结果显示影响程度、可能性和严重性三个维度可以作为环境风险认知程度指标(于清源、谢晓非,2006)。一项对香港居民的研究发现,风险的已知性和可控性,对风险感知能做出更多的解释(廉莲,2013)。研究者将公众对风险做出评估、判断和反应的原因归纳为以下几点:易得性直觉、损失规避和风险的社会放大效应(陈海嵩,2010)。

早期的环境风险认知研究主要关注个体对一般意义上的环境风险的认知,随着环境问题的日益严重,更具体的环境风险认知研究变得越来越多,比如水污染、空气污染、火山爆发、核污染、化学污染等。针对具体的环境风险的研究发现,公众对自然灾害风险与人为环境风险的认知不同。公众对人为风险的认知比对自然风险的认知要高。在水环境风险感知方面,获得的收益、对负面影响的认识程度、负面影响的可避免性这3个特征对公众风险感知有显著影响(张海燕、葛怡、李凤英等,2010)。在气候变化的环境风险感知方面,国外研究发现,风险影响的大小、可避免性、可接受性和可理解性这4个环境风险特征能够解释绝大部分公众风险感知(Lazo、Kinnell & Ann,2000)。

对于影响环境风险认知的因素,可以将国内外研究结果归纳为个体因素、外部因素和风险自身的因素。其中,个体因素包括性别、年龄、种族、收入、受教育程度等,同时还包括人格特征、成就动机、期望水平等;外部因素包括风险沟通情况、对于管理者的信任、社会文化因素等(段红霞,2009);风险自身因素包括风险的可控制性、风险带来消极后果的严重性、影响的持续时间和波及范围等。

国外对于环境风险认知的研究开始得较早,研究较为深入,涉及的领域也很广泛,包括了食品、健康、安全、环境、生态、自然以及科技等,国内对于环境风险感知的研究则很少,大多集中于地震、洪水、干旱等我国频发的自然灾害。针对人为环境风险认知的研究近几年刚刚起步。随着环境污染事件的频发,以及公众对环境问题的关注增加,国内对环境风险认知的研究将不断增多。

2. 地方认同及相关研究

认同这一概念,最早由心理学家弗洛伊德提出,在弗洛伊德的理论中,认同是一种最基本的心理防御机制,和个体的心理健康有密切联系。之后,另一位著名的心理学家埃里克森,在弗洛伊德认同理论的基础上,提出了自我同一性概念,他认为自我同一性也是指个体对某个群体在感情上、心理上的趋同,这样就区分出了自我认同和群体认同的概念。在后续的研究中,群体认同又涉及并衍生出更多的相关概念:文化认同、民族认同、地域认同、种族认同、国家认同、社会认同等。

在环境心理学中"地方(place)"是一个很重要的概念,按照覆盖范围可以分为不同的层次,它包括小到公寓、住所,大到城市、国家(贵永霞,2010)。而且,"地方"在具有地理含义的同时,还包含文化、社会、心理的含义。帮助个体形成归属感和依恋感是"地方"的最主要功能,因此,"地方"不仅包含物理环境和个体活动,心理意义也是其成分之一,而它又比物理环境和个体活动更难以定义和掌握,因此更加重要。

地方认同的概念在 1978 年被正式提出,地方认同是自我认同的一部分,是个体意识和无意识中已有的想法、偏好、情感、目标、行为以及技能,通过复杂交互作用,确定的与物理环境有关的个人认同(Proshansky,1978)。Proshansky 在 1983 年将这一概念引入环境心理学并进一步指出,地方认同是指个人或群体通过与地方的互动,从而实现社会化的过程。在这一社会化的互动过程中,个人或群体将自己定义为某个特定地方的一分子。因此,地方不再只是人类活动发生的一个物理背景,而通过再认功能、意义功能、需求表达功能、调节改变功能和焦虑防御功能等,成为自我认同的一个组成部分(Proshansky、Fabian & Kaminoff,1983)。

除了本研究采用的地方认同这一概念以外，在人与地方的关系研究中，还存在若干不同说法，比较有代表性的有地方感、地方依恋和场所依赖。地方感以人类对地方的主观体验为基础，其本质不仅包含了地方本身的特质，还包含了个体对于地方的情感与认同，也就是地方依恋和地方认同两个维度。地方依恋最初是用来描述人与地方之间情感联结的一个概念，学者普遍认为，地方依恋与地方感有基本相同的核心内涵，两者的区别是：地方依恋更加强调个体在心理上对于地方积极的情感依附，而地方感更加强调客观环境本身（朱竑、刘博，2011）。场所依赖关注的是地方感中的需求成分，是指地方能够满足个体的行为需要，个体因此产生的一种依附（庄春萍、张建新，2011）。场所依赖可以定义为在人和特定场景间建立的一种积极的联系，这种联系让他们感觉舒服和安全（Hernández et al.，2007）。

在对人与地方关系的研究上，相关概念的使用较为混乱。现有研究中主要存在以下观点。第一种，有研究者将地方认同与地方依恋看作同一概念（Stedman，2002）。第二种，有研究者认为地方认同和地方依恋是组成地方感的两个维度（Jorgensen & Stedman，2001）。第三种，地方认同是地方依恋的一个维度，或者地方依恋是地方认同的一个维度（Kyle、Graefe & Manning，2005；杨奕、吴建平，2013）。

在测量方法上，对地方认同的研究大多采用问卷测量法、现场观察法和个案研究等。其中，测量法中使用较多的是 Lalli 在 1992 年编制的城市认同量表（Urban Identity Scal），此量表包括五个维度，分别是外部评价、总体依恋、承诺、连续性和熟悉感，国内也有此量表的中文版本（Lalli，1992）。

在地方认同的影响因素研究上，性别、年龄、社会阶级、人格的变化都会影响地方认同感，这一结论被很多研究证实。居住时间也是一个重要的影响因素，因为长时间居住促使个人在当地发展更多的社会关系，所以地方认同感会随着居住时间的增长而增加（Marcouyeux & Fleury-Bahi，2011）；但是也有研究表明，居住时间的增加并不一定都会带来地方认同感的提升，和在其他地区出生的居民相比，出生在本地的居民有更高的认同感（Lalli，1988）；如果两个个体都在当地有房产，居住在当地的个体则表现出更强的地方认同（Nielsen-Pincus et al.，2010）；如果将高风险的工业项目引入某地，将会对人们的地方认同产生消极影响（Carrus、Bonaiuto & Bonnes，2005）。

在关于地方认同作用的研究上，总结以往研究结果发现，地方认同感的提升可以带来自尊水平的提升；地方认同感可以加强个体与地方的情感连接；高的地方认同感可以带来更高的生活满意度；地方认同感还可以带来当地居民亲环境行为的增加；对社区的认同感会影响居民对社会群体、社会组织的信任。

从相关文献中可以看出，在地方认同的研究上，国外要比国内领先很多，相关研究涉及的范围也更广。国外研究者主要对地理环境、历史遗产情况、商业服务情况、环境景观等几个维度与认同感的相关关系进行了研究。国内关于地方认同的研究还比较少。已有研究主要集中在三方面：第一就是游憩地理学方面的认同感研究；第二则是以学校或者其他一些特定环境为研究对象展开的研究；第三是近几年涉及较多的关于农民工地方认同感的研究。在国内现有研究中，针对特定城市、地区认同感的研究还处于起步阶段，已有实证研究还很少。

3. 政府信任及相关研究

信任是个体的特殊心理感受及行为倾向，不同领域的国内外学者，对信任都进行了许多深入的研究，这些学者来自不同学科，他们根据自身研究领域的需要以及学科视角的差异，对信任做出了不同的定义。但是，由于信任是一种相当复杂的社会和心理现象，学术界对信任的概念一直没有一个统一的界定。从宏观层面，社会学和政治学对信任做出定义，这些学科从社会关系、政治体制等方面研究信任，认为信任是一种社会行为，这种行为是以对他人能做出符合期待的行为为基础的（董才生，2004）；从微观角度，心理学关注的是在人际交往中信任的认知结构或者外在行为表现，心理学家认为，信任是个体在不确定或可以知觉到风险的状态下，认为他人值得信赖的信念（Helmer，2015）；经济学从经济交换的视角，关注日常经济生活中的信任问题，认为信任取决于个体对未来风险和收益的预期，但近年来的研究认为信任也包含个体与社会中其他人以及整个社会的关系的评估，强调信任内涵中的社会关系取向（Burt & Knez, 1995）。

从20世纪80年代起，政府信任的研究慢慢走向完善，其中一个表现就是，学界对政府信任概念的界定逐渐统一。国外学者对政府信任的定义是，政府信任是指民众对于政府机构和组织的行为表现的一种评估，而评估的标准就是政府是否很好地实现了民众的期望（Miller & Listhaug, 1990）；国内学者结合中国国情，对政府信任也进行了大量相关研究，形成了一些自己的理论，得出了很多有实际意义的结论。民众对政府的信任，本质上是民众和政府之间的一种合作和互动，这种互动基于公众对政府的合理期待，以及政府如何对这些期待做出回应（张成福，2003）。政府信任是民众对政府部门及其工作人员，在使用权力以及政治行为过程中，对他们做出适当行为的合理预期（罗佳，2012）。

根据对象的不同，信任可以被分为两大类：一类是对个体或者人际的信任；另一类是对社会组织或者社会制度的信任。本研究涉及的政府信任，就可以看作组织制度信任的一种，是一种国家行政情境下的信任。

当前对政府信任的研究，主要集中在政府信任的影响因素、测量方式以及效用三个方面。总结对政府信任影响因素的研究发现，影响因素可以归纳为主观和客观因素。影响政府信任的客观因素主要有经济、文化、社会安全、公平感、政府绩效、工作人员能力等。影响政府信任的主观因素主要有性别、受教育程度、年龄、收入、社会地位、政治参与度等。此外，主观和客观影响因素的综合分析结果发现，社会媒体的宣传对政府信任也有显著影响（赵泉民，2013）。

关于政府信任的作用，总结归纳以往研究，主要有以下三点：首先是对社会信任的影响，国内有学者以个别省份农村村民为研究对象，结果表明，政府信任对社会信任的增长有积极的促进作用，这里的社会信任既包括对家人、朋友、邻里的信任，也包括对陌生人的信任；其次是对经济运行的影响，政府信任可以通过两方面影响经济运行，一方面是影响投资者的信心，另一方面是影响消费者的消费意愿（周红、葛夏，2012）；最后是对社会稳定的影响，公众的态度以及行为会受到政府信任的影响，当公众对政府的信任程度很低时，公众的政治参与态度是冷漠的，政府政策的支持度就会降低，法治遵循意愿也会降低，非法对抗甚至群体性事件就有发生的可能。

问卷法是测量政府信任度的主流方法，主要包括三种测量方式。第一种是美国全国选举调查研究，在对政府信任进行测量时，这一问卷用5个问题来测量政府信任，5个问题分别代表政府信任的不同方面。第二种是世界价值观调查（World Value Survey）和新民主晴雨表（New Democracies Barometer）中的测量，这两种测量以对国家机构、政治组织、政府人员等的信任来代表对政府的信任。第三种方式将政府信任分为不同的维度来进行测量，但是不同领域的研究者对维度的划分至今没有统一，在众多量表中，可信度、能力、动机、结果等维度多次出现。

总结已有政府信任的研究文献可以发现，国内外相关研究的成果都很丰富，尤其是西方研究已经形成了较为系统的理论体系，支持这一理论体系的实证研究也很丰富。与之形成对比的是，国内相关研究还存在着一些差距和不足：第一，对政府信任的核心和本质研究不多，这导致国内研究者对政府信任缺乏一个清晰的概念界定；第二，国内学者在政府信任的研究上，忽视了西方与中国在政治体制、文化上的区别，没有形成适合自己国情的成熟理论体系；第三，国内相关研究虽然数量增长很快，但基于调查数据的实证研究较少；第四，政治学、社会学、经济学等宏观角度的政府信任度研究很多，心理学的微观视角研究还很匮乏。

4. 环境风险认知和信任的相关研究

风险认知过程中的信任主要涉及对于风险信息的认知。风险沟通领域的研究普遍认为，对风险管理部门的信任是决定风险认知和接受程度的关键因素（Bradbury et al., 1999）。在公众没有足够时间、资源、知识判断某个环境风险事件时，他们会通过对风险管理者的判断来间接评估环境风险事件（廉莲，2013）。涉及科技领域时，公众缺少资源（比如时间、知识）去做出决定，因此他们依靠权威或者相关政府部门来做决定（Siegrist、

Cvetkovich & Roth，2000）。在具体的化学工业领域，研究者发现，人们对此的了解很有局限，因此他们主要依靠专家或者政府来做出决定（Zhang & Wu，2013）。在有关核电站的研究中，研究者发现对管理机构信任度的增加，降低了人们对核电站的风险认知，高的信任度和低的风险认知都能够带来人们对核电站的正向态度（Stephen、Whitfield et al.，2009）。针对新建核电站接受度的研究也有类似发现，居民对核电管理部门和政府的信任是预测接受度的重要因子（Dan et al.，2012）。信任对后果行为并非直接的影响，信任是通过降低风险认知从而对后果行为产生影响的（Gefen、Srinivasan & Tractinsky，2003）。

国内研究发现，信任与风险在某种程度上是一种互相影响、互为因果的关系，风险会带来信任的产生，反过来，信任也会对个体的风险认知产生影响，进而影响人们的风险行为（周萍入、齐振宏，2012）。影响消费者对转基因食品和食品安全风险认知的主要社会心理因素有，消费者对食品安全治理成效的信任度以及媒体的宣传报道（周应恒、卓佳，2010；曲瑛德、陈源泉、侯云鹏、黄昆仑、康定明，2011）。具体到本研究所涉及的环境风险认知方面，知识、风险的后果和信任是影响公众对风险（地震、核电、公共交通）认知的三个重要因素（Lei et al.，2013）。人们对高科技的信任增强了个体应对灾害的信心，同时也降低了个体对灾害风险的估测（沈鸿、孙雪萍、苏筠，2012）。对政府越信任的个体，越相信风险是可控的，越认为风险带来的危害会很小，人们对灾害的恐慌心理会减少且警惕性也会降低（卜玉梅，2009；张美华、苏筠、钟景鼐，2008）。

总结以上国内外大量实证研究结果都可以发现，环境风险认知的一大影响因素是信任，尤其是涉及高科技领域时，由于公众缺少时间、知识去做出正确的判断，对管理者和权威部门的信任会直接影响到他们所做出的风险评估。

5. 环境风险认知和地方认同的相关研究

针对核电站以及其他危险工业的研究发现，对于潜在风险的感知会因为距离的不同而有差异。对于将要建设的有风险的设施，接近计划的地点往往和高程度的拒绝和担忧相关（Lima，2004；Lima & Marques，2005）。而对于已经建成的设施，则出现了相反的模式（Dan，2007）。大量研究表明，当研究目标是已建成设施时，距离项目地点近意味着低的风险认知和高的接受度。国内学者将灾区和非灾区的调查结果进行对比，也得到类似的结论，"5·12"大地震产生了"心理台风眼效应"，也就是非灾区居民对灾区严重程度的担忧反而高于灾区居民（李纾等，2009）。

对一个地方有强烈认同感的个体，会避免承认当地工业设施存在潜在风险。这或许是因为，当地居民已经把这些设施带来的污染也当成"地方"的一部分（Wakefield et al.，2001）。之前有大量研究表明，涉及要发展有风险的技术时，接近计划的地点往往意味着更多的反对和担心。但对于已经建成的设施，结果相反。一种解释是反对和担心是基于不确定、不信任和缺乏控制感，而不是担心接触感知到的危险本身；另一种解释是在没有重大事故的情况下，随着时间推移增加的熟悉感，带来了低程度的风险感知和更多的积极态度（Parkhill et al.，2010）；还有一种解释是这种接近效应是因为这些设施给当地带来的经济和社会效益（Kate & Diana，2004）。在针对英国塞拉菲尔德核反应堆和约克郡化学工厂的质性研究中发现，一些居民对于这些工业设施有积极的认知，而另一些居民则认为这些建筑不属于这里，也就是说这些居民很排斥这些建筑。

通过对文献的梳理可以发现，同样是具有危险性的项目，公众的风险认知和接受水平却大为不同。对于已经运行多年的设施，居民对其的风险认知往往较低，对于新建或者计划建立的设施，居民的风险运认知水平普遍较高。对于已经运行多年的设施，居住地离该设施越近，对其的风险认知水平反而越低。两种情况下风险认知水平的不同或许是因为熟悉度的增加，或许是因为感受到了经济社会效益。由此可以看出，设施的距离、新旧程度、感受到的经济社会效益以及安全运行情况都是影响居民环境风险认知的因素。

6. 信任和地方认同相关研究

国内外大量的实证研究结果显示，认同和信任之间的关系多种多样。根据程序正义相关研究，当个体认为得到了权威部门公平的对待时，这种信念会增强服从法律、公共政策的行为，相反会带来反对行为（Lind，2001；Tyler，2001；Bos & Lind，2002）。权威的关系模型（Tyler & Lind，1992）提供了理论上的解释，人们更关心决定是如何做出的，而不是决定是什么，这是因为程序处理的过程向他们提供了重要的信息：他们和权威的关系是怎么样的（Skitka & Mullen，2002）。换句话说，公平的程序向群体成员表明，多大程度上，他们和权威拥有共同的认同感。共同的身份认同会增强群体成员对权威的信任以及接受他们的决策的可能性（Williams，2001）。

但是无论国内外，从地方认同角度出发的信任研究都并不多。国外有调查表明地方认同对信任的影响会因为空间大小的不同而不同，一项在丹麦进行的调查研究表明，对国家的认同与信任水平之间不存在显著相关性（Dinesen，2010），一种可能的解释是，当国家成为认同指向的对象时，所涉及的群体规模过于宽泛，而当认同的对象缩小为具体的城市、地区时，认同就成为影响信任的重要因素之一（Elze G. et al.，2012）。一项在上海进行的研究表明，社会互动参与和邻里之间的信任、地方认同和地方群体组织信任、规范制度与陌生人之间的一般信任有显著的相关关系（黄荣贵、孙小逸，2013）。

（二）以往研究不足

总结以往研究后我们发现，尽管国内外研究者已经在相关领域做了大量的研究工作，但是目前来看，还存在以下不足。

（1）研究对象的局限性。国内对于工业项目风险认知的研究，往往只针对存在特定项目的地区，而对于还未建设相关项目的城市，研究几乎为空白，而且国内研究存在滞后性，很多实证研究都是在发生事故之后进行的。

（2）研究结果还存在着空白领域。国内现有关于认知、信任、认同关系的研究更多关注的是两两关系方面，很少有研究将三个变量放在同一个研究框架内，就其三者关系进行探讨，尤其是以政府信任为中介变量，研究地方认同对风险认知的影响作用的几乎没有。

（三）问题提出

1. 理论构思

文献回顾部分从环境风险认知、政府信任和地方认同三个变量的定义出发，回顾了和本研究相关的一些国内外研究。总结归纳国内外大量相关的理论研究和实证研究，可以发现，关于三种变量的内在维度、影响因素、作用等方面的研究成果颇为丰富，这为本研究提供了一些研究视角；对三种变量两两关系研究的回顾可以发现，国内外已有实证研究证明了地方认同和政府信任、地方认同和风险认知、政府信任和风险认知之间存在相关关系，这为提出本研究的假设模型提供了依据。

根据外国研究者针对循环水风险的研究（Ross、Fielding & Louis, 2014），信任在认同和风险认知之间起到中介作用，因此，本研究除了探讨影响居民环境风险认知的因素以及两两关系以外，还将进一步探讨政府信任是否在地方认同与 PX 风险认知之间具有中介作用。

由于在风险信息的沟通上，民众获取信息的渠道多种多样，这些渠道包含的不仅仅是政府及相关权威部门，还有很多民间渠道、非正式渠道，并且这些渠道的信息有时还和政府发布的信息矛盾。因此，本研究也试图探讨不同信息源、信息一致性对政府信任的影响。

2. 研究假设

通过上一部分对地方认同、政府信任和环境风险认知两两关系研究的梳理，可以简单做一归纳总结。首先是信任和风险认知的关系，当民众没有充足的时间、资源评估环境风险时，他们会通过评估风险管理部门来间接评估环境风险事件，这个时候，对于风险管理部门的信任程度直接影响了对环境风险的评估判断。其次是地方认同和环境风险认知的关系，根据风险设施与城市距离的不同、设施新旧程度的不同、设施以往安全运营情况的不同、设施给当地带来收益的不同，地方认同和环境风险认知之间呈现不同的相关关系。最后是地方认同和政府信任之间的关系，这方面的研究虽然不多，但是已有研究表明，在城市纬度上的认同和信任存在相关关系。基于对地方认同、政府信任和环境风险认知相关研究的回顾以及对两两关系的梳理总结，本研究形成了如图1所示的构想模型，根据这一模型提出以下假设。

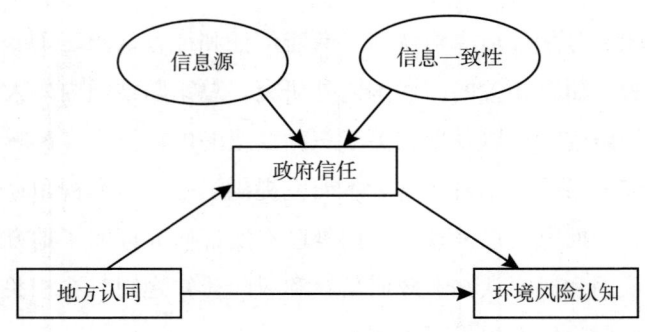

图1　本研究构想模型

假设1：地方认同对风险认知有显著影响。

假设2：政府信任对风险认知有显著影响。

假设3：地方认同对政府信任有显著影响。

假设4：政府信任在地方认同和环境风险认知中起中介作用。

假设5：地方认同、政府信任、环境风险认知在人口统计学变量上存在差异。

假设6：不同的信息传递者、不同信息的组合会影响居民对政府的信任情况。

三　地方认同、政府信任和环境风险认知的关系研究

（一）地方认同、政府信任和风险认知的描述性统计分析

1. 地方认同的描述性统计分析

对居民地方认同进行描述性统计分析，结果见表1，三个城市以及样本总体在地方认同各维度以及总体上的得分在4.752~5.464分，处于中等偏

上水平。其中北京居民的地方认同最高,为 5.215 分,其次是乌鲁木齐 5.134 分,厦门最低,为 5.052 分。对于北京,其外部评价分数最高,为 5.450 分,依恋分数最低,为 5.003 分;乌鲁木齐依恋分数最高,为 5.464 分,外部评价分数最低,为 4.752 分;厦门外部评价分数最高,为 5.265 分,依恋分数最低,为 4.923 分。

表 1 地方认同的总体特征

单位:分

类别	北京		乌鲁木齐		厦门		总体	
	均值	标准差	均值	标准差	均值	标准差	均值	标准差
外部评价	5.450	1.370	4.752	0.957	5.265	1.052	5.108	1.145
连续性	5.111	1.382	4.991	0.989	5.054	1.141	5.059	1.146
熟悉性	5.201	1.416	5.223	0.996	4.984	1.203	5.159	1.172
承诺感	5.280	1.537	5.240	1.058	5.020	1.184	5.195	1.236
依恋	5.003	1.625	5.464	1.135	4.923	1.177	5.204	1.302
认同均分	5.215	1.304	5.134	0.873	5.052	0.957	5.144	1.025

2. 政府信任的描述性统计分析

对居民政府信任进行描述性统计分析,结果见表 2,三个城市以及样本总体对政府的信任感在中等水平。其中北京居民对政府的信任感最高(2.921 分),其次是厦门(2.657 分),乌鲁木齐最低(2.596 分)。

表 2 政府信任的总体特征

单位:分

类别	北京		乌鲁木齐		厦门		总体	
	均值	标准差	均值	标准差	均值	标准差	均值	标准差
政府信任	2.921	0.654	2.596	0.944	2.657	0.778	2.688	0.839

3. 风险认知的描述性统计分析

对居民风险认知进行描述性统计分析,结果见表 3,三个城市及样本总体在风险认知各维度以及总体上的得分在 3.478~5.144 分(得分越高表明风险认知程度越高），处于平均分和中等偏上水平之间，其中北京居民的风险认知得分最高（4.360分），其次是乌鲁木齐（4.225分），厦门最低（4.023分）。对于北京，其可怕性分数最高，为5.038分，可控性分数最低，为3.571分；乌鲁木齐严重性分数最高，为5.144分，可控性分数最低，为3.578分；厦门严重性分数最高，为5.104分，获益分数最低，为3.478分。

表3 风险认知的总体特征

单位：分

类别	北京		乌鲁木齐		厦门		总体	
	均值	标准差	均值	标准差	均值	标准差	均值	标准差
可能性	4.323	1.017	4.076	0.853	3.804	1.553	4.072	1.132
可控性	3.571	1.428	3.578	0.980	3.826	1.636	3.665	1.313
知识	4.395	1.709	3.603	1.481	3.638	2.027	3.846	1.735
可怕性	5.038	1.586	4.902	1.328	4.286	1.799	4.769	1.554
获益	3.707	1.625	3.731	1.563	3.478	1.895	3.677	1.684
可见性	4.606	1.464	4.533	1.503	4.044	1.722	4.404	1.566
严重性	4.942	1.395	5.144	1.604	5.104	1.323	5.054	1.479
认知均分	4.360	0.635	4.225	0.665	4.023	1.361	4.211	0.918

（二）地方认同、政府信任和风险认知的相关分析

1. 地方认同与风险认知的相关分析

从表4可以看出，地方认同和风险认知整体上的相关系数达到-0.125，显著性概率为$p<0.01$，这表明两个变量有显著的负相关关系，也就是说地方认同得分越高，风险认知得分越低。风险的可能性、可控性、获益和地方认同及其各维度显著负相关；知识和连续性、熟悉性、承诺感、依恋以及地方认同总体显著负相关；可怕性和外部评价、熟悉性、承诺感以及地方认同总体显著正相关；可见性和承诺感显著正相关。

分城市的相关关系见表5，可以看出，在三座城市中，只有厦门居民的地方认同和风险认知具有显著负相关关系，相关系数达到-0.317，而北京、乌鲁木齐两座城市居民的地方认同和风险认知相关关系不显著。

表4 地方认同与风险认知的相关分析

类别	外部评价	连续性	熟悉性	承诺感	依恋	认同均分
可能性	-0.079*	-0.161**	-0.115**	-0.127**	-0.144**	-0.147**
可控性	-0.283**	-0.314**	-0.307**	-0.322**	-0.334**	-0.366**
知识	-0.028	-0.245**	-0.221**	-0.161**	-0.246**	-0.213**
可怕性	0.139**	0.008	0.092*	0.137**	0.063	0.103**
获益	-0.141**	-0.154**	-0.136**	-0.113**	-0.138**	-0.160**
可见性	0.062	-0.020	0.049	0.087*	0.037	0.051
严重性	0.150**	0.105**	0.196**	0.200**	0.092*	0.174**
认知均分	-0.034	-0.180**	-0.100**	-0.062	-0.153**	-0.125**

注：** 在0.01水平（双侧）上显著相关，* 在0.05水平（双侧）上显著相关。

表5 地方认同与风险认知的相关分析（分城市）

类别	北京	乌鲁木齐	厦门
相关性	-0.010	-0.009	-0.317**

注：** 在0.01水平（双侧）上显著相关。

2. 地方认同与政府信任的相关分析

从表6可以看出，政府信任和地方认同总体以及各维度之间的相关性都达到了显著水平，而且都是正相关，其中政府信任和地方认同的相关系数为0.306。

表6 地方认同与政府信任的相关分析

类别	外部评价	连续性	熟悉性	承诺感	依恋	认同均分
政府信任	0.303**	0.250**	0.268**	0.277**	0.214**	0.306**

注：** 在0.01水平（双侧）上显著相关。

分城市的相关关系见表7，可以看出，北京、乌鲁木齐、厦门三座城市居民的政府信任和地方认同都具有显著的正相关性，其中厦门的相关系数最高，为0.475。

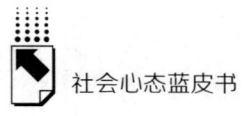

表7　地方认同与政府信任的相关分析（分城市）

类别	北京	乌鲁木齐	厦门
相关性	0.324**	0.243**	0.475**

注：** 在0.01水平（双侧）上显著相关。

3. 政府信任与风险认知的相关分析

从表8可以看出，政府信任与风险认知中除了可怕性、严重性外的所有维度以及风险认知总体之间都是显著的负相关关系，政府信任和风险认知相关系数为 -0.236。也就是说，政府信任分数越高，风险认知分数越低。

表8　政府信任与风险认知的相关分析

类别	可能性	可控性	知识	可怕性	获益	可见性	严重性	均分
信任	-0.222**	-0.343**	-0.13**	-0.063	-0.128**	-0.174**	0.006	-0.236**

注：** 在0.01水平（双侧）上显著相关。

分城市的相关关系见表9，可以看出，三座城市中，只有厦门居民的政府信任和风险认知具有显著的负相关性，相关系数为 -0.556，北京、乌鲁木齐两座城市居民的政府信任和风险认知相关关系不显著。

表9　政府信任与风险认知的相关分析（分城市）

类别	北京	乌鲁木齐	厦门
相关性	-0.084	-0.073	-0.556**

注：** 在0.01水平（双侧）上显著相关。

（三）差异分析

1. 地方认同、政府信任和风险认知在人口统计学上的差异分析

（1）性别差异分析

对不同性别居民的地方认同、风险认知、政府信任及其各维度得分进行独立样本 t 检验，结果如表 10 所示，结果发现在所有变量以及所有维度上，男女得分都没有显著差异。

表 10　地方认同、政府信任、风险认知在性别上的差异

单位：分

因素名称	性别	均值	标准差	t	P
信任均分	男	2.722	0.840	1.026	0.305
	女	2.653	0.833		
可能性	男	4.075	1.129	-0.017	0.937
	女	4.078	1.155		
可控性	男	3.677	1.406	0.061	0.951
	女	3.666	1.241		
知识	男	3.810	1.685	-0.479	0.632
	女	3.870	1.773		
可怕性	男	4.741	1.535	-0.419	0.675
	女	4.783	1.565		
获益	男	3.694	1.685	0.344	0.731
	女	3.655	1.684		
可见性	男	4.465	1.614	0.907	0.365
	女	4.356	1.526		
严重性	男	5.048	1.518	-0.156	0.876
	女	5.059	1.446		
认知均分	男	4.217	0.866	0.056	0.955
	女	4.213	0.956		
外部评价	男	5.076	1.183	-0.555	0.579
	女	5.127	1.104		
连续性	男	5.069	1.145	0.275	0.783
	女	5.041	1.138		
熟悉性	男	5.176	1.189	0.539	0.590
	女	5.137	1.177		
承诺感	男	5.165	1.256	-0.554	0.580
	女	5.212	1.212		
依恋	男	5.203	1.271	0.151	0.880
	女	5.194	1.330		
认同均分	男	5.134	1.033	-0.033	0.974
	女	5.145	1.019		

(2）户籍差异分析

对不同户口居民的地方认同、风险认知、政府信任及其各维度得分进行独立样本t检验，如表11所示，结果发现在地方认同上，除了外部评价之外的所有维度，本地居民和外地居民得分存在显著差异，并且在所有维度上，本地居民评分都比外地居民高，说明本地居民对城市的认可度要高于外地居民；在政府信任和风险认知上，本地居民和外地居民不存在显著差异。

表11 地方认同、政府信任、风险认知在户籍上的差异

单位：分

因素名称	户口	均值	标准差	t	p
信任均分	本地	2.721	0.856	1.271	0.204
	外地	2.642	0.816		
可能性	本地	4.140	1.172	2.012*	0.045
	外地	3.972	1.081		
可控性	本地	3.733	1.361	1.652	0.099
	外地	3.527	1.246		
知识	本地	3.771	1.748	-1.286	0.199
	外地	3.943	1.719		
可怕性	本地	4.782	1.566	0.344	0.731
	外地	4.745	1.539		
获益	本地	3.726	1.723	0.982	0.327
	外地	3.609	1.622		
可见性	本地	4.356	1.620	-0.983	0.326
	外地	4.472	1.474		
严重性	本地	5.024	1.505	-0.608	0.544
	外地	5.096	1.448		
认知均分	本地	4.227	0.967	0.311	0.750
	外地	4.205	0.839		
外部评价	本地	5.122	1.145	0.499	0.618
	外地	5.073	1.146		
连续性	本地	5.196	1.102	4.020***	0.000
	外地	4.858	1.176		
熟悉性	本地	5.319	1.117	4.661***	0.000
	外地	4.915	1.225		

续表

因素名称	户口	均值	标准差	t	p
承诺感	本地	5.327	1.155	3.349**	0.001
	外地	5.012	1.306		
依恋	本地	5.383	1.214	4.685***	0.000
	外地	4.930	1.388		
认同均分	本地	5.262	0.999	4.075***	0.000
	外地	4.952	1.042		

注：*** 在0.001水平（双侧）上显著相关，** 在0.01水平（双侧）上显著相关，* 在0.05水平（双侧）上显著相关。

（3）年龄、受教育程度、收入、居住时间的差异分析

对不同年龄、受教育程度、收入和居住时间的居民进行单因素方差分析，如表12所示。可能性、知识、可怕性、可见性、严重性、风险认知总体、外部评价、连续性、依恋、地方认同总体在不同年龄层上存在显著差异；政府信任、可能性、知识、可怕性、可见性、严重性、风险认知总体在不同受教育程度居民之间存在显著差异；政府信任、可能性、知识、可怕性、获益、可见性、风险认知总体、外部评价在不同收入居民之间存在显著差异；政府信任、可能性、连续性、熟悉性、承诺感、依恋、地方认同总体方面，不同居住时间的居民存在显著差异。

表12 地方认同、政府信任、风险认知在年龄、受教育程度、收入、居住时间上的差异

因素名称	年龄		受教育程度		收入		居住时间	
	F	p	F	p	F	p	F	p
信任均分	1.445	0.206	9.814***	0.000	3.334**	0.001	7.356***	0.000
可能性	3.478**	0.004	4.013**	0.003	3.043**	0.002	5.065**	0.002
可控性	0.593	0.706	0.773	0.543	1.132	0.339	0.810	0.488
知识	4.948***	0.000	5.123***	0.000	4.217***	0.000	1.524	0.207
可怕性	4.969***	0.000	6.240***	0.000	4.103***	0.000	2.133	0.095
获益	1.303	0.261	2.079	0.082	2.144*	0.030	0.452	0.716
可见性	4.491***	0.000	3.165*	0.014	2.915**	0.003	0.493	0.687

续表

因素名称	年龄		受教育程度		收入		居住时间	
	F	p	F	p	F	p	F	p
严重性	6.022***	0.000	3.770**	0.005	1.423	0.183	0.507	0.677
认知均分	4.691***	0.000	4.049**	0.003	2.638**	0.007	1.592	0.190
外部评价	5.254***	0.000	2.902	0.021	3.003**	0.003	1.568	0.196
连续性	4.134**	0.001	0.244	0.913	0.532	0.833	7.512***	0.000
熟悉性	2.289	0.044	0.978	0.419	1.127	0.343	6.809***	0.000
承诺感	1.496	0.189	1.265	0.282	1.365	0.208	3.682**	0.012
依恋	2.746*	0.018	2.626	0.034	0.725	0.670	7.373***	0.000
认同均分	2.613*	0.024	0.514	0.726	1.040	0.404	6.199***	0.000

注：*** 在0.001水平（双侧）上显著相关，** 在0.01水平（双侧）上显著相关，* 在0.05水平（双侧）上显著相关。

（4）不同城市的差异分析

对三个城市在所有变量上进行方差分析，结果见表13。在政府信任上，厦门和北京存在显著差异，北京居民对政府的信任感明显高于厦门居民；在风险认知上，厦门和乌鲁木齐、北京都存在显著差异，厦门居民在风险认知上的得分显著低于另外两座城市居民；在地方认同上，厦门居民和北京、乌鲁木齐居民不存在显著差异。

表13 地方认同、政府信任、风险认知在不同城市间的差异

因素名称	城市(I)	城市(J)	平均差异(I-J)	标准误	p
信任均分	厦门	北京	-0.311*	0.082	0.000
		乌鲁木齐	0.025	0.072	0.727
可能性	厦门	北京	-0.458*	0.112	0.000
		乌鲁木齐	-0.209*	0.099	0.036
可控性	厦门	北京	0.310*	0.130	0.017
		乌鲁木齐	0.311*	0.116	0.007
知识	厦门	北京	-0.670*	0.170	0.000
		乌鲁木齐	0.112	0.150	0.455
可怕性	厦门	北京	-0.715*	0.151	0.000
		乌鲁木齐	-0.577*	0.135	0.000

续表

因素名称	城市(I)	城市(J)	平均差异(I-J)	标准误	p
获益	厦门	北京 乌鲁木齐	0.142 0.173	0.167 0.149	0.396 0.246
可见性	厦门	北京 乌鲁木齐	-0.558* -0.487*	0.154 0.137	0.000 0.000
严重性	厦门	北京 乌鲁木齐	0.064 -0.130	0.146 0.130	0.664 0.317
认知均分	厦门	北京 乌鲁木齐	-0.310* -0.164*	0.090 0.080	0.001 0.039
外部评价	厦门	北京 乌鲁木齐	-0.158 0.537*	0.109 0.097	0.146 0.000
连续性	厦门	北京 乌鲁木齐	-0.026 0.087	0.113 0.101	0.817 0.384
熟悉性	厦门	北京 乌鲁木齐	-0.201 -0.221*	0.116 0.103	0.083 0.033
承诺感	厦门	北京 乌鲁木齐	-0.238 -0.197	0.122 0.108	0.051 0.069
依恋	厦门	北京 乌鲁木齐	-0.025 -0.478*	0.127 0.113	0.845 0.000
认同均分	厦门	北京 乌鲁木齐	-0.130 -0.054	0.101 0.090	0.201 0.548

注：* 在0.05水平（双侧）上显著相关。

2. 不同信息源、不同信息一致性对政府信任影响的差异分析

为了分析不同信息源、不同信息观点的组合对居民政府信任的影响，对数据进行了方差分析，结果见表14，信息源组合的主效应显著，信息观点组合的主效应显著，信息源和信息观点的交互作用也很显著。

表14 研究变量在不同问卷间的差异

变异来源	平方和	自由度	均方	F	p
信息源	13.786	1	13.786	25.230***	0.000
观点一致性	64.586	1	64.586	118.201***	0.000
信息源×观点一致性	19.983	1	19.983	36.571***	0.000

注：*** 在0.001水平（双侧）上显著相关。

方差分析的交互作用显著,进一步对交互作用进行了简单主效应分析。

表 15 对信息源在信息观点上的简单主效应分析表明,信息源在信息一致时对政府信任的影响不显著;信息源在信息矛盾时对政府信任的影响显著。也就是,当信息观点一致时,无论是何种信息源,对于居民政府信任都没有显著影响。通过比较信息一致和信息矛盾时的政府信任可以看出,市民对政府信任的程度,在信息一致时更高(信息一致时 2.997±0.039 分,信息矛盾时 2.394±0.040 分)。

表 15 信息源在信息观点上的简单主效应分析

信息的关系	平方和	自由度	均方	F	p
一致	0.296	1	0.296	0.541	0.462
矛盾	32.5146	1	32.516	59.509***	0.000

注:*** 在 0.001 水平(双侧)上显著相关。

表 16 对信息观点在信息源上的简单主效应分析表明,信息观点在信息源为专家时对政府信任的影响显著;信息观点在信息源为民众时对政府信任的影响显著。通过比较信息源为专家和信息源为民众时的政府信任可以看出,与信息源是民众时相比,信息源是专家时市民对政府信任的程度更高(专家 2.834±0.042 分,民众 2.556±0.037 分)。

表 16 信息观点在信息源上的简单主效应分析

信息源	平方和	自由度	均方	F	p
专家	5.631	1	5.631	10.305**	0.001
民众	89.831	1	89.831	164.402***	0.000

注:*** 在 0.001 水平(双侧)上显著相关,** 在 0.01 水平(双侧)上显著相关。

(四)政府信任在地方认同和风险认知中的中介作用检验

本研究沿用 Baron 和 Kenny 的三步法探索政府信任的中介作用:第一,自变量与中间变量显著相关;第二,自变量与因变量显著相关;第三,在回归方程同时包含自变量的情况下，中介变量与因变量的关系显著。如果这三个条件都满足，则说明至少存在部分中介作用，而在第三步中如果自变量对因变量的回归系数不显著，就证明了完全中介作用是存在的。回归分析采用线性回归分析中几个自变量同时进入方程的方法。

根据以上理论依据，为考察政府信任在地方认同和风险认知之间的中介作用，本研究拟利用强制回归分析，建立以下三类回归方程。

第一类回归：目标变量为政府信任，预测变量为地方认同。

第二类回归：目标变量为风险认知，预测变量为地方认同。

第三类回归：目标变量为风险认知，预测变量为地方认同和政府信任。

对于回归效果，本文在回归表格中给出几个关键值，F 是检验回归效果的统计量，其值越大越好，当 F 的信度检验达到显著性水平时，表示在 α 的水平上已解释方差明显大于未解释方差；R^2 为判定系数，反映了回归效果的好坏，越接近 1 越好；调整系数 R^2 中不含有自由度，调整的 R^2 中剔出了自由度的影响。

第一步做中介变量对自变量的回归，发现乌鲁木齐和厦门的回归系数显著，这两个城市的地方认同对政府信任有很强的预测作用，乌鲁木齐的地方认同能解释56%的政府信任，厦门能解释30.6%，而北京的回归系数不显著，见表17。

表17 政府信任对地方认同的回归分析

类别	R^2	调整 R^2	Beta	F	p
北京	0.007	0.002	-.081	-1.166	0.245
乌鲁木齐	0.590	0.560	0.262	4.439***	0.000
厦门	0.310	0.306	0.977	9.230***	0.000

注：自变量为地方认同，因变量为政府信任，*** 在 0.001 水平（双侧）上显著相关。

第二步做因变量对自变量的回归，发现厦门的回归系数显著，地方认同对于风险认知有很强的预测作用，厦门的地方认同能解释9.6%的风险认知，而乌鲁木齐和北京回归系数不显著，见表18。

表 18　风险认知对地方认同的回归分析

类别	R^2	调整 R^2	Beta	F	p
北京	0.000	-0.005	-0.005	-0.145	0.885
乌鲁木齐	0.000	-0.003	-0.007	-0.156	0.876
厦门	0.100	0.096	-0.452	-4.607***	0.000

注：自变量为地方认同，因变量为风险认知，*** 在 0.001 水平（双侧）上显著相关。

第三步加入中介变量，同时做自变量和中介变量对因变量的回归。回归结果发现，中介变量政府信任对因变量风险认知的回归系数依然显著，而自变量地方认同对因变量风险认知的回归系数降低且不显著。说明政府信任为中介变量，且中介方式为完全中介，见表 19。

表 19　风险认知对地方认同和政府信任的回归分析

类别	R^2	调整 R^2	Beta	F	p
信任	0.313	0.306	-0.920	-7.649***	0.000
认同			0.097	0.991	0.323

注：自变量为地方认同、政府信任，因变量为风险认知，*** 在 0.001 水平（双侧）上显著相关。

中介作用模型如图 2 所示。

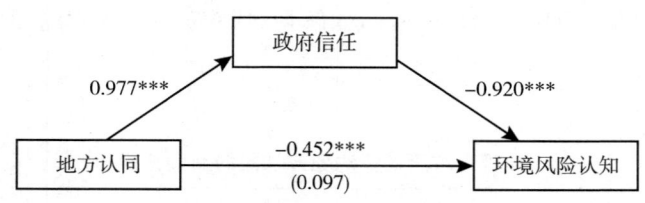

图 2　本研究构想模型

注：*** 在 0.001 水平（双侧）上显著相关。

四　讨论

（一）PX 风险认知问卷编制的讨论

国内学者根据 Slovic 的理论，编制了不同的风险认知问卷，但在梳理以往研究后发现，已有的风险认知问卷对象主要是一般性环境风险，也有因为特殊事件而编制的问卷，比如"非典"时期关于"非典"的风险认知的问卷。而本研究所涉及的PX项目，并不被公众普遍认识，因此决定自编问卷采集相关数据。通过访谈以及参考一般性环境风险认知问卷，形成了原始问卷。通过向大学生被调查者发放，经过验证性因素分析，得出了五因素模型。与刘金平、周广亚、黄宏强等人2006年研究得出的维度基本一致（刘金平、周广亚、黄宏强，2006）。关于这一点，可能是因为环境风险这个概念具有一般性，无论是何种环境风险，认知结构都具有稳定性。值得注意的是，问卷初次编制是在北京，由于北京并不存在PX项目，因此原始问卷中关于知识和获益的两道题目被剔除。但是根据国外相关研究，这两项也是影响风险认知的重要内容，因此在初测问卷形成后，又将两道题目加入，并且在大连（也因PX项目爆发过群体性事件）进行了施测。最终形成包括可能性、可控性、可怕性、可见性、严重性、知识和获益七个维度的问卷。由此可以了解个体对于PX项目的风险认知结构。这对今后的研究产生的一点启示就是，如果所进行的研究涉及特定的地区、群体，编制相关量表也要尽量在相关群体中进行。

从北京和大连的对比情况可以看出，知识和收益两道题目在北京由于区分度的原因被剔除。在北京选择的发放地点是211高校，参与调查的基本都是本科生（甚至研究生），按理说这一人群应该属于文化程度较高的人群，他们获取信息的渠道也应该是最为广泛的，但是上过无数次头条的PX事件对于他们来说却是陌生的。这一方面反映了政府对于相关知识的宣传并没有起到预期的效果，另一方面是不是也说明，环境风险教育在大学中开展得并不理想呢？

（二）地方认同、政府信任和环境风险认知关系的讨论

1. 地方认同和政府信任的关系

地方认同各维度和政府信任都是显著的正相关关系，这说明较高的地方认同感能提高居民的政府信任度。从外部评价维度来说，城市管理者应当采

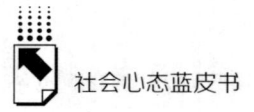

取各种措施宣传城市、打造城市的特色、提高城市的知名度、增强城市的竞争力，使居民对自己生活的城市充满自豪感；从熟悉性和连续性维度看，城市管理者所要做的是，在城市发展过程中，不大拆大建，不破坏城市具有代表性、标志性的历史建筑，不随意引入大型工业项目；从承诺感维度看，城市管理者应该努力发展本地的经济，创造就业岗位，尤其是发展新型经济，而不是盲目引入落后、将被淘汰的项目，让城市居民看到城市未来发展的可能性，增加他们留在本地工作生活的意愿；从依恋维度看，因为依恋维度代表着人们在城市中的一般感受，在很多文献中被描述为归属感，所以城市管理者应该多策划能让居民参与其中的活动，在城市重大公共项目上主动听取市民意见，让市民广泛参与到城市建设中，使市民能够感到自己参与到了城市建设中。

2. 地方认同和环境风险认知的关系

地方认同和环境风险认知整体上的相关系数达到 -0.125，在 0.01 水平上显著，这表明两个变量有显著的负相关关系，也就是说地方认同得分越高，风险认知得分越低。但是我们注意到，在三个城市中，虽然北京、乌鲁木齐地方认同和环境风险认知也呈负相关，但是只有厦门这一相关关系达到显著水平，相关系数达到 -0.317。英国研究者在 2007 年对核电站周围居民做了一项调查研究，结果是对于已经建成的设施，地方认同度高意味着低的风险认知和高的接受度（Dan，2007）。英国研究者对于这一结果做出的解释是，在经过多年的安全运行之后，当地居民对核设施安全性的信任得到了增强，同时，核设施给当地带来了切实的利益。本研究中，厦门市的调查结果和这项英国研究相似，作为相同类型城市的乌鲁木齐，没有出现相似结果。但是应该说明的是，对于厦门而言，PX 项目并没有建成，厦门也就不属于已建成设施之列。虽然没有建成 PX 项目，更无从谈起受到 PX 项目带来的危害，但是厦门在 2007 年爆发了针对 PX 项目的群体性事件，也因此迫使政府做出项目迁址的决定，或许是这一事件使厦门居民对于 PX 项目的认知得到了改变。本文没有继续深入探讨厦门居民是因为什么而产生了认知上的接受，是因为在群体性事件中相关知识得到了普及？还是或许可以用

"心理台风眼效应"解释？又或者是厦门居民认为PX项目不可能再次回到厦门？

3. 政府信任和环境风险认知的关系

政府信任和环境风险认知总体以及可能性、可控性、知识、获益和可见性五个维度都是显著的负相关关系，也就是说，政府信任分数越高，风险认知分数越低。在三个城市中，虽然北京、乌鲁木齐政府信任和环境风险认知也呈负相关，但是只有厦门这一相关关系达到显著水平，相关系数达到 -0.556。这和以往研究结果一致。PX项目属于科技化学领域，并且不像核电、航空航天等经常出现在媒体上，公众面对这些陌生领域时，并没有足够的时间、知识去做出正确的判断，因此他们会通过评估风险管理部门，在本研究中也就是地方政府来评估风险事件。

回顾引发过群体性事件的环境风险事故可以发现，在每一次事件的背后，都会有政府及相关部门的不发声和反应迟钝。在发生了威胁人民群众生命财产安全的事故后，或者仅仅是有类似谣言传出后，面对需要真相、需要信息、需要安抚的群众，相关部门的反应总是慢一步，因此，在面对类似事件时，为了降低公众的风险认知，政府部门应该采取一系列措施，在第一时间澄清谣言、发布信息的同时，还要努力提高自身的公信力，只有这样，市民才会相信政府发布的信息。

（三）人口学变量差异的讨论

本研究对人口统计学变量上的差异进行了独立样本t检验和方差分析，发现以下结果。

（1）所用变量在不同性别上都不存在显著差异。这一结果与部分以往研究一致。关于政府信任、地方认同以及环境风险认知在性别上的差异，以往研究中，不同研究者得出的结论也并不统一。

（2）地方认同在是否为本地户口这一变量上有显著差异，在政府信任和环境风险认知上，是否为本地户口不存在显著差异，这与以往关于地方认同的研究结果一致，如果居住地就是籍贯所在地，人们的地方认同水平就会较高,这点在日常生活中可以经常发现,网络上的"地图炮"行为就是典型的代表,人们对于家乡的认同感表现为回击黑自己家乡的言论。而关于政府信任和环境风险认知,生活在这座城市的居民,无论是本地人还是外地人,都同样感受到政府的作为和城市的环境变化,因此本地人和外地人在这两个变量上的得分不存在差异。

(3)环境风险认知、地方认同在不同年龄层上存在显著差异,政府信任不存在差异。对于环境风险认知,18~25岁组和其他组差异最为显著,这一年龄段的市民感受到更多的环境风险,这或许是因为这个年龄段的个体比其他年龄段人群更多地接触网络、移动端等,获得信息的渠道更为广泛,同时这一年龄段的个体,自我独立意识最为强烈,正处于三观形成的重要时期,容易受到外部信息的影响。对于地方认同,只有55岁以上组和其他组存在显著差异,这一年龄段的市民对城市的认同感最低。一种可能的解释是,这个年龄段的个体处于职业生涯的最后阶段,即将面临或者已经退休,对于事业的结束,他们还不能适应,对于新事物、对于自己生活的城市所发生的变化,还不能接受。

(4)政府信任、环境风险认知在不同受教育程度居民之间存在显著差异,地方认同不存在差异。对于政府信任,随着受教育程度的提高,其得分呈现一种U形曲线。对于环境风险认知,随着受教育程度的提高,环境风险认知分数逐渐降低。可能的解释是,首先,学历高的居民对于环境风险有更加理性的认知,他们有足够的知识去综合分析并得出客观结论;其次,学历高往往和更高的社会地位相关,也就意味着高学历居民有更多的资源确保自身的安全,他们对风险的接受度也随之提高。

(5)政府信任、环境风险认知在不同收入居民之间存在显著差异,地方认同不存在差异。在政府信任和环境风险认知上,各个收入区间都存在差异。收入在一定程度上反映了个体所处的社会阶层,所处阶层不同,对政府的依赖就有所不同,对政府的信任就会出现差异。在评估环境风险可能带来的后果、这一后果的严重性、这一后果的可避免及可控性方面,收入不同,掌握的资源也就不同,因此在环境风险认知上出现差异。

(6) 政府信任、地方认同在不同居住时间的居民间存在显著差异，环境风险认知不存在差异。对于政府信任，差异出现在居住时间在 5 年以下组，一种可能的解释是，5 年之内，居住者在当地可能还没有建立起稳固的社会关系，因而对政府的信任度也不高。对于地方认同，差异出现在居住时间在 15 年以上组。这与普遍的认知相似，也与国内研究者针对北京和上海的研究结果一致，在一个城市居住时间越长，地方认同水平越高。这也比较好理解，如果是外地人，在一个地方生活了超过 15 年，他在当地可能建立了足够的社会关系，在当地的发展也足够成熟，对当地的环境也足够熟悉，这些都让他对这个地方产生了很强的认同感。

(7) 政府信任、环境风险认知在三个城市之间存在显著差异，而地方认同不存在显著差异。在政府信任上，厦门和北京存在显著差异，北京居民对政府的信任感明显高于厦门居民；在风险认知上，厦门和乌鲁木齐、北京都存在显著差异，厦门居民在风险认知上的得分显著低于另外两座城市居民。值得注意的是，和预期不同，厦门居民环境风险认知得分显著低于其他两座城市，也就是说厦门居民对 PX 项目的风险认知更低。可能的解释有，首先经过 2007 年对 PX 项目的抵制，厦门居民得到了对 PX 知识的普及，他们拥有更多的资源去做出理性的判断；其次 PX 项目已经成功迁址，客观上 PX 项目已经不存在落户当地的可能性，而北京面临着这种可能性，乌鲁木齐则已经存在这一潜在风险，因此厦门市居民对 PX 项目的风险认知显著地低于北京和乌鲁木齐。

（四）信息源、信息一致性对政府信任影响的讨论

一个普遍的共识是，信任在风险沟通中起到重要的作用，是沟通成功的基础，如果人们不信任信息发布者，即使沟通者发布的信息是正确的，沟通也注定会失败。信任在所有人群中都是决定风险认知的重要因素。根据认知的启发式理论，人们在对不确定信息进行判断时，借助启发式可以使判断变得简单。本研究中，根据前人提出的信任相似启发式理论，设计了两种信息组合方式，分别是同政府信息一致的信息和同政府信息矛盾的信息。同时，

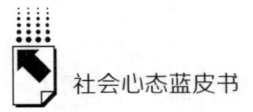

为了检验专家信息和民众信息对政府信任的影响,又设计了两种信息组合,分别是政府专家的组合和政府民众的组合。

对信息源、信息一致性进行简单主效应分析发现,信息源在信息一致时对政府信任的影响差异不显著,信息源在信息矛盾时对政府信任的影响差异显著。也就是说,只要信息观点是一致的,不管信息来源是专家还是民众,所呈现的信息对政府信任的影响没有显著差异。这一结果与信息的相似启发式一致,该理论认为当呈现的信息观点一致时,公众的信任度更高。再进一步分析信息观点矛盾时政府信任的得分可以发现,人们更加信任政府和专家的信息组合。这进一步说明,在缺乏资源来做判断时,人们更加依赖机构、专家等权威。

在现实生活中,随着科技的进步,人们发表观点的平台越来越多,从博客到微博再到现在的微信,网民们在每一次公共事件发生后都接收到同时也发表着各种各样的言论。其中各种大V、专家、公众人物,为了达到博取眼球、吸引关注的目的,经常发表一些不负责任的言论,面对这些纷繁复杂的信息,民众往往会不知所措,也就容易受到煽动甚至蛊惑。这也就启发我们,在风险沟通过程中,无论是何种信息源,专家也好,民众也好,公开发布的信息,观点一定要保持一致;同时,和其他信息源相比,民众更加信赖相关专家发布的信息,在发布信息时,要增加相关领域权威专家而不是明星式公众人物的信息曝光度。

(五)政府信任中介作用的讨论

本文在理论回顾的基础上,发现政府信任与地方认同和环境风险认知都存在相关关系,国外研究者关于循环水风险认知的研究发现,信任在认同和风险认知中起着中介作用,但是国内还没有任何实证研究把政府信任与地方认同和环境风险认知放在一起探讨,更没有研究验证过政府信任的中介变量。本研究在进行地方认同、政府信任和环境风险认知的相关分析和回归分析基础上,进一步验证了政府信任在地方认同与环境风险认知之间的中介作用。分析结果表明,政府信任在厦门居民的地方认同和环境风险认知之间起到了完全中介作用,而对于北京和乌鲁木齐居民,中介作用没有被发现。对于厦门居民,地方认同完全通过政府信任影响环境风险认知。也就是说,对城市的认同感越强,居民对政府的信任也就越强,对环境风险的认知就会降低。

这一结果表明,一方面,对城市的认同度越高,对政府的信任度也就越高,这也比较符合普遍的认识,因为在城市生活中,当地政府的影响可见于方方面面,由前文对地方认同五个维度外部评价、熟悉性、连续性、承诺感、依恋的分析可知,对政府的信任包含于对城市的认同中;另一方面,在面对类似事件时,城市居民由于缺少相关资源,而转向权威部门寻求支持,他们依靠相关部门提供的信息做出判断,在这里就是政府发布的信息,居民对政府发布信息的信任度越高,他们对环境风险的认知就越低,对于相关项目的接受度也就越高。在厦门,地方认同完全是通过政府信任影响风险认知的,这更加说明,提高政府信任度在相关项目中的重要性。

五 总结

(一)结论

本研究以北京、乌鲁木齐和厦门三座城市居民为样本,通过构建地方认同对环境风险认知影响的研究模型,探讨了各变量之间的关系,及政府信任在地方认同与环境风险认知之间的中介作用,得到以下结论。

(1)对于不同城市,地方认同、政府信任和环境风险认知三者的关系不尽相同,对于和项目相关的城市,地方认同水平越高,政府信任度就越高,环境风险认知越低,但对于和项目不相关的城市,这一关系并不显著。对所有城市总体而言,高的地方认同感都会带来高的政府信任度。假设1、2、3得到验证。

(2)地方认同在不同年龄、不同户口和不同居住时间的居民之间存在显著差异;政府信任在不同受教育程度、不同收入和不同居住时间的居民之间存在显著差异；环境风险认知在不同受教育程度、不同收入和不同居住时间的居民之间存在显著差异，假设5得到验证。

（3）对于厦门，地方认同是完全通过政府信任影响环境风险认知的，也就是说政府信任在地方认同和环境风险认知之间起到完全的中介作用，而在北京和乌鲁木齐，这一中介作用并没有被发现，假设4得到部分验证。

（4）无论信息源是什么，所传递的信息内容一致时，居民对政府的信任感更高，无论信息观点是一致还是矛盾，和民众传播的信息相比，居民都更加相信专家传递的信息，假设6得到验证。

（二）研究启示

（1）对于PX项目，有针对性的宣传教育不可忽视，但在宣传教育的方式、面向的人群方面应当做出更加有效的选择。

（2）城市管理者应当将工作的重点放在本地人、年轻人和退休人群以及低收入者上，本地人对城市的认同感更加强烈，对城市的发展更为关心，他们容易抵制这一类工业项目，年轻人和退休人群容易受到外界信息的干扰，成为不稳定因素，而低收入者缺乏获得信息的渠道，他们更加依赖政府传递的信息来做出判断。

（3）对于项目相关城市，政府信任在地方认同和环境风险认知之间起到完全中介作用，因此我们要通过提高政府信任度来降低居民的风险认知。

（4）一致的信息会增加民众对政府的信任，矛盾的信息会降低民众对政府的信任。因此，为了加强市民对政府的信任，在相关信息发布时，要避免矛盾信息的干扰。

（5）和民众传播的信息相比，专家发布的信息会增加民众对政府的信任，因此，为了加强政府的信任，在就民众陌生领域发布信息时，应当尽量引用专家的观点。

参考文献

卜玉梅:《风险分配、系统信任与风险感知——对厦门市幼儿家长食品安全风险感知的实证研究》,硕士学位论文,厦门大学,2009。

陈海嵩:《风险社会中的公共决策困境——以风险认知为视角》,《社会科学管理与评论》2010年第1期。

董才生:《信任本质与类型的社会学阐释》,《河北师范大学学报》(哲学社会科学版)2004年第1期。

段红霞:《跨文化社会价值观和环境风险认知的研究》,《社会科学》2009年第6期。

贵永霞:《农民工的地方认同与城市依恋研究》,硕士学位论文,西南大学,2010。

黄荣贵、孙小逸:《社会互动、地域认同与人际信任——以上海为例》,《社会科学》2013年第6期。

李纾、刘欢、白新文、任孝鹏、郑蕊、李金珍等:《汶川"5·12"地震中的"心理台风眼"效应》,《科技导报》2009年第3期。

廉莲:《环境风险感知的心理距离研究》,硕士学位论文,哈尔滨工业大学,2013。

林崇德:《心理学大辞典》,上海教育出版社,2003。

刘金平、周广亚、黄宏强:《风险认知的结构、因素及其研究方法》,《心理科学》2006年第2期。

罗佳:《论微博时代的政府公信力建设》,《理论导刊》2012年第3期。

曲瑛德、陈源泉、侯云鹏、黄昆仑、康定明:《我国转基因生物安全调查Ⅰ:公众对转基因生物安全与风险的认知》,《中国农业大学学报》2011年第6期。

佘升翔、陆强、王振全:《环境风险知觉的空间折扣模型》,《系统工程理论与实践》2012年第12期。

沈鸿、孙雪萍、苏筠:《科技信任、管理信任及其对公众水灾风险认知的影响——基于长江中下游的社会调查》,《灾害学》2012年第1期。

熊美娟:《政治信任测量的比较与分析——以澳门为研究对象》,《公共管理学报》2014年第1期。

杨奕、吴建平:《地方依恋:对象、影响因素与研究趋势》,《心理学进展》2013年第4期。

于清源、谢晓非:《环境中的风险认知特征》,《心理科学》2006年第2期。

张成福:《公共危机管理:全面整合的模式与中国的战略选择》,《中国行政管理》2003年第7期。

张海燕、葛怡、李凤英、杨洁、毕军:《环境风险感知的心理测量范式研究述评》,

《自然灾害学报》2010年第1期。

张美华、苏筠、钟景鼐:《区域减灾能力信任与公众水灾风险认知——基于社会调查及分析》,《灾害学》2008年第4期。

赵泉民:《论转型社会中政府信任的重建——基于制度信任建立的视角》,《社会科学》2013年第1期。

周红、葛夏:《地方政府公信力对区域经济发展的影响分析》,《领导科学》2012年第8期。

周萍人、齐振宏:《消费者对转基因食品健康风险与生态风险认知实证研究》,《华中农业大学学报》(社会科学版)2012年第1期。

周应恒、卓佳:《消费者食品安全风险认知研究——基于三聚氰胺事件下南京消费者的调查》,《农业技术经济》2010年第2期。

朱竑、刘博:《地方感、地方依恋与地方认同等概念的辨析及研究启示》,《华南师范大学学报》(自然科学版)2011年第1期。

庄春萍、张建新:《地方认同:环境心理学视角下的分析》,《心理科学进展》2011年第9期。

Bos, Kees Van Den, and E. A. Lind., "Uncertainty Management by Means of Fairness Judgments", *Advances in Experimental Social Psychology*, 34 (2002).

Bradbury, Judith A., et al., "Trust and Public Participation in Risk Policy Issues", *Social Trust and the Management of Risk*, 1999.

Burt, R. S., Knez, M., "Kinds of Third-party Effects on Trust", *Rationality & Society*, 7 (3) (1995).

Carrus, Giuseppe, M. Bonaiuto, and M. Bonnes, "Environmental Concern, Regional Identity, and Support for Protected Areas in Italy", *Environment & Behavior*, 37. 2 (2005).

Chow, Kenny, and M. Healey. "Place Attachment and Place Identity: First-year Undergraduates Making the Transition from Home to University", *Journal of Environmental Psychology*, 28. 4 (2008).

Dan, Van Der Horst, "NIMBY or Not? Exploring the Relevance of Location and the Politics of Voiced Opinions in Renewable Energy Siting Controversies", *Energy Policy*, 35. 5 (2007).

Dan, Venables, et al., "Living with Nuclear Power: Sense of Place, Proximity, and Risk Perceptions in Local Host Communities", *Journal of Environmental Psychology*, 32. 4 (2012).

Dinesen, Peter Thisted, "Upbringing, Early Experiences of Discrimination and Social Identity: Explaining Generalised Trust among Immigrants in Denmark", *Scandinavian Political Studies*, 33. 1 (2010).

Ufkes, Elze G., et al., "Urban District Identity as a Common Ingroup Identity: The Different Role of Ingroup Prototypicality for Minority and Majority Groups", *European Journal of*

Social Psychology, 42. 6 (2012).

D. Gefen, V. Srinivasan Rao, and N. Tractinsky, "The Conceptualization of Trust, Risk and their Electronic Commerce: the Need for Clarifications", Hawaii International Conference on System Sciences IEEE, 2003: 10.

Helmer, J. R. C, *Hip Hop's Impact on the Development of the Self and Identity*, Doctoral dissertation, Alliant International University, 2015.

Hernández, Bernardo, et al., "Place Attachment and Place Identity in Natives and non-natives", *Journal of Environmental Psychology*, 27. 4 (2007).

Jorgensen, Bradley S., and R. C. Stedman, "Sense of Place as an Attitude: Lakeshore Owners Attitudes Toward Their Properties", *Journal of Environmental Psychology*, 21. 3 (2001).

Kate Burningham, and Diana Thrush, "Pollution Concerns in Context: a Comparison of Local Perceptions of the Risks Associated with Living Close to a Road and a Chemical Factory", *Journal of Risk Research*, 7. 2 (2004).

Kyle, Gerard, A. Graefe, and R. Manning, "Testing the Dimensionality of Place Attachment in Recreational Settings", *Environment & Behavior*, 37. 2 (2005).

Lalli, Marco, "Urban-related Identity: Theory, Measurement, and Empirical Findings", *Journal of Environmental Psychology*, 12. 4 (1992).

Lazo, J. K., J. C. Kinnell, and Ann Fisher, "Expert and Layperson Perceptions of Ecosystem Risk", *Risk Analysis*, 20. 2 (2000).

Huang, Lei, et al., "How Do the Chinese Perceive Ecological Risk in Freshwater Lakes?" *Plos One*, 8. 5 (2013).

Lind, E. A., "Fairness Heuristic Theory: Justice Judgments as Pivotal Cognitions in Organizational Relations", *Advances in Organizational Justice*, 2001.

Lima, Maria Luisa, "On the Influence of Risk Perception on Mental Health: Living Near an Incinerator", *Journal of Environmental Psychology*, 24. 1 (2004).

Maria Luísa Lima, and Sibila Marques, "Towards Successful Social Impact Assessment Follow-up: a Case Study of Psychosocial Monitoring of a Solid Waste Incinerator in the North of Portugal", *Impact Assessment & Project Appraisal*, 23. 3 (2005).

Marcouyeux, Aurore, Fleury-Bahi, Ghozlane, "Place-Identity in a School Setting: Effects of the Place Image", *Environment & Behavior*, 43. 3 (2011).

Miller, A. H., and Listhaug, O., "Political Parties and Confidence in Government: a Comparison of Norway, Sweden and The United States", *British Journal of Political Science*, 20. 3 (1990).

Nielsen-Pincus, Max, et al., "Predicted Effects of Residential Development on a Northern Ldaho Landscape Under Alternative Growth Management and Land Protection Policies", *Landscape & Urban Planning*, 94. 3 (2010).

Parkhill, Karen A. et al., "From the Familiar to the Extraordinary: Local Residents' Perceptions of Risk When Living with Nuclear Power in the UK", *Transactions of the Institute of British Geographers*, 35.1 (2010).

Proshansky, Harold M., "The City and Self-identity", *Environment & Behavior*, 10.2 (1978).

Proshansky, Harold M., A. K. Fabian, and R. Kaminoff, "Place-identity: Physical World socialization of the self", *Journal of Environmental Psychology*, 3.1 (1983).

Ross, V. L., K. S. Fielding, and W. R. Louis, "Social Trust, Risk Perceptions and Public Acceptance of Recycled Water: Testing a Social-psychological Model", *Journal of Environmental Management*, 137.4 (2014).

Siegrist, M., G. Cvetkovich, and C. Roth, "Salient Value Similarity, Social Trust, and Risk/Benefit Perception", *Risk Analysis*, 20.3 (2010).

Skitka, Linda J., and E. Mullen, "The Dark Side of Moral Conviction", *Analyses of Social Issues & Public Policy*, 2.1 (2002).

Paul Slovic, Baruch Fischhoff, and Sarah Lichtenstein, "Rating the Risks", *Environment Science & Policy for Sustainable Development*, 21.3 (1979).

Slovic, P., "Perception of Risk", *Science*, 236.4799 (1987).

Stedman, R. C., "Toward a Social Psychology of Place: Predicting Behavior from Place-based Cognitions, Attitude, and Identity", *Environment & Behavior*, 34.5 (2002).

Stephen C. Whitfield, et al., "The Future of Nuclear Power: Value Orientations and Risk Perception", *Risk Analysis*, 29.3 (2009).

Tyler, Tom R., "Trust and Law Abidingness: A Proactive Model of Social Regulation", *Boston University Law Review. boston University. school of Law*, 81.2 (2001).

Tyler, Tom R., and E. A. Lind, "A Relational Model of Authority in Groups", *Advances in Experimental Social Psychology*, 25.2 (1992).

Wakefield, S. E., et al., "Environmental Risk and (re) Action: Air Quality, Health, and Civic Involvement in an Urban Industrial Neighbourhood", *Health & Place*, 7.3 (2001).

Williams, Michele, "In Whom We Trust: Group Membership as an Affective Context for Trust Development.", *Academy of Management Review*, 26.3 (2001).

Zhang, Xuan, and L. Wu, "The Mechanism of Trust in Risk Research: Symmetry or Asymmetry?" *Journal of Psychological Science*, 36.6 (2013).

B.7 有关死亡态度的调查报告[*]

李 原[**]

摘 要： 本研究从五个维度探讨死亡态度：死亡恐惧、死亡回避、死亡中性接纳、死亡趋向性接纳、死亡逃避性接纳。调查发现，不同代际群体在死亡态度上存在差异，总体趋势表现为，较年轻群体的死亡恐惧较高，"60后"群体的恐惧感有所下降。其中"90后"群体对于死亡的中性接纳较低，"70后"与"80后"群体对于死亡的中性接纳较高。宗教信仰对于死亡态度的影响主要表现在对死亡的接纳上。有宗教信仰者对死亡的逃避性接纳和趋向性接纳更高；无宗教信仰的个体对死亡的中性接纳更高。但不同宗教对死亡态度的影响方向和程度并不相同。随着受教育年限的增长，人们对于死亡的逃避性接纳不断降低。健康状况不良的个体死亡恐惧感更高，对死亡的逃避性接纳更高；健康状况良好的个体，对于死亡能够理性和中性地接纳。安全感更高的个体死亡恐惧更低，对死亡的逃避性接纳更低；幸福感更高的个体对死亡的逃避性接纳更低，对死亡的中性接纳更高。

关键词： 死亡态度 死亡恐惧 死亡中性接纳 死亡逃避性接纳 死亡趋向性接纳

---

[*] 本报告受国家社会科学基金重大项目"社会心理建设：社会治理的心理学路径"（项目批准号：16ZDA231）资助。
[**] 李原，中国社会科学院社会学研究所，博士，副研究员，中国社会科学院社会学研究所社会心理学研究室副主任，研究方向为价值观与道德判断、工作家庭平衡、精神健康服务。

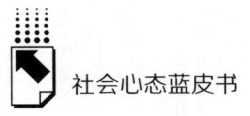

社会心态蓝皮书

一 引言

在中国传统文化中,对死亡向来讳莫如深,与死亡相关问题的思考和研究也很少。被尊为圣人的儒家文化精神代表孔子曾说过"未知生,焉知死"。然而,随着中国社会转型的加速,现代性的诸多特征促使人们开始重视与死亡相关的诸多议题(陆杰华、张韵,2015)。中国的人口结构正在发生急剧转变,随着人口老龄化的发展,人们越来越看重生活质量和生命质量,强调生命最后时刻的尊严。如何理性对待自己和他人的死亡,让逝者善终、亲者善别,都是当前值得深入探讨的重要课题。只有参悟生死,才能感念生命,珍惜当下。我国有必要开展死亡问题的研究,推动生死教育的发展,帮助民众获得有关死亡方面的知识,引导民众建立正确的生死观,正确认识生命和死亡的意义。

死亡态度是指人们面对死亡的思考和看法,在经历死亡时期准备做出何种反应的心理状态。20世纪50年代末期,美国学者费菲尔(Feifel,1956、1959)关于老年学和老年精神健康问题的研究,开启了西方有关死亡态度的实证研究。80年代后期,全球出现了对死亡态度的新一轮研究兴趣,研究者不断发展有关死亡态度的评估工具,重点关注于死亡研究的一些专业期刊开始创立(例如《死亡研究》、OMEGA),一些专业协会的成立推动了在不同文化中有关死亡、哀伤、丧失问题的探讨(如死亡教育和咨询协会)。同样重要的是,有关生存威胁的全球性重大事件(比如核扩散、恐怖主义、AIDS),引发了公众对于死亡问题的关注与思考(Neimeyer、Wittkowski、Moser,2004)。

早期有关死亡态度的研究主要围绕在由死亡而产生的负向态度上,相应的研究概念包括死亡焦虑(Death Anxiety)、死亡恐惧(Fear of Death)、死亡威胁(Death Threat)、死亡压抑(Death Depression)、死亡回避(Death Avoidance)等负向的态度(Neimeyer、Moser、Wittkowski,2003)。这些概念的内涵有着较多的交叉和重叠,以下我们主要对死亡恐惧和死亡回避做具体介绍。

1. 死亡恐惧

死亡恐惧（Fear of Death）指的是，当人们面对死亡以及临死过程产生的负向情绪与想法。人们为什么会对死亡产生恐惧？研究者对恐惧的形成原因进行了探讨。Florian & Kravetz（1983）归纳了6个方面：①无法继续自我实现（例如，死亡令我恐惧的是，我所有的计划和目标都不得不终止）；②自我终结（Self-annihilation）（例如，死亡令我恐惧的是，我的思考和体验的能力都彻底结束）；③社会身份的丧失（例如，死亡令我恐惧的是，我与挚爱的纽带从此割断）；④家庭与朋友难以承受（比如，死亡令我恐惧的是，我担心死亡发生时我的家人依然需要我）；⑤超自然的内容（例如，死亡令人恐惧的是，我不确定死后能否存在）；⑥死后的惩罚（例如，我担心在下一个世界会受到惩罚）。另有研究者概括了8个方面：①对于死亡过程的恐惧（例如，我害怕自己死的过程非常慢）；②对于死后的尸体、亡灵、鬼魂等可怕景象的恐惧（例如，我害怕在晚上独自穿过坟地）；③对于身体被摧毁的恐惧（例如，我害怕把自己的身体捐献给科学）；④对重要他人死亡的恐惧（例如，我害怕家庭成员死去）；⑤对于死后世界未知的恐惧（例如，我不确知死后生命是否还会延续）；⑥对于死后意识是否存在的恐惧（例如，我担心被活着埋葬）；⑦对于死后世界的恐惧（比如，死后我的身体会腐烂让我非常恐惧）；⑧由于此生尚未如愿而产生的恐惧（例如，我很害怕在未能实现我的目标之前就死了）（Hoelter, 1979; Kastenbaum, 2012）。

2. 死亡回避

死亡回避（Death Avoidance）指的是人们尽可能回避思考和谈论与死亡相关的内容，避免可能引发死亡恐惧的象征物，如死人、曾发生死亡的场所、医院、殡仪馆、墓地等，对"死亡"字眼感到不自在或忌讳，因此尽可能地以其他用语来代替。Wong、Reker、Gesser（1994）认为死亡逃避是死亡态度的一个重要方面。人们逃避思考及谈论死亡，是为了减少死亡恐惧，所以，死亡回避实质上是一种让人远离恐惧和焦虑的防卫机制。

3. 死亡接纳

后期研究者逐渐认识到，人们对死亡的态度不仅包括负向的，同时也包括正向的，即对死亡既存在恐惧逃离的态度，也存在接受趋近的态度。最早关于死亡接纳态度的研究来自 Kubler-Ross（1969）对于临终病人的观察。她发现当人们面对死亡时，会在历经否认、愤怒、讨价还价、绝望的过程后，进入对死亡的接纳阶段。而后面的研究者将接纳态度的含义进一步扩大。Gesser、Wong、Reker（1987）提出，死亡接纳指的是人们为最后结束（Final Exit）做好心理准备，坦然接受、愿意面对自己必死的结局，并且对此有正向情绪反应。死亡接纳进一步包括三个层面：死亡中性接纳、死亡逃避性接纳、死亡趋向性接纳。

（1）死亡的中性接纳（Neutral Acceptance）。这种态度认为，死亡不可避免，它是生命中不可缺少的部分，生与死并存。持这种态度的人不害怕死亡，也不欢迎死亡，只是把死亡看作生命中自然存在的一部分，把它当作不可改变的事实。他们相信，当人们发现了生命的意义时可以抵消对死亡的恐惧，并提高一个人的幸福感（Frankl，1965）。

（2）死亡的趋向性接纳（Approach Acceptance）。某些人相信会有更好的来生，因此不害怕死亡，甚至希望死亡早些到来。大部分文献指出宗教信仰与死亡的趋向性接纳有关，强烈的宗教承诺（Religious Commitment）使得信徒们相信有来生，认为死后有更加美好的来生，死亡只是通往来生的一个过程。他们对死后的情形比较确定，因而能降低死亡所带来的恐惧。但也有研究发现，宗教信仰和死亡的趋向性接纳并没有一致的相关性，有的甚至是负相关，这可能是受到死后报应、轮回观念的影响而使个体产生心理上的恐惧。

（3）死亡的逃避性接纳（Escape Acceptance）。当生命中充满着痛苦与不幸时，死亡就可能成为一种可接受的甚至是受欢迎的选择。特别是当人们没有办法摆脱这一切痛苦时，死亡似乎提供了唯一的解决办法。此时，人们对生活的恐惧会超越对死亡的恐惧，死亡成为解脱今生痛苦的途径。因此，死亡的逃避性接纳并不是因为"死亡的美好"（Goodness of Death），而是因为"活着的痛苦"（Badness of Living）。可见，死亡的逃避性接纳是因为他们无法有效地处理痛苦及存在的问题。

我国有关死亡态度的研究非常缺乏，作为初步研究，本项研究试图探讨我国民众在死亡态度上的特点，以及年龄、教育、宗教、健康状况等因素对死亡态度的影响。

二 研究方法

（一）被调查者

本研究的样本是在2017年社会心态调查的样本库里进行二次抽样得到的。2017年社会心态调查（CASS-INTELLVISION Social Mentality Survey 2017）问卷由中国社会科学院社会学研究所社会心理学研究中心编制，通过智媒云图研发的问卷调研APP"问卷宝"，向在线样本库的全国用户（共约110万人，覆盖全国346个地级城市）推送问卷，随后依靠用户分享问卷的方式来进行滚雪球式发放。问卷收回后，课题组利用测谎题、答题完成情况等对问卷进行筛选。2017年4月1日至5月1日，我们对样本进行了再度抽样，并增加了死亡态度的问卷测量，回收问卷1771份。对问卷的完成情况进行筛选后，得到有效问卷1733份，有效回收率为97.9%。年龄范围是17~66岁，平均年龄为29.4岁。

在1733名被调查对象中，男性705人，占40.7%；女性1028人，占59.3%。未婚者845人，占48.8%；已婚或同居者843人，占48.6%；未填答11人，占0.6%；其他34人，占2%。有宗教信仰者374人，占21.6%；无宗教信仰者1359人，占78.4%。年龄方面，"90后"947人，占54.6%；"80后"482人，占27.8%；"70后"244人，占14.1%；"60后"60人，占3.5%。受教育程度方面，初中及以下91人，占5.3%；高中（包括技校、职高、中专）368人，占21.2%；大专451人，占26.0%；大学本科728人，占42.0%；研究生及以上95人，占5.5%。收入方面，无收入 279 人，占 16.1%；1000 元以下收入 71 人，占 4.1%；1000～3000 元收入 365 人，占 21.1%；3000～5000 元收入 559 人，占 32.3%；5000～7000 元收入 245 人，占 14.1%；7000 元以上收入 214 人，占 12.3%。

（二）测验工具

1. 死亡态度量表

Gesser、Reker 及 Wong 1987 年发展了死亡态度量表（Death Attitude Profile, DAP），并于 1994 年修改完善形成了死亡态度描绘量表修订版（Death Attitude Profile-Revised, DAP – R）（Gesser、Wong & Reker, 1994）。DAP-R 包含 5 个维度，共计 32 个题目。5 个维度分别为：死亡恐惧（Fear of Death），指对死亡及接近死亡过程所持的负向想法与情绪感受（7 题）；死亡回避（Death Avoidance），指人们尽可能回避思考和谈论与死亡相关的内容（5 题）；死亡的中性接纳（Neutral Acceptance），指既不欢迎死亡也不害怕死亡，将死亡视为生活的一部分、一个不可改变的事实（5 题）；死亡的趋向性接纳（Approach Acceptance），指将死亡视为通往快乐来生的道路，相信有更美好的来生（10 题）；死亡的逃避性接纳（Escape Acceptance），指将死亡视为逃离痛苦人生的一种解脱（5 题）。量表采用 6 点计分（1 = 非常不认同，6 = 非常认同），得分越高，表明个体对此内容越认同。

2. 健康状况测量

选择社会心态问卷中的 1 个题目进行测量，"在过去的四周中，由于健康问题影响到您的工作或日常活动的频繁程度是"，采用 5 点计分评价身体不适状况的频繁程度（1 = 非常不频繁，2 = 不频繁，3 = 中等程度，4 = 频繁，5 = 非常频繁）。

3. 安全感测量

选择社会心态问卷中的 1 个题目进行测量，"总体上的社会安全状况是：1 代表'非常不安全'，2 代表'不安全'，3 代表'不太安全'，4 代表'中立'，5 代表'比较安全'，6 代表'安全'，7 代表'非常安全'"。

4. 幸福感测量

选择社会心态问卷中的1个题目来测量个体的主观幸福感受,"总体来说,我是一个幸福的人",1代表"非常不幸福",2代表"不幸福",3代表"不太幸福",4代表"中立",5代表"比较幸福",6代表"幸福",7代表"非常幸福"。

三 研究结果

(一)死亡态度量表的信效度检验

死亡态度原问卷包括32个题目,对问卷进行因素分析时发现因子结构不佳,删除了原问卷中载荷较低和处于两个因子的载荷(第20、22、25、27、30、31、32题,共计7题)。对其余的25题进行探索性因子分析,可以看到与原量表相同的五因子的稳定结构(见表1)。各题目在相应的因子上载荷均高于0.50,可以解释58%的总变异。修改版的死亡态度总问卷的内部一致性系数为0.86。

表1 死亡态度因子分析结果 (N=1733)

项 目	因子				
	1	2	3	4	5
死亡使人脱离身心的苦与痛	0.807				
将死亡视为现世苦痛的解脱	0.770				
死亡可以让我逃离这个可怕的世界	0.756				
死亡将结束我所有的烦恼	0.747				
我把死亡视为今生重担的解除	0.717				
想到我自己的死亡时,我就焦虑不安		0.781			
我对死亡有强烈的恐惧感		0.731			
死亡意味着一切的结束,这个事实令我害怕		0.688			
死亡是一种可怕的经验		0.653			

续表

项目	因子				
	1	2	3	4	5
人终将会死的定局让我感到困扰		0.599			
我总是设法不去想到死亡			0.780		
我完全避免去想到死亡			0.684		
每当死亡的想法进入我的脑海中,我都设法将它赶走			0.658		
我尽量避开与死亡相关的事物			0.649		
我尽可能不去想死亡的事情			0.639		
经由死亡,人与神和永恒的喜乐同在				0.713	
死亡孕育着一个辉煌的新生命				0.699	
面临死亡时,令我觉得宽慰的是我相信死后仍有生命				0.676	
我相信我死后会上天堂				0.622	
死亡是通往极乐之地的入口				0.591	
我相信天堂是个比现世更好的地方				0.570	
死亡是生命中自然的一部分					0.784
死亡是自然的、不可否认且不可避免的					0.749
死亡只是生命过程的一部分					0.738
对于死亡我既不害怕也不欢迎					0.537

(二)死亡态度的一般特征

从死亡态度与各变量之间的相关性可以看到,它们之间的关系比较复杂(见表2)。首先,死亡恐惧和死亡回避两个因子主要描述的都是对死亡的紧张和焦虑的负向情绪体验,二者之间的相关系数也较高($r=0.57$)。其次,对死亡的接纳并不意味着没有死亡恐惧与焦虑,它们之间不但并非负相关,有的还是中低程度的正相关。这表明,对于死亡的恐惧、逃避的负向态度与接纳趋近的正向态度之间并非此消彼长的关系,它们可能并不是一种态度的两端(一端为正,另一端为负),而是两种独立的态度可以同时存在于个体身上。最后,在死亡的接纳态度中,逃避性接纳和趋向性接纳之间的相关系数较高($r=0.55$);比较特殊的是死亡的中性接纳,它与另外两种死亡接纳的相关系数都很低(分别是0.07和0.09)。

表2 死亡态度与各变量的相关系数（r）

变量	1	2	3	4	5	6	7	8	9	10
1 年龄	1									
2 婚姻	0.60**	1								
3 性别	-0.02	-0.08**	1							
4 宗教信仰	0.71**	0.08**	-0.04	1						
5 身体不适状况	-0.06*	-0.04	0.00	0.10**	1					
6 幸福感	-0.04	0.03	-0.09**	-0.06*	-0.11	1				
7 死亡恐惧	-0.01	0.02	0.00	-0.02	0.06*	-0.03	1			
8 死亡回避	0.05*	0.07**	0.01	0.01	-0.01	0.02	0.57**	1		
9 死亡逃避性接纳	0.05	0.04	-0.04	0.05*	0.06*	-0.11**	0.21**	0.21**	1	
10 死亡趋向性接纳	0.02	0.05	-0.10**	11**	0.09**	0.03	0.25**	0.30**	0.55**	1
11 死亡中性接纳	0.06*	0.04	-0.03	-0.05*	-0.16**	0.06*	0.01	0.20**	0.07*	0.09**

注：*p<0.05，**p<0.01，下同。

（三）不同群体的死亡态度比较

我们分别从年龄、受教育程度、宗教信仰、健康状况、安全感、幸福感六个角度探讨各个变量对死亡态度的影响。结果发现不同组别的被调查者，在死亡态度的不同维度上均存在显著差异，具体数据如下列图表所示。

1. 不同代际群体的死亡态度比较

不同年龄段群体的五种死亡态度数据见表3和图1。进一步采用方差分析，发现其中两项死亡态度在分组数据上的差异达到显著水平。在死亡恐惧上的总体趋势表现为，较年轻群体的死亡恐惧相对较高，"60后"群体的死亡之恐惧有所降低。其中"60后"群体与"90后"群体（$p<0.05$）、"60后"群体与"80后"群体（$p<0.01$）、"60后"群体与"70后"（$p<0.01$）之间的差异均达到显著水平（$F=2.41$，$p<0.10$）。

表3　不同代际群体的死亡态度（M±SD）

单位：人，分

年龄划分	人数	死亡恐惧（M±SD）	死亡回避（M±SD）	死亡逃避性接纳（M±SD）	死亡趋向性接纳（M±SD）	死亡中性接纳（M±SD）
"90后"	947	3.77±0.93	3.89±0.86	3.33±1.00	3.43±0.86	4.62±0.82
"80后"	482	3.78±1.00	3.98±0.86	3.35±1.04	3.45±0.89	4.73±0.76
"70后"	244	3.83±1.07	4.01±0.95	3.46±1.06	3.45±0.88	4.80±0.71
"60后"	60	3.45±0.91	3.92±0.85	3.58±0.95	3.52±1.00	4.62±0.89

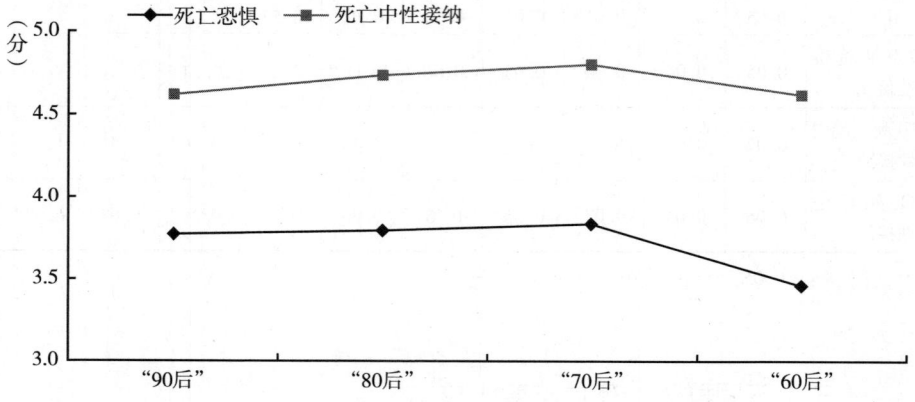

图1　不同代际群体的死亡态度比较

在死亡中性接纳上的总体趋势表现为，"90后"对于死亡的中性接纳较低，随年龄的增长对于死亡的中性接纳逐渐提高，"60后"对于死亡的中性接纳又有所下降，但未达到统计上的显著水平。其中"90后"群体与"80后"群体（p＜0.01）、"90后"群体与"70后"群体（p＜0.01）之间的差异均达到显著水平（F=4.77，p＜0.01）。

2. 不同受教育程度群体的死亡态度比较

不同受教育程度群体的五种死亡态度得分见表4和图2。进一步采用方差分析，发现其中两项死亡态度在分组数据上的差异达到显著水平。在死亡逃避性接纳上的总体趋势表现为，随着受教育年限的增长对于死亡的逃避性接纳不断降低。其中，初中学历群体与大学学历群体（p＜0.01）、研究生及以上学历群体（p<0.05）相比，高中学历群体与大学学历群体（p<0.01）、研究生及以上学历群体（p<0.01）相比，大专学历群体与大学学历群体（p<0.05）相比，差异均达到显著水平（F=5.89，p<0.01）。

表4 不同受教育程度群体的死亡态度（M±SD）

单位：人，分

教育水平	人数	死亡恐惧（M±SD）	死亡回避（M±SD）	死亡逃避性接纳（M±SD）	死亡趋向性接纳（M±SD）	死亡中性接纳（M±SD）
初中	91	3.72±1.02	3.99±0.88	3.58±1.06	3.33±0.87	4.66±0.69
高中	368	3.75±1.04	3.97±0.88	3.53±1.06	3.57±0.93	4.69±0.80
大专	451	3.77±0.97	3.97±0.91	3.39±1.00	3.46±0.85	4.65±0.84
大学	728	3.76±0.95	3.89±0.84	3.25±0.99	3.37±0.87	4.70±0.76
研究生及以上	95	4.00±0.86	3.93±0.88	3.23±0.99	3.45±0.87	4.60±0.78

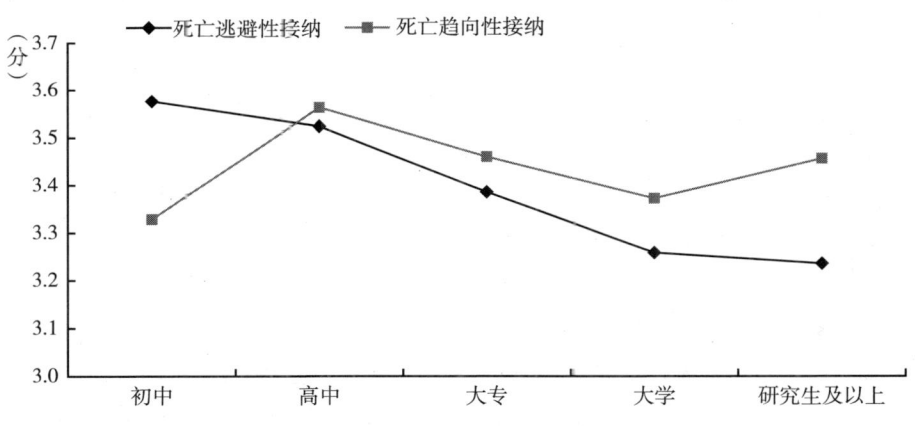

图2 不同受教育程度群体的死亡态度比较

对死亡趋向性接纳的分组差异也达到显著水平，主要表现在高中学历群体的得分显著高于其他群体，其中高中学历组与初中学历组、本科学历组的差异达到显著水平（F=3.39，p<0.01）。

3. 不同宗教信仰群体的死亡态度比较

宗教信仰对死亡态度的影响主要表现在对死亡的接纳上（见表5和图3）。与无宗教信仰的个体相比，有宗教信仰的个体对死亡的逃避性接纳更高（p<0.05）、趋向性接纳更高（p<0.01）；无宗教信仰个体对死亡的中性接纳更高（p<0.05）。

表5 不同宗教信仰群体的死亡态度（M±SD）

单位：人，分

宗教划分	人数	死亡恐惧 （M±SD）	死亡回避 （M±SD）	死亡逃避性 接纳（M±SD）	死亡趋向性 接纳（M±SD）	死亡中性接纳 （M±SD）
无宗教信仰	1359	3.78±0.97	3.93±0.89	3.34±1.02	3.39±0.87	4.70±0.97
有宗教信仰	374	3.73±1.00	3.94±0.83	3.46±1.00	3.63±0.89	4.60±0.82
佛教	225	3.69±0.96	3.95±0.78	3.31±0.96	3.57±0.90	4.62±0.81
道教	23	3.93±0.93	4.15±0.98	3.71±0.78	3.62±0.76	4.47±0.76
伊斯兰教	17	3.63±0.68	3.61±0.82	3.38±0.74	3.67±0.99	4.53±0.98
基督教	35	3.57±1.11	3.85±0.83	3.70±1.17	3.78±0.84	4.39±0.92
民间信仰	61	4.03±1.13	4.06±0.92	3.67±1.12	3.70±0.89	4.78±0.69

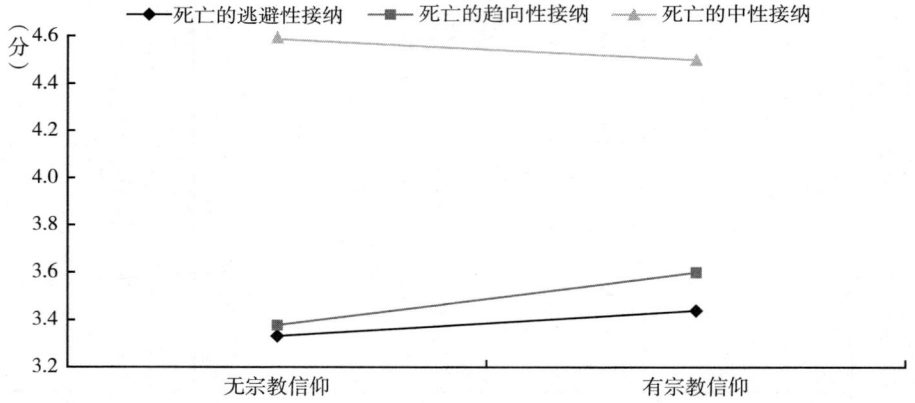

图3 不同宗教信仰群体的死亡态度比较

进一步对五个主要宗教进行比较，可以看到不同宗教对于死亡态度的影响并不相同。在死亡的逃避性接纳上，道教、基督教、民间信仰的得分均较高；佛教的得分最低，与无信仰群体分数接近。其中佛教与基督教（p<0.05）、佛教与民间信仰之间的差异达到显著水平（p<0.01）；无信仰与基督教、民间信仰的差异达到显著水平（p<0.01）。

在死亡的趋向性接纳上，无宗教信仰的得分最低，基督教的得分最高。

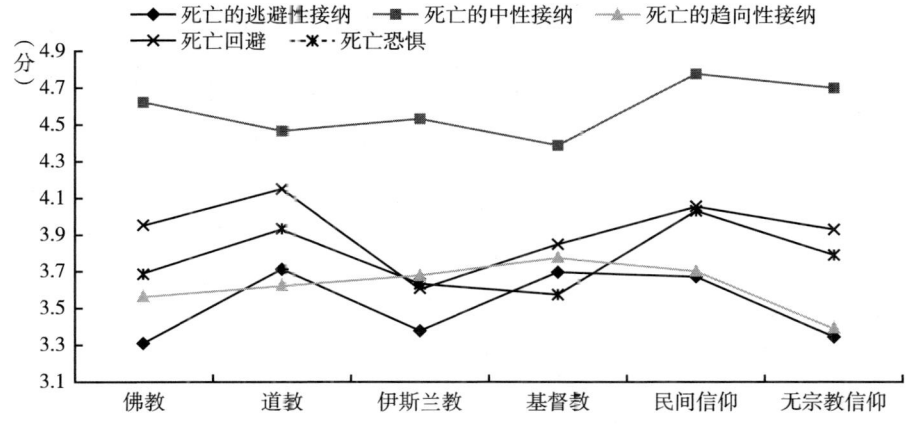

图 4　不同宗教信仰的死亡态度比较

其中佛教与基督教、民间信仰与无宗教信仰之间的差异达到 0.01 显著水平。

在死亡的中性接纳上，也可看到不同宗教对于死亡态度的影响不同。基督教的得分最低，而民间信仰、佛教的得分较高并且与无信仰群体分数相似，其中民间信仰与基督教（$p<0.05$）、无信仰与基督教之间差异达到显著水平（$p<0.05$）。

4. 健康状况与死亡态度的关系

我们用一道题来判断个体的健康状况，即"在过去的四周中，由于健康问题影响到您的工作或日常活动的频繁程度是：1 表示'非常不频繁'；2 表示'不频繁'；3 表示'中等程度'；4 表示'频繁'；5 表示'非常频繁'"。我们把回答为 1 和 2 的个体界定为身体无不适，回答为 3 的个体界定为中等健康程度，回答为 4 和 5 的个体界定为身体频繁不适。

当个体的健康状况处于不同类别时，他们的五种死亡态度得分见表 6 和图 5。进一步采用方差分析，其中四项死亡态度在分组数据上的差异达到显著水平。在死亡恐惧上，总体趋势表现为，身体越是出现不良状况，则死亡恐惧得分越高。身体频繁不适和中等程度的个体与身体无不适个体相比，在死亡恐惧的得分上前者均高于后者，且差异达到显著水平（$F=3.33$，$p<0.05$）。

表6 不同健康状况群体的死亡态度（M±SD）

单位：人，分

健康状况	人数	死亡恐惧（M±SD）	死亡回避（M±SD）	死亡逃避性接纳（M±SD）	死亡趋向性接纳（M±SD）	死亡中性接纳（M±SD）
身体无不适	988	3.72±1.02	3.93±0.91	3.31±1.05	3.36±0.88	4.79±0.79
中等程度	598	3.81±0.91	3.95±0.82	3.43±0.97	3.55±0.85	4.55±0.76
身体频繁不适	147	3.92±0.94	3.89±0.86	3.45±0.99	3.53±0.89	4.45±0.87

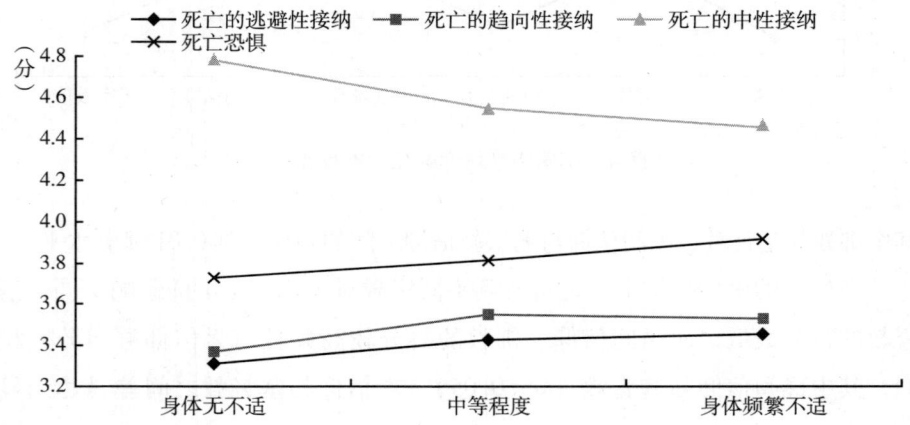

图5 不同健康状况群体的死亡态度比较

在死亡的逃避性接纳上，总体趋势明显表现为，健康状况越是不良，则死亡的逃避性接纳越高（$F=5.89$，$p<0.01$）。其中身体无不适的个体与身体中等程度的个体之间差异达到显著水平（$p<0.05$）。在对死亡的趋向性接纳（$F=9.31$，$p<0.01$）上，身体无不适个体的分数最低，与另外两组差异均达到显著水平（$p<0.01$）。

在死亡的中性接纳上，总体趋势是，健康状况越是良好，对于死亡的态度越能够理性和中性地接纳（$F=24.30$，$p<0.01$）。

5. 安全感与死亡态度

我们用一道题来评价个体的安全感，即"总体上的社会安全状况是：1代表'非常不安全'，2代表'不安全'，3代表'不太安全'，4代表'中立'，5代表'比较安全'，6代表'安全'，7代表'非常安全'"。

安全感不同的群体在五种死亡态度上的得分见表7和图6。进一步采用方差分析发现,其中两项死亡态度在分组数据上的差异达到显著水平。在死亡的逃避性接纳上,总体趋势明显表现为,个体的安全感越高,对死亡的逃避性接纳越低($F = 2.20$,$p < 0.05$)。在死亡恐惧上,个体的安全感高则死亡恐惧降低($F = 3.19$,$p < 0.01$)。

表7 不同安全感群体的死亡态度($M \pm SD$)

单位:人,分

安全感	人数	死亡恐惧（$M \pm SD$）	死亡回避（$M \pm SD$）	死亡逃避性接纳（$M \pm SD$）	死亡趋向性接纳（$M \pm SD$）	死亡中性接纳（$M \pm SD$）
非常不安全	39	3.91 ± 1.22	4.04 ± 1.17	3.84 ± 1.37	3.67 ± 1.11	4.74 ± 0.88
不安全	125	4.01 ± 1.03	4.00 ± 0.87	3.55 ± 1.06	3.55 ± 0.90	4.70 ± 0.84
不太安全	279	3.66 ± 0.95	3.85 ± 0.91	3.37 ± 1.05	3.38 ± 0.82	4.69 ± 0.82
中立	417	3.77 ± 0.95	3.92 ± 0.81	3.35 ± 0.98	3.43 ± 0.89	4.64 ± 0.72
比较安全	632	3.75 ± 0.97	3.94 ± 0.89	3.28 ± 0.97	3.40 ± 0.84	4.73 ± 0.77
安全	212	3.83 ± 0.92	4.00 ± 0.80	3.45 ± 0.97	3.54 ± 0.92	4.61 ± 0.80
非常安全	29	3.76 ± 1.34	4.14 ± 1.08	3.27 ± 1.34	3.54 ± 1.10	4.37 ± 1.30

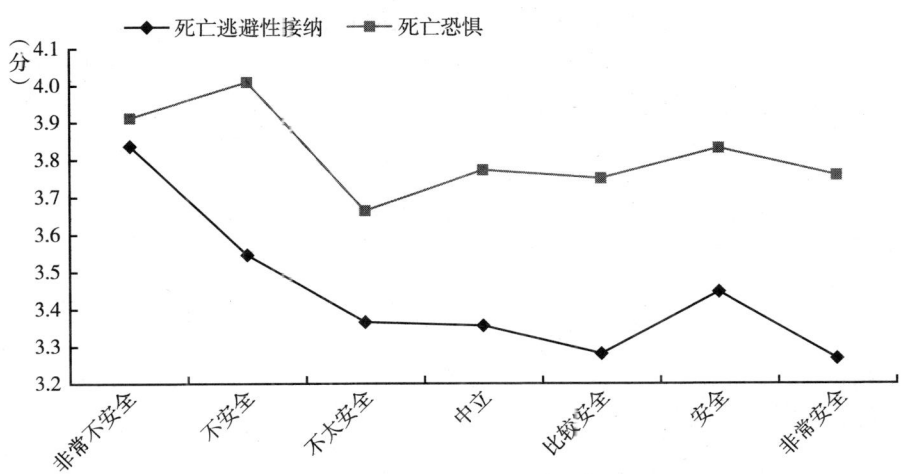

图6 不同安全感群体的死亡态度比较

6. 主观幸福感与死亡态度

我们用一道题来评价个体的主观幸福感,即"总体来说,我是一个幸福的人",选择1代表"非常不幸福",2代表"不幸福",3代表"不太幸福",4代表"中立",5代表"比较幸福",6代表"幸福",7代表"非常幸福"。

主观幸福感不同的群体在五种死亡态度上的得分见表8和图7。进一步采用方差分析发现,其中三项死亡态度在分组数据上的差异达到显著水平。在死亡的逃避性接纳上,总体趋势明显表现为,主观幸福感越高,个体对于死亡的逃避性接纳越低。其中"非常不幸福"组的逃避性接纳最高;评价为"比较幸福""幸福""非常幸福"的三组,逃避性接纳最低($F=5.03$,$p<0.01$)。

表8 不同主观幸福感群体的死亡态度（M±SD）

单位：人，分

幸福感	人数	死亡恐惧 （M±SD）	死亡回避 （M±SD）	死亡逃避性 接纳（M±SD）	死亡趋向性 接纳（M±SD）	死亡中性接纳 （M±SD）
非常不幸福	32	3.82±1.11	3.96±0.89	3.91±1.09	3.68±0.84	4.70±0.78
不幸福	72	3.77±0.91	3.88±0.81	3.53±0.99	3.33±0.87	4.58±0.79
不太幸福	158	3.80±0.98	3.97±0.94	3.49±1.05	3.38±0.92	4.59±0.84
中立	426	3.80±0.95	3.92±0.81	3.45±0.95	3.47±0.81	4.61±0.75
比较幸福	535	3.78±0.95	3.91±0.85	3.26±0.98	3.35±0.83	4.72±0.77
幸福	375	3.78±0.97	3.98±0.89	3.37±1.04	3.52±0.91	4.70±0.78
非常幸福	135	3.60±1.16	3.98±1.06	3.13±1.16	3.56±1.06	4.80±0.96

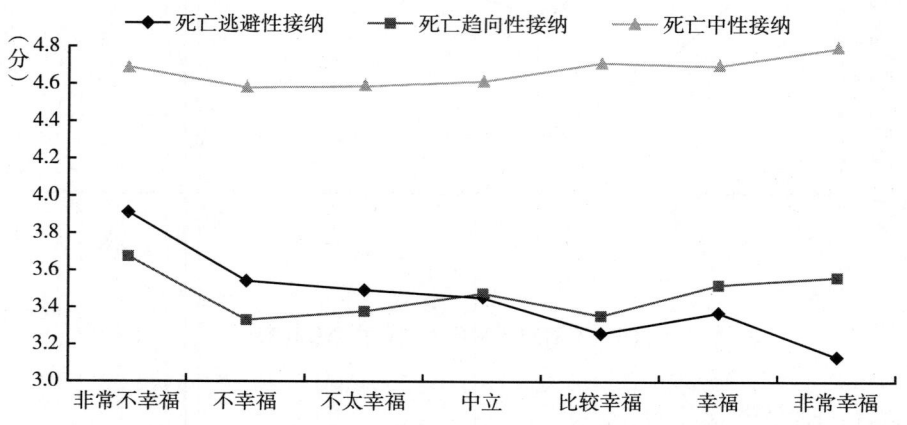

图7 不同主观幸福感群体的死亡态度比较

在死亡的趋向性接纳上，主观幸福感最低和最高的群体（非常不幸福组和非常幸福组）对死亡的趋向性接纳都高于其他群体（$F = 2.73$，$p < 0.01$）。但是，到底什么原因造成了这个结果，有待进一步深入探讨。而且，这两组的样本量较少，这一结果是否稳定还值得进一步验证。

在死亡的中性接纳上，总体趋势明显表现为，随着主观幸福感的增长，个体对于死亡的中性接纳也在增长。其中评价为"比较幸福""幸福""非常幸福"的三组，整体上得分高于"不太幸福""不幸福""非常不幸福"的得分（$F = 1.79$，$p < 0.10$）。

四 讨论

（一）年龄与死亡态度

我们的研究发现了不同年龄段群体在死亡态度上的差异。首先在死亡恐惧上，总体趋势表现为，较年轻群体的死亡恐惧相对较高，"60后"群体的恐惧感有所下降。其次在死亡的中性接纳上，总体趋势表现为，"90后"对于死亡的中性接纳较低，随年龄的增长对于死亡的中性接纳不断提高，"60后"群体对于死亡的中性接纳有所降低，但未达到统计上的显著水平。

国外一些研究也为我们的研究结果提供了支持。例如，Twelker（2004）的研究发现，在青少年以及成年早期群体中，死亡焦虑相对较高。这些年轻人关于死亡的焦虑有更为具体的原因，比如他们还没来得及去做想做的事情，他们担心死亡过程会相当孤单，没有人会记起他，不知道死后会是什么世界等。Twelker所说的青少年以及成年早期群体与我们的"90后"样本群体类似，进一步我们推论，随着人们的日常生活逐渐安定，学业、事业、家庭进入稳定发展阶段，未来前途更容易预期和把握，会缓冲青年时期有关死亡的这些关注和焦虑，在我们的调查中，"80后"和"70后"群体的死亡恐惧并无下降，但是他们对于死亡的态度有所转变，即面对死亡的中性接纳程度提高，也就是说，他们能以更加平和和成熟的心态接纳生命的最后阶段。

（二）宗教信仰与死亡态度

我们的研究发现，宗教信仰对于死亡态度的影响主要表现在对死亡的接纳上。与无宗教信仰的个体相比，有宗教信仰的个体对死亡的逃避性接纳更高、趋向性接纳更高；无宗教信仰的个体对死亡的中性接纳更高。进一步对五种主要宗教进行比较时，可以看到不同宗教对死亡态度的影响方向和影响程度并不相同。不过值得注意的是，我们的研究中，是否有宗教信仰并没有在死亡恐惧和死亡回避两个维度上表现出明显差异。也就是说，宗教能满足人们对于死后世界的向往和寄托，但宗教似乎未必能减轻人们对于死亡的恐惧，这一点与人们对宗教的通常理解有所不同。

宗教对死亡焦虑的影响一直是个争论不休的话题，杰出的人类学家 Malinowski（1948）得出结论说：宗教有着最基本的职能，就是降低人们对于死亡的恐惧。另一位人类学家 A. R. Radcliffe-Brown（1952）却得出了相反结论，他认为宗教给了人们对于地狱、惩罚、折磨等的恐惧。Wink & Scott（2005）在美国进行的一个纵向调查发现，并没有证据支持宗教信仰更强的群体表现出更低的死亡焦虑。也就是说，坚定的宗教信仰并不能对死亡本身的恐惧产生有效的缓冲。不过，他们也指出，坚定的宗教信仰者和坚定的不信宗教者，都比那些犹豫的中间人士有着更低的死亡焦虑。有研究者解释说，这表明宗教信仰似乎有着"让安逸之人受苦"和"安抚受苦之人"的双重功能（雷明、迪金森，2016）。

Kastenbaum（2012）也强调宗教对于死亡有着非常复杂的影响范式。不同的宗教信仰其内容和活动都有本质的差异。在一些信仰中，死亡被认为是一个环节的结束，下一个环节中包含大量不可预知的内容。死亡的旅程带领个体进入另外一个不可预知的世界，很可能产生强烈的焦虑感。在另一些宗教中，神灵附体（Spirit Possession）可能是其中一个主要成分，所以在生与死之间有很多互动。有的社会中人们可能会害怕永恒的诅咒（Eternal Damnation），也有的社会中可能会有很强的不能触碰尸体的禁忌。可见，关于宗教信仰与死亡态度的关系，值得我们更为深入具体的探索。

（三）其他因素与死亡态度

本研究中我们还探讨了教育、健康、安全感、幸福感与死亡态度的关系。这里我们值得注意两种死亡态度。死亡的逃避性接纳是当生命中充满着痛苦与不幸时，特别是当人们自认为没有办法摆脱这一切痛苦时，把死亡视为唯一的解决办法的态度。有研究者指出，死亡的逃避性接纳将死亡当成一种解脱，容易产生轻视生命的行为（周宏岩等，2011）。而死亡的中性接纳则是一种更为成熟和理性的死亡态度，这种态度接纳死亡是生命中不可缺少的部分，只是把死亡看作生命中自然存在的一部分、一种不可改变的事实。可以看到，随着受教育程度的提高、健康状况的改善、安全感的提高、幸福感的增强、人们更少以逃避的方式接受死亡，更多以成熟、理性、中性的方式接纳死亡。

（四）重视中国传统文化的影响

虽然中国长久以来忌讳谈论死亡，但是博大精深的传统文化中也不乏一些思想精髓在探讨生命和死亡的价值观。比如陶渊明《拟挽歌辞》中"死去何所道，托体同山阿"的生死观。《庄子将死》中写道：庄子将死，弟子欲厚葬之。庄子曰"吾以天地为棺葬，以日月为连璧，星辰为珠玑，万物为赍送。吾葬具岂不备邪？何以加此！"从中可以看到传统文化中面对死亡潇洒如归的慨然，在生死到来之际坦然面对，不贪不恋，不畏不惧。

这些传统文化思想都在不同程度上影响着现代中国人。目前，对于死亡态度的研究还主要集中在西方。20世纪末中国香港和台湾地区逐渐兴起了对死亡态度的研究，并衍生出"生死学""死亡教育"等一系列课题，但是在大陆地区这方面的研究还很缺乏。仅有的一些研究主要使用国外研究者的

成型量表，进行了有关死亡态度的探讨。我们应该看到中国文化与西方文化之间的差异，因此，编制更符合我国文化价值观的死亡态度测量工具，确切了解我国民众的生死观，在现阶段尤其有着重要意义。此外，死亡态度的自评问卷还会受到社会称许性问题的困扰，这也提醒我们应该考虑综合测量手段来探索民众对待死亡的真实态度。

（五）应重视死亡教育

现代社会越来越强调生命品质。正如傅伟勋所言，"生"与"死"是不可分割的一体两面，死亡的品质也决定了生活的品质（傅伟勋，2006）。如何加强死亡教育，使人们有尊严地面对死亡，是死亡研究的一个重要议题，也是中国进入现代社会后需要思考的问题（陆杰华、张韵，2015）。

死亡教育不仅仅给人以面对死亡的勇气和尊严，更重要的意义在于对健康的生者进行生命教育，使得生者能够理智地认识死亡，从而明确自己生活的目标，以积极的态度规划和评价自己的生活。当我们能克服死亡的恐惧，坦然从容地面对死亡时，才会懂得生命的可贵，珍惜当下的拥有。

在人的生命长河里，最确定的事是我们都会死亡，最不确定的事是不知死亡何时降临。人人都会死，这个事实我们无法回避，也不应当回避。直面死亡，探讨死亡，进行死亡教育，就是要体悟人生的意义和价值，最终从容安详地走向死亡，用一句话概括，我们既要学会优生，也要学会优死，正所谓泰戈尔所言，"生如夏花之绚烂，逝如秋叶之静美"。

参考文献

傅伟勋：《死亡的尊严与生命的尊严》，北京大学出版社，2006。

雷明、迪金森：《温暖消逝：关于临终、死亡与丧亲关怀》（第八版），电子工业出版社，2016。

陆杰华、张韵：《转型期中国死亡社会学的思考：现状、进展与展望》，《中国特色社会主义研究》2015年第6期。

韦庆旺、周雪梅、俞国良：《死亡心理：外部防御还是内在成长？》《心理科学进展》2015年第2期。

周宏岩、王伟、徐洁：《大学生死亡态度的调查研究分析》，《中国青年研究》2011年第11期。

Feifel, H., "Older Persons Look at Death", *Geriatrics*, 11 (1956).

Feifel, H., "Attitudes toward Death in Some Normal and Mentally Ill Populations", In Feifel (Ed.), *The Meaning of Death*. New York: McGraw-Hill, 1959.

Frankl, V. E., *The Doctor and The Soul*, New York: Knopf, 1965.

Gesser, G., Wong, P. T. & Reker, G. T., "Death Attitude Across the Life-span: The Development and Validation of the Death Attitude Profile (DAP)", *Omega*, 18 (2) (1987).

Kastenbaum, R. J., *Death, Society and Human Experience* (11v.), Routledge, 2012.

Kubler-Ross E., *On Death and Dying*, New York: Macmillan, 1969.

Lester, D. Templer, D. I. & Abdel-Khalek, A., "A Cross-cultural Comparison Death Anxiety: A Brief Note", *Omega*, 54 (2006-2007).

Neimeyer, R. A., Moser, R. & Wittkowski, J., "Assessing Attitudes toward Dying and Death: Psycholmetric Considerations", *Omega*, 47 (2003).

Neimeyer, R. A., Wittkowski, J. & Moser, R., "Psychological Research on Death Attitudes: An Overview and Evaluation", *Death Studies*, 28 (2004).

Russac, R., et al., "Death Anxiety across the Adult Years: An Examination of Age and Gender Effects", *Death Studies*, 31 (2007).

Twelker, P. A., "The Relationship between Death Anxiety, Sex, and Age", http://www.tiu.edu/death-anxiety.htm, 2004.

Wong, P. T., Reker, G. & Gesser, G., "Death Attitude Profile-Revised: A Multidimensional Measure of Attitudes toward Death", In Neimeyer, R. A. (Eds), *Death Anxiety Handbook*, New York: Taylor & Francis, 1994.

B.8 2016~2017年创业心态调查报告[*]

陶雪婷 应小萍[**]

摘 要： 从社会心态角度，创业心态研究的是创业者在创新创业过程中体验到的、具有创业群体共享性特征的社会心境状态。具体可体现在创业者对创新创业相关的环境条件和自身条件的认知，以及创新创业活动中的行为和情绪等各个层面。本报告根据2016~2017年创业心态问卷调查数据，对701名创业者和8436名非创业者在创业意愿、创业环境感知、创新创业能力三个方面的主要特点进行了分析，发现创业者的创新自我效能感、日常创新行为得分以及对创业环境的评价显著高于非创业者。同时对比上年的创业心态调查结果，发现只有二成的创业者认为自己创业成功，少于上年的三成；非创业者的创业倾向和上年持平，变化不大；对创业环境的总体评价接近上年。

关键词： 创业心态 创新创业 创业意愿 日常创新行为 创新自我效能感

---

[*] 本文获国家社会科学基金重大项目"社会心理建设：社会治理的心理学路径"（项目批准号：16ZDA231）资助。
[**] 陶雪婷，中国社会科学院研究生院硕士研究生，研究方向为社会心理学；应小萍，中国社会科学院社会学研究所，副研究员，研究方向为社会心理学，为通讯作者。

一 引言

自"大众创业、万众创新"在2014年夏季达沃斯论坛开幕式上由李克强总理提出后,各级政府出台了各项政策,力图创造良好的社会创新创业环境,越来越多的民众也正在或将要投入到创新创业的活动中去。从世界知识产权组织近期发布的《2017年全球创新指数报告》中可以看到,中国在全球127个国家和经济体的创新指数排名中,从2013年的第35位、2016年的第25位,上升到2017年的第22位,反映出国家创新能力的稳步增长。[①] 全球创业观察(Global Entrepreneurship Monitor,GEM)发布的《全球创业观察报告2016/2017》也表明中国的创业生态虽然存在问题,但继续保持了较高水平。[②]

本报告的数据来自2016年底至2017年初进行的创业心态调查,2016~2017年的调查延续了2015年中国创业心态调查[③]的内容。创业心态是从社会心态的角度出发,关注创业者在创新创业过程中体验到的、具有创业群体共享性特征的社会心境状态。具体可体现在创业者对创新创业相关的环境条件和自身条件的认知,以及创新创业活动中的行为和情绪等各个层面。创业心态是影响创业行为和创业成就的重要因素,但和社会网络与社会资源等相对客观的外在因素不同,社会心态会在更为基本的内在层面影响和决定个体的感知和表征方式以及反应和应对方式,从而通过主客观的交互作用影响其创业选择和创业行为(应小萍,2016)。2016年创业心态调查重点关注了创业意向、创业能力和创业环境三个方面,图1为调查基本结构。非创业者作为未来和潜在的创业群体,和创业者具有不同的特征,所以在创业心态调查中,对创业和非创业两类人群进行了有区别的调查。

创业意向主要关注两类人群的创业成功可能性评价、创业类型和创业原

---

① *Global Innovation Index 2017*, http://www.wipo.int/publications/en/details.jsp?id=4193.
② *GEM 2016/2017 Global Report*, http://www.gemconsortium.org/report.
③ 王俊秀、应小萍、王蕾、王佳兵:《2015中国创业心态调查报告》,2015年12月。

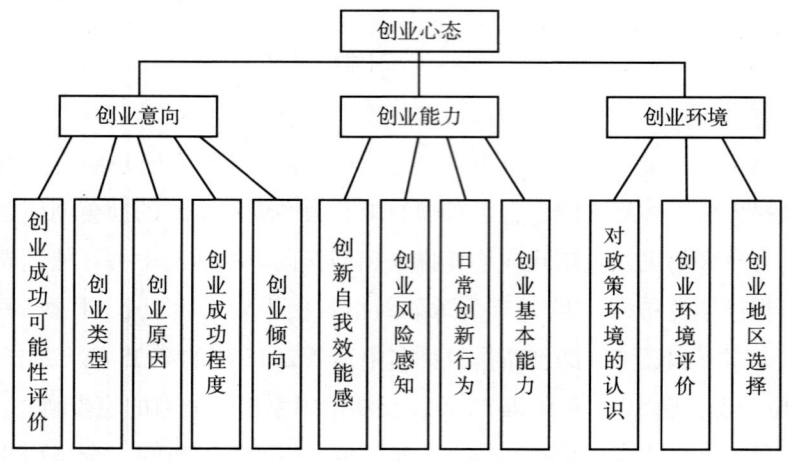

图1　2016年创业心态调查基本结构

因。对创业人群，关注的是创业成功程度和创业成功的个人归因；而对非创业人群、未来的潜在创业者，其创业意向通过询问创业兴趣、三年内创业可能性、创业准备程度获得。

创业能力关注两类人群创新自我效能感、创业风险感知、日常创新行为；关注非创业人群的创业基本条件、创业失败承受能力。

创业环境关注两类人群对创业环境的评价、理想创业城市选择；关注创业人群对创业政策机会的了解程度，如创业选择考虑的因素、创业困难、创业担忧；关注未来潜在创业者、目前的非创业人群对创业政策环境的了解情况。

二　研究方法

（一）调查对象

数据来自2016~2017年创业心态调查，该调查由中国社会科学院社会学研究所社会心理学研究中心和智媒云图（INTELLVISION）合作完成。数据收集于2016年11月20日至2017年2月20日，通过智媒云图研发的问卷调研APP"问卷宝",向在线样本库的全国用户(共约110万人,覆盖全国346个地级城市)推送问卷,随后依靠用户分享问卷的方式来进行滚雪球式发放。没有限制答题用户的数量,到期即停止数据回收。调查共回收全部作答问卷9673份,经筛选后最终得到有效成人问卷9137份,问卷有效率94.5%。其中,男性4771人,占52.2%;女性4367人,占47.8%。年龄范围是18~70岁,其中,18~28岁占比56.6%,29~38岁占比33.4%,39~48岁占比9%,59岁以上占比1.1%。

创业人群和非创业人群的分类是依据被调查者选择的工作状态确定的,创业人群是指选择首次创业和失败后再次创业的被调查者,非创业人群是指选择全日制在校学生、没有工作正在找、没有工作不打算找、有临时工作和有固定工作的被调查者。创业群体和非创业群体的人口学变量见表1。受教育程度划分为四个阶段,中等及以下(小学以下、小学、初中、高中、中专、技校、职高等)、专科、本科和研究生及以上;年龄分为三段,18~28岁、29~38岁、38岁以上。创业人群共701人,占7.7%;其中男性占比54.9%,女性占比45.1%;中等及以下受教育程度占比28.5%,专科占比26.8%,本科占比34.8%,研究生及以上占比9.8%;18~28岁、29~38岁和38岁以上三个年龄段分别占47.4%、44.5%和8.1%。非创业人群共8436人,占92.3%,其中男性占比52%,女性占比48%;中等及以下受教育程度占比28.4%,专科占比27.2%,本科占比39.7%,研究生及以上占比4.8%;18~28岁、29~38岁和38岁以上三个年龄段分别占比57.3%、32.4%和10.2%。可以看到,参加本次调查的对象以38岁以下年轻人为主。

表1 调查对象的人口统计学特征(N=9137)

单位:%

项目	性别		受教育程度				年龄段		
	男	女	中等及以下	专科	本科	研究生及以上	18~28岁	29~38岁	38岁以上
创业人群(701人)	54.9	45.1	28.5	26.8	34.8	9.8	47.4	44.5	8.1
非创业人群(8436人)	52	48	28.4	27.2	39.7	4.8	57.3	32.4	10.2

（二）测量

本次创业心态调查问卷包括创业意向、创业能力和创业环境三个方面。

1. 创业意向

关注创业和非创业两类人群对创业成功可能性的评价、创业类型的选择以及创业原因。关注创业人群的创业成功程度；对于非创业人群、未来的潜在创业者，关注的是他们的创业意愿有多强，从创业兴趣、三年内创业可能性、创业准备程度三个方面进行了调查。

2. 创业能力

包括创新自我效能感、创业风险感知、日常创新行为、创业基本能力四个方面。

（1）创新自我效能感

创新效能感来源于班杜拉的自我效能感理论（Bandura，1977），是指个体对自己具有的能达到特定成就的能力的信念，是个体对自己能力的一种主观感受，强调个体所具有的主观能动性，表明个体对自己能否利用所拥有的能力去完成工作的自信程度，而不仅仅指能力本身（杨晶照、杨东涛、赵顺娣等，2011）。参考张景焕等（2011）修订的创意自我效能感量表，选取"面对新问题，相信我能很快联想到很多个解决方案""面对解决的问题，相信我总是能想到别人意想不到的答案""与其他人相比，相信我做出来的作品更别出心裁""需要思考新的解决方法时，相信我能忍受他人的异样眼光，自由想象""就算家人不欣赏我的独特观点，我还是会尽情地想象""如果周围人无法接纳我的创意点子，我会想办法说服他们"6题测量创新自我效能感。采用李克特5点量表，1表示"完全不符合"，5表示"完全符合"，内部一致性系数为0.828，得分越高，创新自我效能感越高。

（2）创业风险感知

根据丛中和安莉娟（2004）编制的安全感量表中控制确定感维度的题目，选取"总是担心自己的创业项目会变得一团糟"和"感到自己无力应对和处理创业中突如其来的危险"两题测量创业风险感知。采用李克特5

点量表,1代表"完全不符合",5代表"完全符合",两题平均得分越高表明创业风险感知越高,创业安全感越低。

(3) 日常创新行为

日常创新行为测量源自 Carson、Peterson、Higgins(2005)编制的创造性成就量表(Creative Achievement Questionnaire,CAQ),为自陈量表,涵盖了视觉艺术、音乐、舞蹈、建筑设计、文学创作、幽默、发明、科学研究、戏剧、厨艺十个领域的创造性成就。调查中选取了程玉洁(2012)编制的"设计并制作新颖美观的小玩意(如手链、挂饰、书签、贺卡、折纸、编织物等)""设计并制作原创的富有艺术性的工艺品(包括雕塑、陶艺、木制工艺、玻璃或金属制作的工艺品等)""利用自己的科学知识,改进日常用品的设计缺陷或组装成新的实用产品""独立构思了一个全新的科技发明,并将其做成模型""设计电脑原创软件""策划并向他人展示一个具有创意的演讲或宣传活动""创建独立的社团、俱乐部或工作坊"7题用以测量日常创新行为发生的频率。采用李克特五级量表,1表示"从不",5表示"总是",因素分析结果显示7题为一个因子,内部一致性系数为0.860。得分越高,日常创新行为越强。

(4) 创业基本能力

创业基本能力考察目前的非创业人群、未来潜在的创业人群选择创业以及创业成功的重要因素。调查中主要询问是否具备创业所需的资金、社会资源、好项目和管理能力四个方面的问题。每个题目采用李克特五级量表,1表示"完全不符合",5表示"完全符合",4题内部一致性系数为0.850,得分越高表示创业基本能力越高。

3. 创业环境

测量被调查者对当下的社会创业环境的认识,主要包括对政策环境的认识、创业环境评价和创业地区选择。针对创业和非创业两类人群的调查包括创业总体环境评价和理想创业城市选择情况;针对创业人群的调查主要涉及对创业政策和机会的评价,如创业原因、创业困难、创业中遇到的问题;针对非创业人群,主要考察的是对创业政策的了解情况。

三 结果分析

（一）创业意向

1. 创业成功可能性评价

通过"没有可能""百分之二十""百分之四十""一半""百分之六十""百分之八十""百分之百"这7个选项，让受访者评价自己的创业成功可能性。图2显示，相较于非创业人群，创业人群中认为自己有更高可能性获得创业上的成功。创业人群选择"百分之六十""百分之八十""百分之百"创业成功可能性的人数将近一半，达47.5%；而非创业人群选择六成以上创业成功可能性的只占约1/4，为25.7%。两类人群都有28%左右的人选择了"一半"的创业成功可能性。同时，非创业人群中选择"没有可能"、"百分之二十"和"百分之四十"等较低创业成功可能性的人数也将近一半，达45.8%；而选择较低创业成功可能性的创业人群只占24.4%。可见，创业人群相比非创业人群，更相信自己能获得创业上的成功。

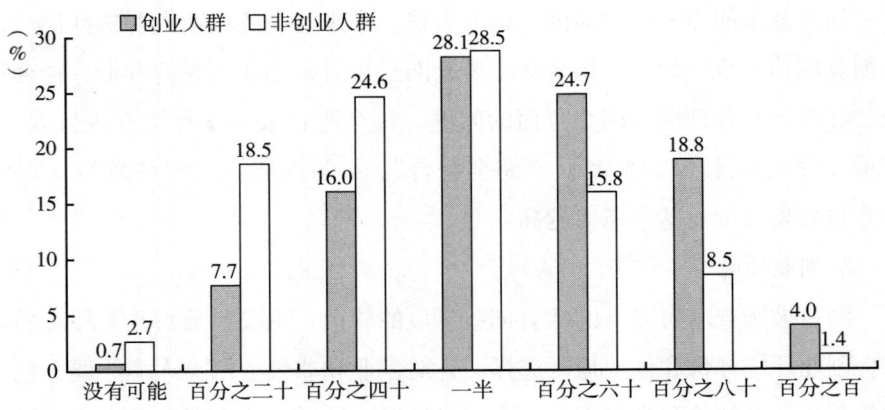

图2 创业人群和非创业人群的创业成功可能性评价比较

2. 创业原因

创业原因表明了创业者为什么选择创业,有的课题研究将创业原因分为两种类型,一是成就事业、增加收入、发现机会;二是基于就业困难、政策鼓励、兴趣爱好及他人影响等(鲍春雷,2016)。全球创业观察将创业类型分为生存型创业和机会型创业,生存型创业是指没有其他适合他们的工作,创业者为了生存而被迫选择进行创业;机会型创业是指创业者因为有吸引力的机会而主动地选择创业(高建、邱琼,2003)。根据已有的分类,本研究将创业原因分为生存型创业、机会型创业和政策型创业。受访者通过6个选项,"工作不好找""工作不理想""不想找工作""通过创业得到更大发展""国家鼓励创业""亲朋好友鼓动",回答自己会进行创业的原因。生存型创业是指无法就业而创业,如选项中的"工作不好找";机会型创业又称发展型创业,是指放弃就业尝试,改变就业状况,如"工作不理想""不想找工作""通过创业得到更大发展"3个选项;政策型创业是指受政策和外部因素影响而选择创业,如选项中的"国家鼓励创业"和"亲朋好友鼓动"。

图3显示,非创业人群中70.5%会选择机会型创业,而创业人群的这一比例为61.9%,说明了我国的非创业人群有较强的选择机会型创业的趋势。创业人群中23.8%选择政策型创业,而非创业人群这一比例为17.3%。

总体上,创业人群和非创业人群更有可能因为机会和发展的需要而进行创业,尤其是非创业人群。

3. 创业类型

将创业类型分为传统业态和全新业态两种类型。传统业态包括"完全效仿传统""新经营方式""新科技""新社会资源"4个选项;全新业态即"全新业态"。图4显示,创业和非创业人群的创业类型主要还是集中在传统业态领域,分别占74.5%和74.2%,比例相当。但是,创业人群中20.7%选择"完全效仿传统",非创业人群为14.2%;相较于创业人群中19%选择"新经营方式"和19%选择"新科技",非创业人群选择这两个类型的比例分别为22.9%和23.2%。创业人群更多地集中在完全效仿传统

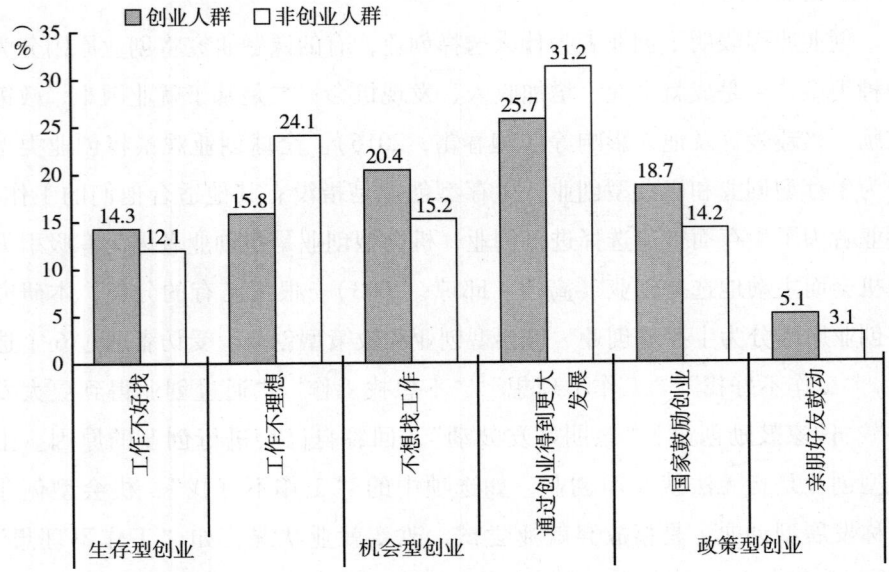

图 3　创业人群和非创业人群的创业原因比较

和新社会资源的传统业态中；非创业人群更多地会选择新经营方式和新科技的传统业态作为未来的创业类型。

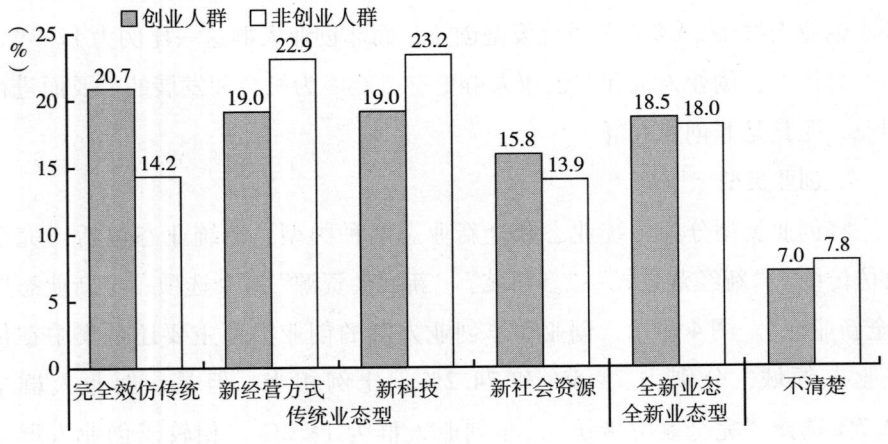

图 4　创业人群和非创业人群的创业类型比较

4. 创业人群的创业成功评价

采用李克特 5 点量表请受访创业者评价创业的成功程度，1 表示"非常不成功"，5 表示"非常成功"，得分越高，创业成功程度越高。根据调查结果，创业成功总平均得分为 2.9 分，低于 3 分，其中有 50.4% 认为创业只是一般程度上的成功，非常不成功占 5%，不成功占 24.4%，比较成功占 16.5%，非常成功只占 3.7%，半数以上认为自己创业成功程度一般，二成认为成功，近三成认为不成功。

图 5 显示了不同性别、年龄和受教育程度人群的创业成功情况。女性创业成功得分略高于男性，但统计上不存在显著差异；研究生及以上受教育程度人群的得分（3.45 分）高于平均分，显著高于其他人群的得分（F = 13.735，p < 0.001）；38 岁以上人群创业最为成功，其次是 18~28 岁人群，29~38 岁人群自我评价创业最不成功。

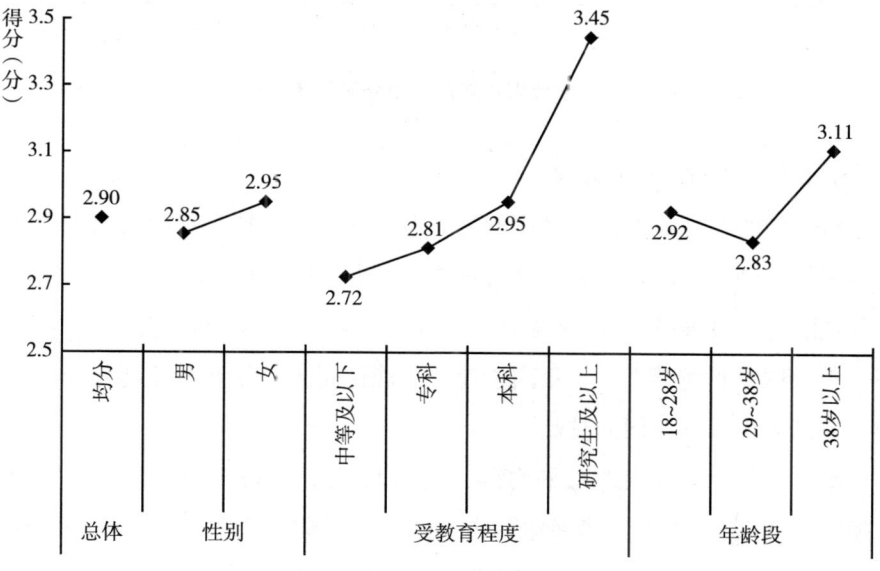

图 5　创业群体中不同人群的创业成功评价比较

5. 创业人群对成功创业的归因

从人脉经验、个人能力、创新思维、行业经验、专业技术和家庭背景这

6个选项中，受访者回答哪一项才是促使创业成功的因素。图6显示，多数创业者将成功创业更多地归因为人脉经验、个人能力及创新思维，分别占到32.2%、26.7%和16.8%；较少认为是家庭背景影响的结果，只占3.6%。可以看出创业人群认同人脉经验和个人能力等是创业成功的关键因素，专业技术和家庭背景并不能决定创业的成功。

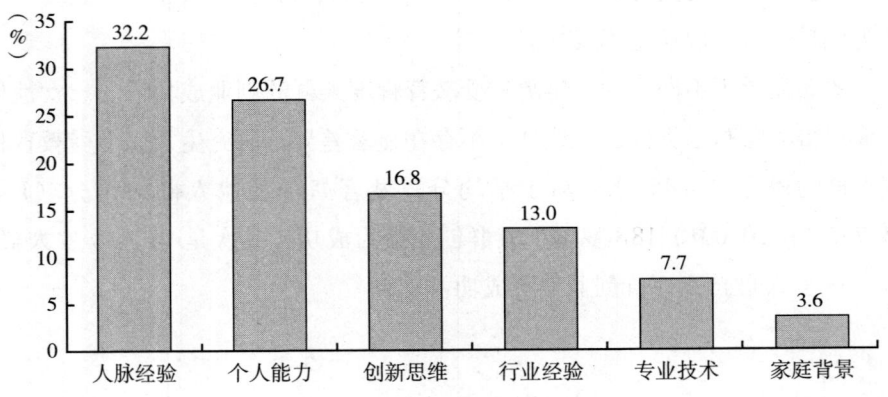

图6　创业者对成功创业各项因素归因

6. 非创业人群的创业倾向

对受访的非创业人群、潜在的创业者，通过李克特5点量表测量创业兴趣、三年内创业可能性和创业准备这三个创业倾向。1分表示"完全没兴趣/不可能/完全没准备"，5分表示"非常有兴趣/一定会/充分准备"，得分越高，表示创业兴趣越大、三年内创业的可能性越大、创业准备越充分；三题均分越高，表示创业倾向越高。

图7显示，创业兴趣总平均得分为3.52分，超过3分。其中"完全没兴趣"占2.2%，"不太感兴趣"占10%，"兴趣一般"占31.6%，"比较有兴趣"占46.6%，"非常有兴趣"占9.7%。超过一半（占56.3%）的人群对创业抱有兴趣，对创业不感兴趣的只占12.2%。

三年内创业可能性总平均得分为3.13分，也超过了3分。其中，"三年内完全不可能创业"占3.5%，"基本不可能"占18.1%，"不确定"占

44%,"很可能"占30.3%,"一定会"占4%。三年内有可能创业的人数占到34.3%,不可能创业的占21.6%。

创业准备总平均得分为3.05分,"完全没准备"的占6.3%,"基本没有准备"的占24.2%,"准备程度一般"的占32.6%,"有点准备"的占32.4%,"有充足准备"的占4.5%。已经为创业做了和做好准备的人数占36.9%,没有准备的占30.5%。

不同性别、受教育程度和年龄段的非创业人群有着不同的创业倾向(见图7)。总体上,男性的创业倾向较女性显著更强（F = 7.186,p < 0.01）;受教育程度越高,非创业人群的创业倾向显著更高（F = 12.022,p < 0.001）,三年内创业可能性也越高（F = 6.123,p < 0.001）;29~38岁年龄段的创业倾向高于18~28岁年龄段。

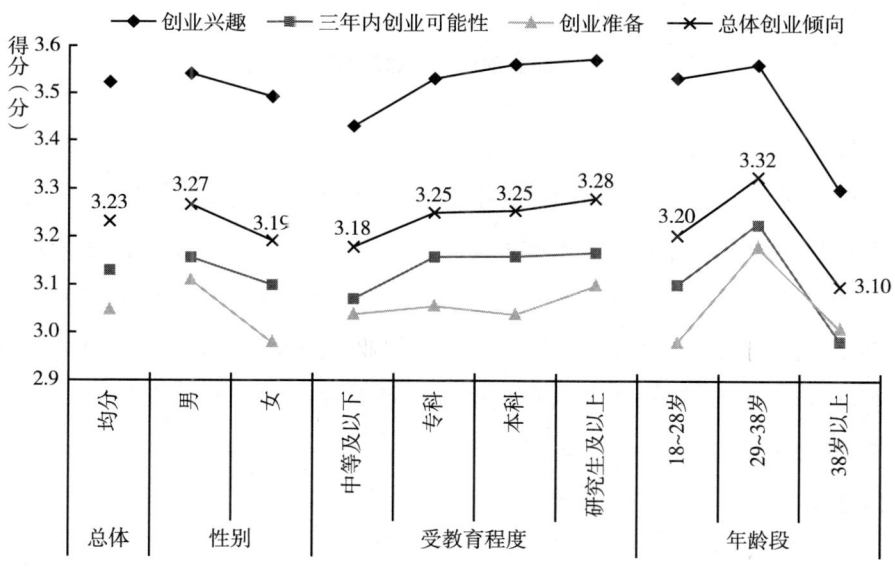

图7　非创业者不同人群的创业倾向比较

(二)创业能力

图8为创业人群和非创业人群的创业能力得分比较,在创新自我效能感

和日常创新行为上,创业人群得分均高于非创业人群;在创业风险感知上,创业人群得分低于非创业人群。下面将详细列出不同性别、受教育程度和年龄段人群的创业能力的比较结果。

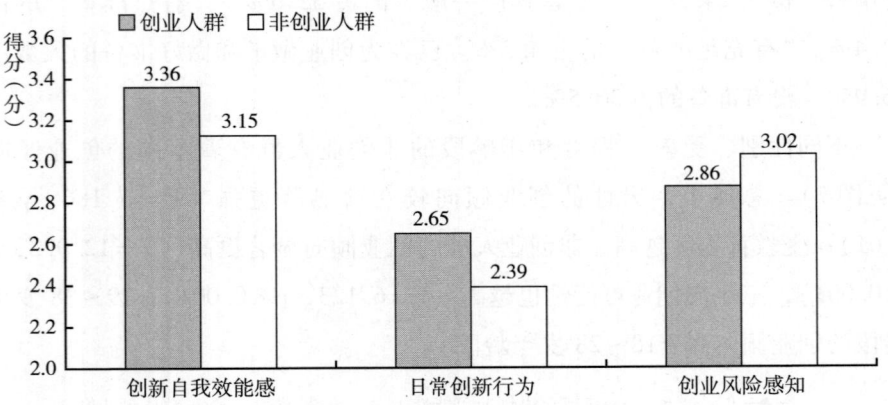

图8 创业和非创业群体的创业能力比较

1. 创新自我效能感

图9显示了创业者和非创业者中不同性别、受教育程度和年龄段人群的创新自我效能感得分。创业人群的得分(3.36分)显著高于非创业人群的得分(3.15分)（$F=66.657$, $p<0.001$),表示创业者比非创业者有更高的创新自我效能感。男性和女性的创新自我效能感没有显著差异;随着受教育程度提高,创业和非创业人群的创新自我效能感得分均显著提高（分别为 $F=7.099$, $p<0.001$; $F=67.921$, $p<0.001$);各年龄段之间的创新自我效能感得分不存在显著差异。

2. 日常创新行为

图10显示,创业人群的日常创新行为得分(2.65分)显著高于非创业人群(2.39分)（$F=75.119$, $p<0.001$)。创业和非创业人群的男女之间均没有显著差异;创业和非创业人群的日常创新行为得分均随着受教育程度的提高而显著提高（分别为 $F=7.099$, $p<0.001$; $F=67.921$, $p<0.001$);而三个年龄段之间均没有显著差异。

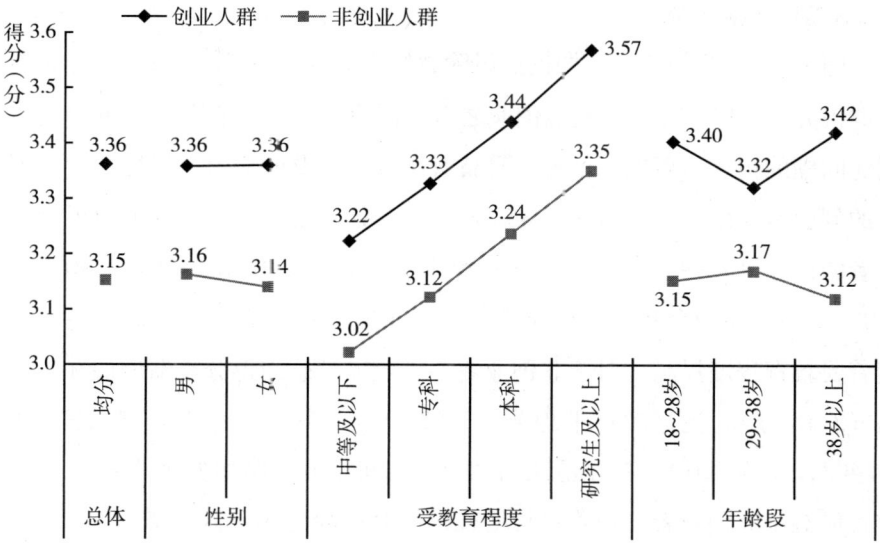

图 9 不同人群创新自我效能感比较

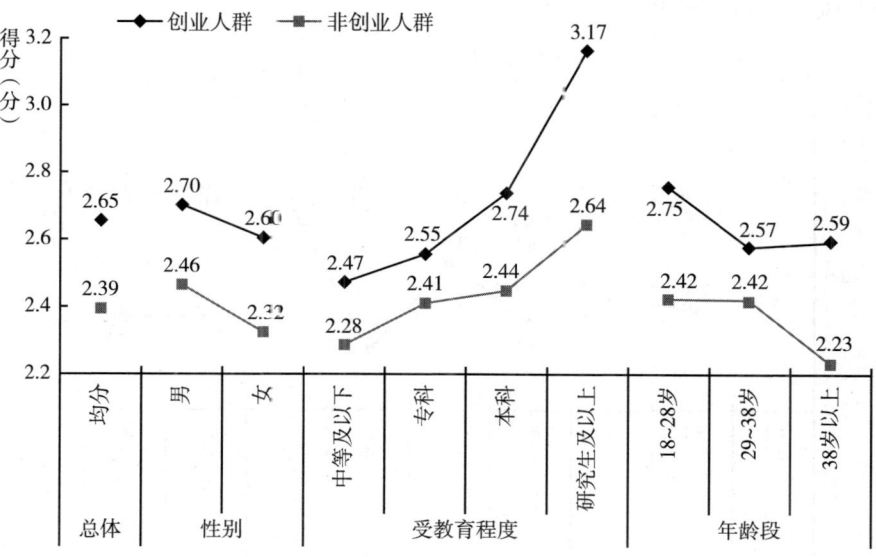

图 10 不同人群日常创新行为得分比较

3. 创业风险感知

图 11 显示,创业人群的创业风险感知得分(2.87 分)显著低于非创业人群得分(3.02 分),在经历创业之后,创业者较非创业者,会更少产生对创业问题的担忧,更加相信自己具备解决创业问题的能力。男性和女性创业者的创业风险感知(分别为 2.85 分与 2.87 分)没有显著差异,但男性非创业者的得分(2.99 分)显著低于女性非创业者(3.04 分)($F = 9.909$,$p < 0.01$)。不同受教育程度的创业者之间创业风险感知能力没有显著差异;但随着受教育程度提高,对于非创业者,创业风险感知得分逐渐增加并达到最高(3.18 分),远远超过平均分(3.02 分)和其他受教育程度人群($F = 14.408$,$p < 0.001$)。各年龄段的创业者之间创业风险感知能力没有显著差异;但对于非创业者,随着年龄增长,创业风险感知下降显著($F = 3.094$,$p < 0.05$)。总体上说,不同性别、受教育程度和年龄段创业者的创业风险感知没有显著差异;而对于非创业者,不同性别、受教育程度和年龄段,其创业风险感知也显著不同。

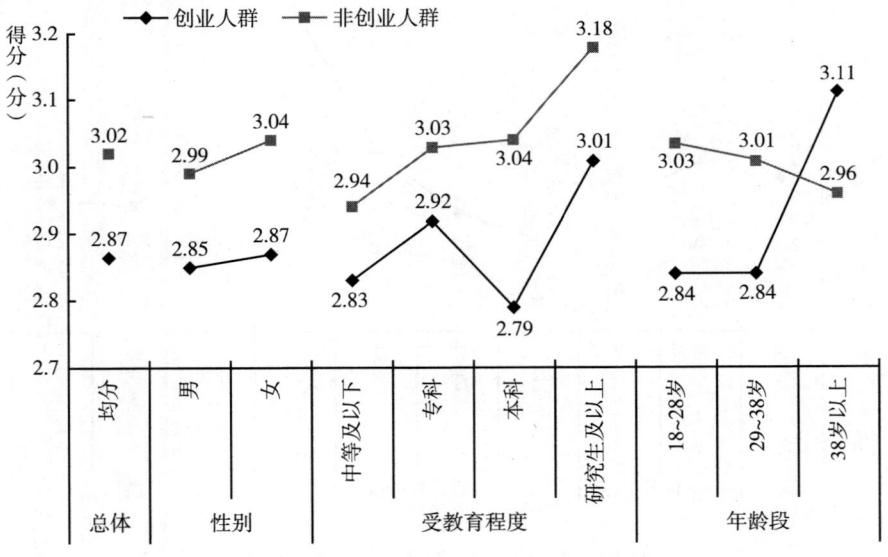

图 11 不同人群创业风险感知得分

4. 非创业人群的创业失败承受能力

用李克特5点量表1~5分评价承受创业失败的能力，得分越高，承受创业失败能力越高。图12显示，非创业人群的创业失败承受能力得分为3.12分，大于3分，整体上具有较高的创业失败承受能力。34%的人能承受创业失败，选择4或5分；41.4%选择3分，创业失败承受能力一般；而24.5%认为自己无法承受创业失败，选择1或2分。图12也显示男性的创业失败承受能力显著高于女性（$F = 4.373$，$p < 0.05$）；受教育程度越高，承受创业失败的能力也显著增强（$F = 14.040$，$p < 0.001$）；29~38岁年龄段的创业失败承受能力显著高于18~28岁年龄段的创业失败承受能力。

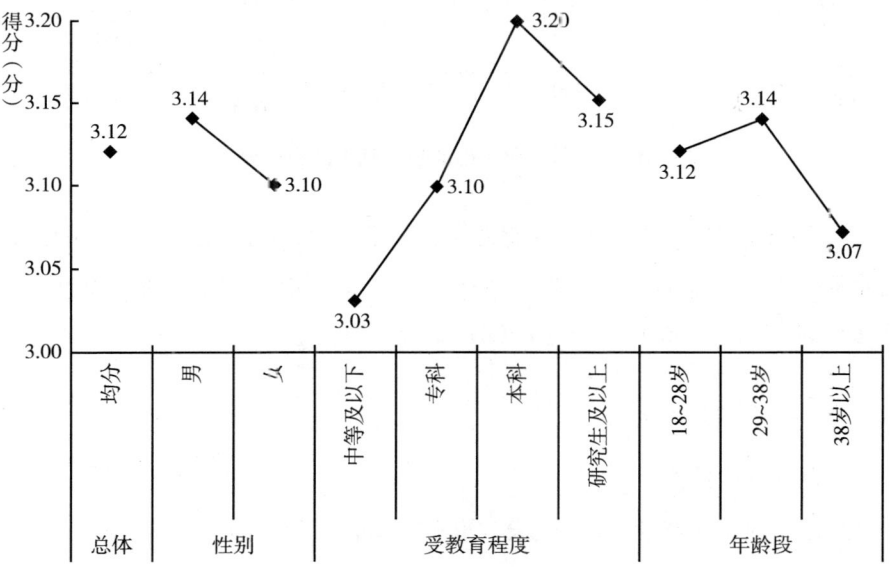

图12 非创业人群的创业失败承受能力得分

5. 非创业人群的创业基本能力

通过创业所需的资金、社会资源、好项目和管理能力4个题目让非创业人群评估自己的创业基本能力，采用李克特5点量表1~5评分，得分越高，表示自我评价具备更好的创业基本能力。图13显示对"管理能力"的评分

(2.95分)最高,接下来是"好项目"(2.74分)、"社会资源"(2.7分)和"资金"(2.69分),4题平均分为2.77分,均低于3分。对于非创业人群而言,其创业基本能力较弱,资金、社会资源和一个好的项目都是非创业人群最为欠缺的。

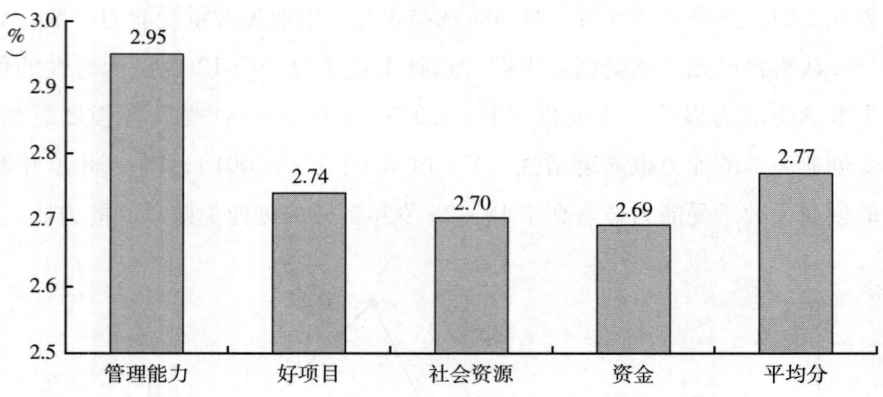

图13 非创业人群的创业基本能力得分

图14显示男性的创业基本能力显著高于女性;随着受教育程度的提高,创业基本能力也显著增强;29~38岁年龄段的创业基本能力显著高于18~28岁年龄段($F=36.066$,$p<0.001$)。

(三)创业环境

1. 创业环境评价

采用李克特5点量表,1代表"非常不适合",5代表"非常适合",让受访者评价目前的创业环境是否适合创业。图15显示的是创业环境评价得分的情况,可以看到创业人群对创业环境的评价(3.37分)显著高于非创业人群的评价(3.08分)。其中,创业人群中1.9%认为当前环境非常不适合创业,11.3%认为不适合,45.5%认为环境一般,36.5%认为适合,4.9%认为非常适合;不到一成半(13.2%)的创业者认为创业环境不适合创业,但有四成以上(41.4%)的创业者认为目前社会环境适合创业。非创业人群相应的比例分别是2.9%、19.7%、50.3%、24.8%、2.2%;超过二成(22.6%)的非

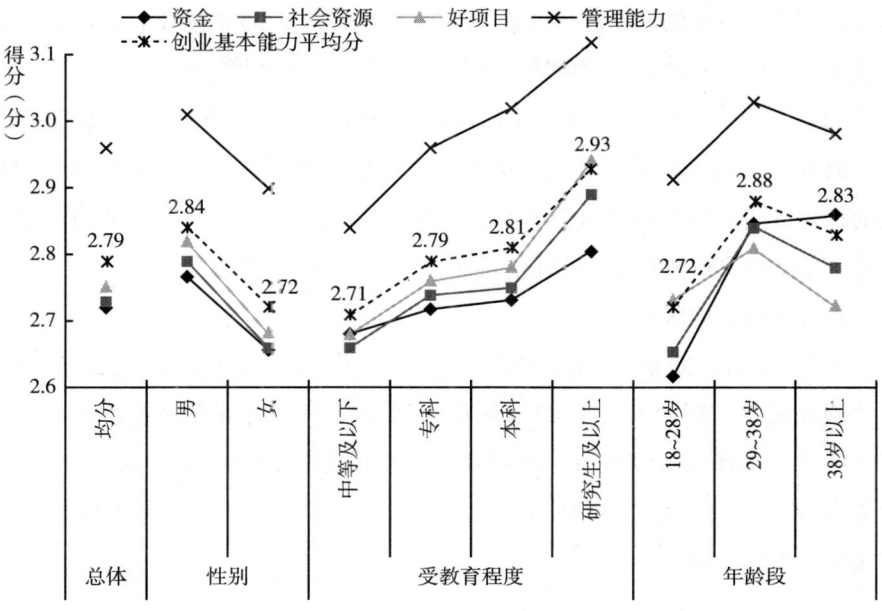

图 14 不同群体非创业者的创业基本能力比较

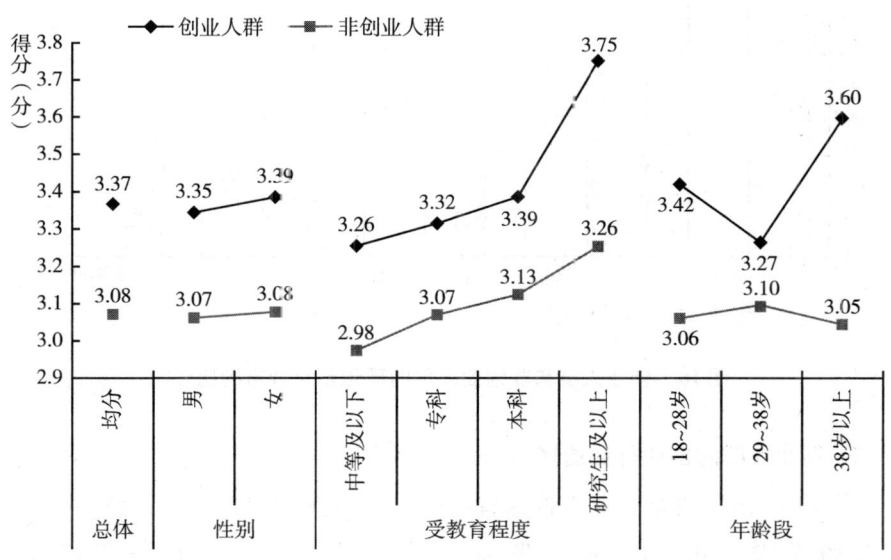

图 15 创业和非创业人群的创业环境评价比较

创业者不认可目前的创业环境,而约二成半(27%)的非创业者认可目前的创业环境。相比非创业者,创业者更满意目前的创业环境。

创业人群中女性对目前创业环境的评价基本与男性持平;相比其他人群,研究生及以上受教育程度的创业者和非创业者,都表现出对目前创业环境的积极评价;18~28岁和38岁以上年龄段的创业人群对创业环境的评价显著高于29~28岁年龄段的评价(F=6.505,p<0.01)。

2. 理想创业地区选择

图16显示,创业和非创业人群中47.6%均认为二三线及省会城市是理想的创业城市。创业人群中25.4%认为北上广深一线城市是理想的创业城市,14.7%选择地县级城市,选择乡镇农村作为理想创业城市的占8%。非创业人群中,选择地县级城市的比例占到22.1%,北上广深一线城市占17.6%,乡镇农村占9.8%。

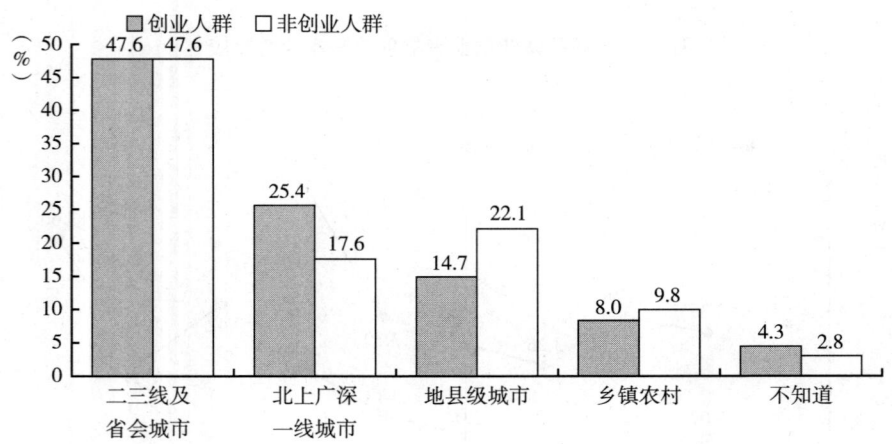

图16 创业人群和非创业人群的理想创业城市的比较

3. 创业人群的创业行业选择

图17列出了决定创业人群选择哪个创业行业的因素,按比例多少依次为市场需求(占39.1%)、发展前景(占22.1%)、自身优势(占13.0%)、竞争情况(占11%)、相关政策(占6.8%)、投资回报(占

6.1%）和退出成本（占1.9%）。市场需求、发展前景与自身优势，成为决定进入哪个创业行业的重要因素。

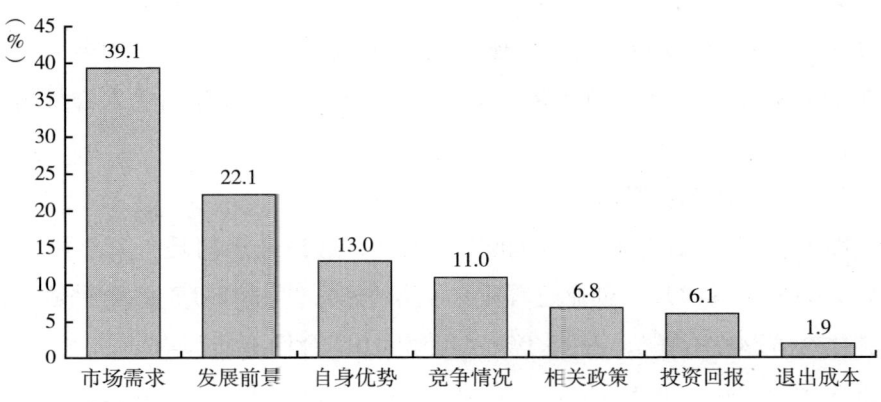

图17　决定创业人群选择创业行业的因素

4. 创业人群最大创业困难

图18按比例多少依次列出了创业人群在创业中遇到的最大困难，

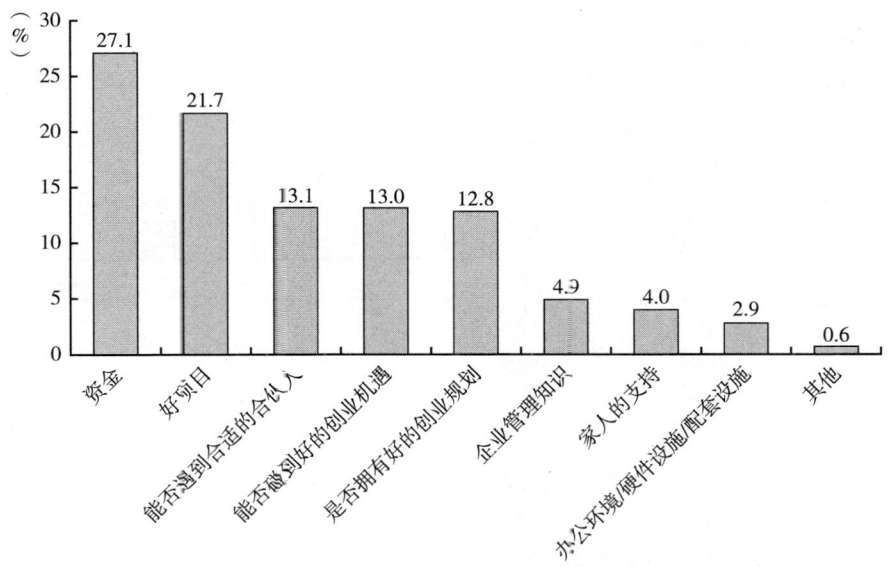

图18　创业人群的创业最大困难

27.1%将"资金"作为最大困难,21.7%认为是"好项目",两者相加占到将近一半;"能否遇到合适的合伙人""能否碰到好的创业机遇""是否拥有好的创业规划"分别占到13.1%、13.0%、12.8%;而将"企业管理知识""家人的支持""办公环境/硬件设施/配套设施"作为最大创业困难的分别只占4.9%、4.0%、2.9%。资金和好项目是创业人群最为关注的问题。

5. 创业人群最为担忧的问题

图19依次列出创业者最为担忧的问题,选择最多的是"资金困难",占到28.1%;其次是"创业过程中的决策失误",占18.1%;然后是"担心整体经济形势不好",占15.0%;"创业团队合作不佳"占11.4%;"对政策变化的担忧"占9.7%;"商业环境差"占7.3%;"讯息缺失"占6.7%;"管理部门不作为"占3.4%。资金不足是创业中最大的难题,同时也成为创业者最大的担忧。

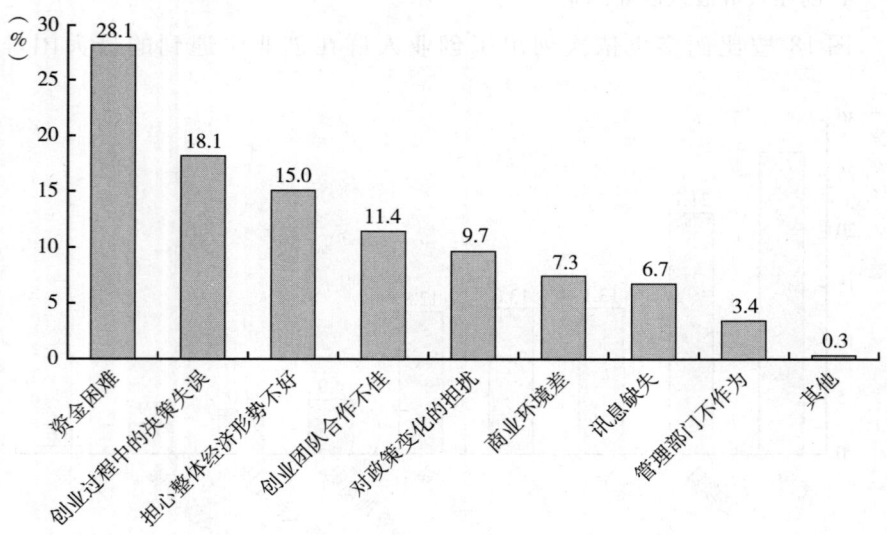

图19 创业人群最为担忧的问题

6. 非创业人群对创业政策的了解

用李克特5点量表让非创业人群评价对创业政策的了解程度,从1分表示"非常了解"到5分表示"很不了解",分数越高表明对创业政策越不了解。图20显示,创业政策了解程度得分是3.11分,高于3分。其中78.3%表示对当下的创业政策了解不多,只有21.7%表示对创业政策有了解。图20也显示男性(3.07分)对创业政策的了解显著多于女性(3.16分);本科受教育程度的非创业人群相较于其他人群,对创业政策的了解最多;而年龄越大,对创业政策的了解也越多。

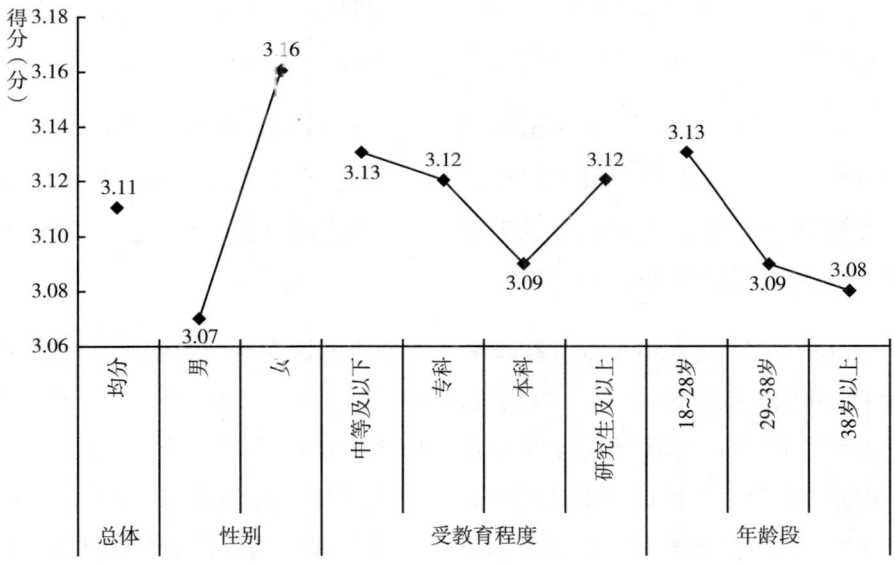

图20 非创业群体不同人群的创业政策了解程度比较

四 讨论和结论

2016~2017年创业心态调查报告延续了上一年的调查方法、平台和内容,2015年底进行的首次创业心态调查有效样本为11767人,女性占33.1%;创业群体为1066人,占9.1%,女性创业人群占31.2%,女性非创业人群占33.4%。相较于上一年,本年度参加调查的人数略有下降,创业人群占比也有所下降,只占7.7%;但参与调查的女性比例有所上升,占

47.8%；而且女性创业人群的比例也上升到45.1%。这也反映出，近年来女性积极地活跃于创新创业活动中，并且活跃度持续增长。全球创业观察2016~2017年报告也显示中国早期阶段创业活动中女性相对男性的比值是0.73，相较2015~2016年报告的比值0.70有所提高。在全球创业观察报告中，将性别平等、女性创业者相对男性创业者比值看作衡量经济体创业活动的一项指标。

下面将通过比较2015年创业心态调查结果，从创业意向、创业能力、创业环境三个方面对2016~2017年的数据做相应分析。

（一）只有二成的创业者认为自己创业成功，少于上年的三成。男性和女性创业者对创业成功的评价不存在统计上的差异，研究生及以上受教育程度和38岁以上的创业者更为积极地肯定自己的创业成就，认为自己的创业是成功的

与上年相比，只有二成（20.2%）的创业者认为自己的创业是成功的，低于上年的三成（30.2%）。特别是认为非常成功的只占到3.7%，远远低于去年的12.7%。男性创业者的创业成功评价分数为2.85分，略低于总体平均分2.9分，女性的创业成功评价分数为2.95分，略高于总体平均分；研究生及以上受教育程度的创业者对自己的创业成功评价分数为3.45分，显著高于其他学历的创业者和总体平均分；38岁以上创业者的评价也最为积极，为3.11分，高于总体平均分和其他年龄段的创业者。

可以看到，不同性别、年龄段以及受教育程度的创业者，有着不同的创业成功评价。研究哪些因素会影响以及如何影响创业者的创业成功评价，将会有助于更好地开展创新创业活动。

（二）非创业人群的创业倾向和上年持平，变化不大。男性比女性的创业倾向更强；受教育程度越高，创业倾向越强；29~38岁年龄段的创业倾向最强

2016~2017年和2015年相比，创业倾向分数变化不大，均为3.23分，

表明非创业人群保持了较高的创业倾向。对创业感兴趣的比例与上年相比有所上升，从54.5%升到56.3%，但对创业非常感兴趣的人从上年的12.4%降到了9.7%。在三年内有可能创业的比例比上年有所下降，从上年的35.5%降到了34.3%；"一定会在三年内创业"的比例从7.4%降到4%。有创业准备的比例比上年有所上升，从上年的35.5%上升到36.9%，但对创业有充足准备的上年占比6.2%，2016~2017年略微下降为4.5%。而不同性别、年龄段和受教育程度的创业倾向有所不同也提示研究者和实践者，需要根据不同人群制定不同的措施来干预和促进非创业人群进入创业活动。比如需要制定一些针对女性心理特点、低受教育程度容易接受理解、满足年轻人和中年人需要的干预措施，以提升他们的创业倾向，更愿意进入到创新创业活动中去。同时措施也不宜一成不变，要随时根据出现的变化而做相应改变。

比如近期的一则新闻提到西安市统计局近日组织开展的大学毕业生就业创业意愿调查，结果显示，参与调查是市内11所高校的1240名毕业生，大学生们有很高的创业热情，但有六成倾向于合伙和团队创业。[①] 根据这个特点，就需要提供相应的团队创业的建议和实际帮助。

（三）创业人群的创新自我效能感和日常创新行为得分显著高于非创业人群，研究生及以上受教育程度人群显著高于其他群体

由于创新自我效能感的题目在2016~2017年的调查中做了修改，而日常创新行为是2016~2017年新增加的测量题目，所以无法比较2016~2017年和2015年的数据。对比非创业者，创业者的创新自我效能感显著更高，日常创新行为也显著更为频繁。

（四）对创业环境的总体评价接近上年，但相比非创业者，创业者对创业环境的评价更为积极

从表2所列的2015年和2016~2017年创业环境评价比较结果中可以看

---

① http://www.cnr.cn/sxpd/sx/20170618/t20170618_523806846.shtml，西安新闻网。

到，创业者对目前所处环境是否适合创业的评分为3.37分，略低于上年的3.39分；但是有四成以上认为环境适合创业，超过上年的33.8%；认为目前社会环境不适合创业的从上年的24.3%下降到13.2%。

表2 2016~2017年和2015年的创业环境评价比较

单位：分，%

项目	创业人群		非创业人群	
	2015年	2016~2017年	2015年	2016~2017年
评分	3.39	3.37	3.12	3.08
非常不合适	3.9	1.9	2.9	2.9
不太合适	20.4	11.3	11.1	19.7
一般	41.9	45.5	41.4	50.4
比较合适	27.7	36.5	33.4	24.8
非常合适	6.1	4.9	11.2	2.2

对于非创业者，相较于2015年的评分3.12分，2016~2017年对创业环境的评分为3.08分，有所下降，对整个创业环境的满意度有所下降；特别是认为不适合创业的比例从不到一成五（14%）增加到两成以上（22.6%）；而认为适合创业的比例从44.6%减少到27%。

2015年对创业环境的评价，虽然在整体分数上，创业者（3.39分）高于非创业者（3.12分）；但实际上，创业者对创业环境的差评（占24.3%）多于非创业者（14%）；而对创业环境的好评，创业者（33.8%）少于非创业者（44.6%）。不同于2015年，2016~2017年调查显示，创业者对创业环境的评分是3.37分，显著高于非创业者的评分3.08分；而且创业者的好评所占比例（41.4%）远远超过非创业者的好评所占比例（27%）；对创业环境的差评，创业者所占比例（13.2%）少于非创业者所占比例（22.6%）。

总之，创业者对创业环境的评价更趋于积极，这也要求国家和各级组织继续营造更好的创新创业氛围，让更多的创业者对创业环境更为满意，获得更多的创业成果；也让非创业者对创业充满希望，敢于创业。

参考文献

鲍春雷:《中国青年创业现状报告》,《中国劳动》2016 年第 9 期。

程玉洁:《中学生日常创造性行为的特点及其与人格的关系》,硕士学位论文,北京师范大学,2012。

丛中、安莉娟:《安全感量表的初步编制及信度、效度检验》,《中国心理卫生杂志》2004 年第 2 期。

高建、邱琼:《中国创业活动评述——全球创业观察中国报告要点》,《中国人才》2003 年第 8 期。

高建:《中国的创业活动更趋活跃——来自 2006 全球创业观察（GEM）中国报告的分析》,《中国科技投资》2007 年第 9 期。

谷海洁、刘成城、李纪珍:《女性创业进入决策的影响因素及创业合法性的调节作用——基于 GEM（2013）数据》,《技术经济》2016 年第 5 期。

顾远东、彭纪生:《组织创新氛围对员工创新行为的影响:创新自我效能感的中介作用》,《南开管理评论》2010 年第 1 期。

郭清秀、张颖、曹婷婷:《文科大学生创业心态培育的现状与影响因素分析》,《辽宁工业大学学报》（社会科学版）2012 年第 3 期。

隋杨、陈云云、王辉:《创新氛围、创新效能感与团队创新:团队领导的调节作用》,《心理学报》2012 年第 2 期。

谭远发、邱成绪:《中国创业十年变迁及其政策研究——基于全球创业观察视野》,《中国劳动》2013 年第 10 期。

杨晶照、杨东涛、赵顺娟等:《工作场所中员工创新的内驱力:员工创造力自我效能感》,《心理科学进展》2011 年第 9 期。

应小萍:《心理安全视角的女性创业心态分析》,《哈尔滨工业大学学报》（社会科学版）2016 年第 6 期。

Bandura, Albert, "Self-efficacy: toward a Unifying Theory of Behavioral Change", *Psychological Review*, 84. 2 (1977).

Bryman, Alan, and Duncan Cramer, *Quantitative Data Analysis for Social Scientists*, (1990).

Carson, Shelley H., Jordan B. Peterson, and Daniel M. Higgins, "Reliability, Validity, and Factor Structure of the Creative Achievement Questionnaire", *Creativity Research Journal*, 17. 1 (2005).

Gartner, William B., ed, "Handbook of Entrepreneurial Dynamics: The Process of

Business Creation", *Sage*, 2004.

Maes, Johan, Hannes Leroy, and Luc Sels, "Gender Differences in Entrepreneurial Intentions: A TPB Multi-group Analysis at Factor and Indicator Level", *European Management Journal*, 32.5 (2014).

Tierney, Pamela, and Steven M. Farmer, "Creative self-efficacy: Its Potential Antecedents and Relationship to Creative Performance", *Academy of Management Journal*, 45.6 (2002).

网民社会心态

（中国社会科学院社会学研究所、中山大学传播与
设计学院网民社会心态联合实验室专版）

Social Mentality of Netizens

B.9
中国城市网民的房价关注度研究

——基于95个城市微博数据的实证分析*

赖凯声　杨浩燊　张志安　高冬玲　何凌南**

摘　要： 近年来，随着中国住房市场化改革和城市化进程的快速推进，

---

* 本文获广东省哲学社会科学"十三五"规划项目"基于大数据挖掘的广东网民社会心态研究"（项目号GD16CXW0□）、广东省哲学社会科学"十三五"规划项目"广东城市互联网软实力：基于网络大数据的指标评估及应用研究"（项目号：GD17CXW03）、中央高校基本科研业务费专项资金资助项目"城市网民医患社会心态大数据研究"（17wkpy07）资助，系广东省舆情大数据分析与仿真重点实验室的研究成果。

** 赖凯声，博士，副研究员，中山大学传播与设计学院大数据传播实验室专职研究员；杨浩燊，硕士研究生，中山大学传播与设计学院；张志安，博士，教授，中山大学传播与设计学院院长、大数据传播实验室主任；高冬玲，本科生，中山大学传播与设计学院；何凌南，博士，讲师，中山大学传播与设计学院大数据传播实验室副主任。

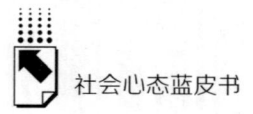

"房价"越来越成为中国公众关注的社会热点议题。来自经济学、管理学、社会学领域的研究者已围绕房价波动、住房保障等议题开展了系列研究,但基于大众视角在大规模人群层面探索普通民众对于房价议题的心理规律的相关研究仍然较少。为此,通过对中国95个城市网民在微博平台的客观行为数据进行文本分析,本文揭示了不同地区用户对房价话题的关注度差异,并且尝试探索城市的经济、社会、人口特征与网络房价关注度之间的关系。本研究的初步结果显示,城市网民在微博上的房价关注度与城市的人口密度呈现一定程度的正相关,但与其经济发展水平并没有呈现明显的关联。

关键词: 房价 城市网民 微博 大众关注度 大数据

一 引言

随着城市化的快速推进,各大城市房价一路飙升,房价已连续多年成为国人最期待解决的社会问题(Lu、Li & Chen,2013)。在具有悠久农业历史的中国,国人对于土地这一农业生产的重要载体有着深厚的情结。这一价值观念在当代中国的体现,就是城市居民对房产的特殊情感。住房作为一种能反映住房拥有者生活水平和社会地位的固定资产,某种程度上已经成为国人"家"概念认知图式中不可或缺的一环,是维系家庭关系、体现社会地位的符号,通过房价反映的房产质量也常常成为人们对他人和自我进行社会地位评价的重要依据,更是人们完成社会阶层升级的重要标志。

来自不同学科的学者从不同的研究视角对房价问题进行研究,尝试深入理解和揭示房价相关问题的科学规律,主要围绕以下三个方面展开。

首先,影响房价变化的因素。赵丽丽等以济南市为例,通过灰色关联分析方法,发现影响济南市房价的因素包括有土地价格、户籍人口、人均可支配收入、GDP和储蓄存款余额等（赵丽丽、焦继文，2007）；Li等（2016）使用中国领先的在线房地产平台，研究了在大数据的背景下，住房价格波动的时空变化趋势；董倩等（2014）则以百度搜索指数为数据基础，对16个城市的二手房价格和新房价格进行了拟合和预测，得到预测二手房和新房价格变动情况的最优模型；沈悦等发现不同城市的经济基本面对住宅价格水平的解释存在显著的城市影响特征，这意味着不同城市可能存在除了经济层面以外其他影响房价的因素（沈悦、刘洪玉，2004）。

其次，房价变化与大众心理的关系。已有研究发现，房价与居民心理息息相关，一方面，当市场环境使大众普遍认为购房是一项能给未来带来保障的重要投资时，会刺激大众的购房投资行为，导致房价上涨（Shiller，2007）；另一方面，房价上涨又会对大众心理产生影响，高涨的房价使得购房者面临极大的经济压力，产生购房恐惧，降低主观幸福感，甚至导致反社会情绪（陈潭、贺雯，2008）。

最后，房价对社会结构的影响作用。边燕杰等（2005）基于社会分层视角，指出社会结构中的企业管理精英有更高的经济能力购买商品房，而党政精英则享有再分配权力赋予的以优惠房价购买房产的优势；李强等指出房价的暴涨拉大了房地产商等房产获利方和没有房的城市中低收入者之间的阶层差距，导致城市居民在住房利益上出现严重分化，进而会带来新的社会不平等（李强、王昊，2014）。同时，有学者指出房价问题也是我国社会保障制度面临的严峻挑战。高房价导致的住房保障不足已成为农民工市民化进程的重要障碍（张志胜，2011）。

总结已有研究不难发现，房价问题得到来自经济学、管理学、社会学和心理学等不同学科的学者的关注，但仍然存在以下不足：①虽然有学者基于案例分析，从心理学方面讨论了大众心理与房价波动的关系（Shiller，2007），但现有研究仍较少考虑大众心理对于大众与房价相关的行为决策的影响，因而忽视了描述大众对房价议题主观感知的实证研究，不能较好地反映大众在房价议题上的心理状况；②忽略了不同地区由经济、社会和文化差异可能造成的住房相关行为的地域差异，缺少对不同地区人群的比较研究；③研究方法局限于经验研

究、案例分析和问卷调查，在一定程度上存在代表性风险和主观性偏差。

基于上述背景，本文将以中国 95 个城市为基本分析单位，借助网民在互联网产生的海量微博文本数据，探索不同城市、不同地区在房价议题上的关注情况及可能存在的地域差异，并初步探索影响网民房价议题关注度的因素。通过网络空间数据对房价话题关注度进行研究将有利于更全面、更精确地了解各城市居民的购房心理，同时可以探讨相关的影响因素，促进与地域特征相符的有针对性的房价政策的运用和落实。

二 数据与方法

（一）微博数据

1. 城市名单

为保证抽样数据的代表性，本研究根据《第一财经周刊》的中国城市分级榜单，选取了全国 95 个地级市及以上级别的城市，覆盖了中国大陆地区除青海省外的 30 个省级行政单位。同时，在这 95 个抽样城市中，包括了 5 个一线城市、30 个二线城市、25 个三线城市、24 个四线城市、11 个五线城市，实现了一、二线城市全覆盖，三线及以下城市部分抽样的目标。由于城市数量庞大，不便于进行逐个分析，因此将 95 个城市根据四大经济区域进行划分，以此为基础进行分析研究。各经济区域涉及的省级行政区域和城市数量如表 1 所示。

表 1　各经济区域省级行政区域和城市数量

单位：个

项目	省级行政区域	城市数量	项目	省级行政区域	城市数量
东部地区	10	39	东北地区	3	11
中部地区	6	16	合计	30	95
西部地区	11	29			

2. 数据抓取

本研究首先基于城市规模，以分层抽样的方式，选取了每个城市进行微博数据爬取的目标用户。具体而言，对于一、二线城市，我们分别抽取了5000名和2000名左右的微博用户，而对于三线及以下城市各抽取1000名左右的微博用户。最终我们得到了包含18.1万新浪微博用户的清单。然后通过Python网络爬虫技术，获取了95个城市目标用户2015年1月1日至12月31日全部的发帖内容，最终得到约3667.5万条微博的文本数据。

3. 指标构建

基于上述的数据信息，本研究首先构建了能较好反映网民对房价问题关注程度的关键词词库。通过文献检索、数据实验和信度检验，最终确定的房价词库共包含"房价""购房""买房""住房""房贷""首付"6个关键词。然后借助目前被广泛使用的文本分析软件LIWC（Linguistic Inquiry and Word Count, Tausczik & Pennebaker, 2010）词频统计原理及其自定义词典功能，实现对各城市微博文本的自动化词频统计分析，并计算相应的房价关注度。具体的计算方法是将各城市微博文本内容中命中房价关键词的总次数除以该城市微博文本的总条数，得到该城市每条微博提到房价相关关键词的词频比例，最终取词库中6个词的总和得到综合的房价关注度。同时为便于阅读和分析，我们将得到的词频比例乘以1000万，从而得到本次研究的房价关注度指数。

（二）城市其他数据

在通过新浪微博获取网民对于房价主题的关注度数据基础上，我们还考察了房价关注度与城市社会、经济、人口方面的关系。城市的人口数量、人口密度、地区生产总值和人均地区生产总值等基础性数据，均来自国家统计局城市社会经济调查司于2016年发布的《中国城市统计年鉴》以及于2010年开展的第六次人口普查数据。

三 研究结果

（一）中国城市网民房价关注度概况

通过上述方法将中国95个城市网民对房价议题的关注程度进行量化测

量，结果显示：95个城市的平均房价关注度约为318.19，其中，最关注房价议题的是宁夏银川市，关注度指数为874.05，对房价的关注度最低的则是山西太原市，其关注度指数仅为42.53。可见，不同城市之间的房价话题关注度可能存在差异。

为了便于分析95个城市在房价关注度上的地理区域差异，本次研究依据国家统计年鉴将95个城市系统划分为四个经济区域，分别为东部地区、中部地区、西部地区、东北地区。各地区房价关注度情况如图1所示，西部地区关注度最高，其后依次为中部、东部，东北地区的房价关注度最低，但总体的差异在统计上并不显著（$F = 1.487$，$p = 0.224 > 0.05$）。

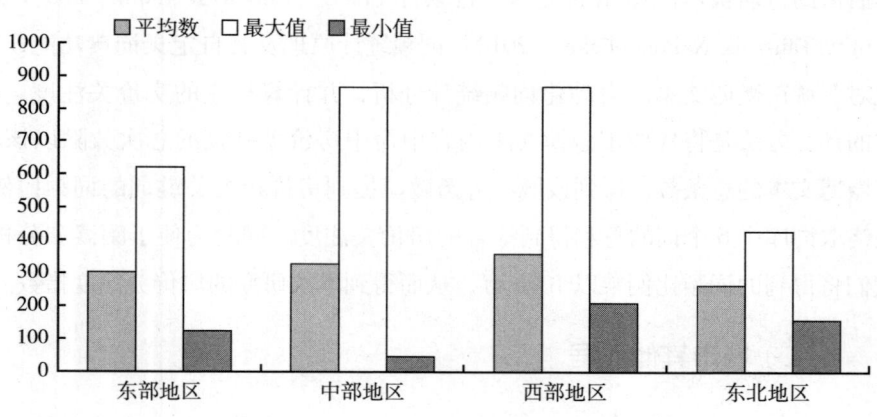

图1　四大经济区域房价关注度比较

在综合的房价关注度分析的基础上，我们也对房价关注度中的6个关键词分别进行了比较和分析。图2所示的是95个城市在6个房价关键词词频上的均值对比情况。由图可以发现，围绕房价话题，人们提及最多的关键词是"房价"和"买房"。"住房"一词提及频率亦较高，"购房""房贷""首付"的提及频率相当，可能意味着大众对购房的讨论往往与"首付""房贷"等联系在一起。

图3呈现了不同地区在各房价关键词上的分布情况。可以看出，四大地区在围绕房价议题进行讨论时，东部地区的微博用户较多讨论与"买房"

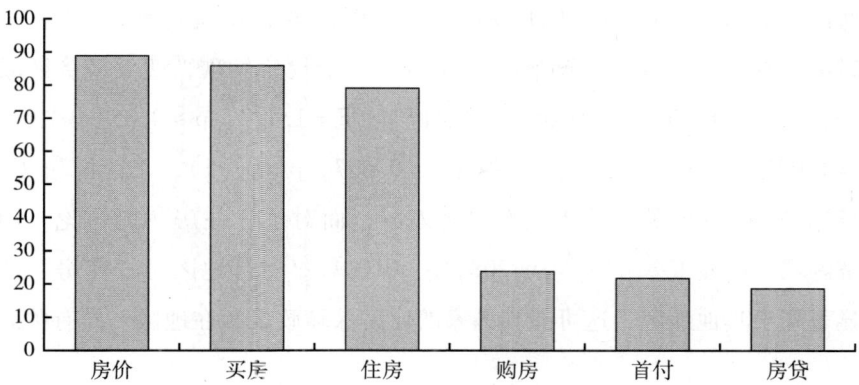

图2　95个城市房价关键词词频平均数

相关的话题；中部地区的微博用户则更关注"房价"；西部地区的微博用户提到"住房"一词的频率更高；而东北地区的微博用户则同时关注"买房"和"房价"话题。可以推测，在购房行为中，东部地区的居民行动性更强，中部地区的居民观望态度较其他区域来说更强，西部地区的居民更关注住房条件等。

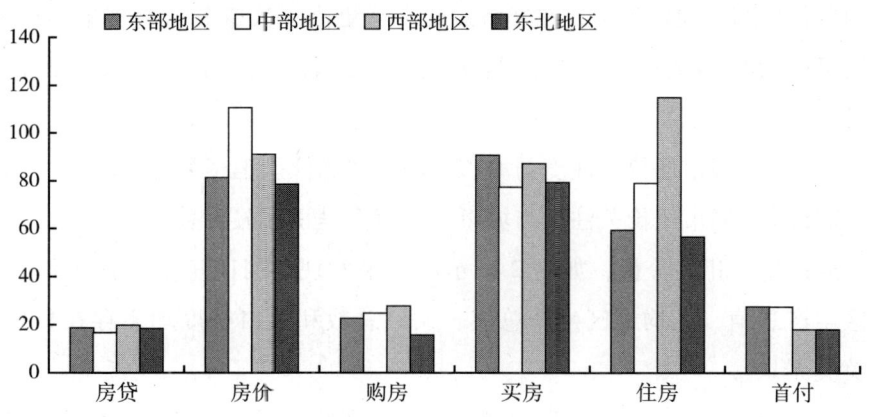

图3　房价关注关键词在各地区间的差异

对各关键词在四大地区之间进行横向比较，可以发现，四大经济区域的网民对"房贷""购房""买房""首付"的讨论热度相当，而对于"房价"

的讨论，中部地区的网民更加活跃，西部地区的网民则比其他地区的网民更多讨论"住房"有关的问题。进一步方差分析检验发现，四大经济区域在"房贷"（F=0.276，p>0.05）、"房价"（F=1.487，p>0.05）、"购房"（F=1.006，p>0.05）、"买房"（F=0.497，p>0.05）、"首付"（F=2.272，p>0.05）的讨论上没有显著差异，而对于"住房"的讨论，四大经济区域存在显著差异（F=6.208，p<0.001），西部地区对"住房"的讨论显著高于其他地区，这可能与国家的住房保障政策存在地区差异有关。

（二）地区房价关注度的影响因素

已有研究发现，城市的房价波动与当地的经济发展水平和人口情况密切相关。地区生产总值GDP是衡量一个地区经济发展水平的关键指标，地区房价往往随着当地GDP的上升而上升（Englund & Ioannides，1997；Oikarinen，2009；Zhang、Hua & Zhao，2012）。同时，也有研究证据表明：人口数量的变化与房价呈现正相关关系（Jeanty、Partridge & Irwin，2010），人口密度高的地区，其住房资源相对紧张，当地方人口分布增加时，会拉升当地的房价。据此我们认为，在经济发展水平更高、人口分布更密集的城市，网民可能会更多地讨论和关注与房价相关的话题。因此，本文提出以下假设。

假设1：城市房价关注度与城市地区生产总值呈正相关关系。

假设2：城市房价关注度与城市人口密度呈正相关关系。

通过进行相关分析，如表2所示的结果发现：网民房价总体关注度和地区生产总值、人均地区生产总值、人口总数和人口密度均不存在显著的相关关系。

为更深入地探究房价议题是否与我们的研究变量之间存在联系，我们再次将房价关注度六个关键词的词频分别与城市的经济、社会和人口等变量进行相关分析。如表3所示，地区人口密度与网民提及"房价"和"首付"的热度呈现正相关关系（分别为r=0.229，p<0.05；r=0.264，p<0.05），

表2 房价综合关注度与城市经济、人口等变量的相关矩阵

项目	房价关注度	人口密度	人口数	地区生产总值
房价关注度				
人口密度	0.151			
人口数	0.033	0.559**		
地区生产总值	0.09	0.678**	0.843**	
人均地区生产总值	0.015	0.386**	0.197	0.579**

注：** $p<0.01$。

这揭示了在人口越密集的地区，人们越关注"房价"的动态和如何凑足"首付"等问题，表现出更强烈的对购房问题的焦虑。同时，"房贷"与其他房价话题相关的词语都呈现正相关关系，这意味着"房贷"是人们在讨论房价议题时绕不开的重要问题。另外，进一步的相关检验也显示地区生产总值和人均地区生产总值与地区网民的房价关注度各关键词的相关性均不显著。因此，上述结果并没有验证假设1关于"城市房价关注度与城市地区生产总值呈正相关关系"的观点；但同时上述结果表明，城市房价关注度与城市人口密度呈现一定程度的相关性，这与假设2基本吻合。

表3 房价各词汇与城市经济、人口等变量的相关矩阵

类别	房贷词频	房价词频	购房词频	买房词频	住房词频	首付词频	人口密度	地区生产总值	人均地区生产总值
房价词频	0.346**								
购房词频	0.399**	0.204*							
买房词频	0.474**	0.389**	0.533**						
住房词频	0.351**	0.237*	0.663**	0.279**					
首付词频	0.272**	0.156	0.456**	0.555**	0.152				
人口密度	0.043	0.229*	0.057	0.191	-0.102	0.264*			
人口数	0.043	0.091	-0.023	0.072	-0.069	0.033	0.559**		
地区生产总值	0.058	0.151	0.089	0.129	-0.101	0.128	0.678**	0.843**	
人均地区生产总值	0.079	0.063	0.107	0.092	-0.17	0.093	0.386**	0.197	0.579**

注：* $p<0.05$；** $p<0.01$。

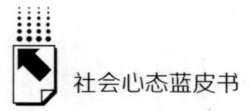

四 结语

本研究基于网民在社交媒体上的客观行为数据,试图探索各个城市、各个地区网民对于房价议题的关注规律,并初步探究了城市经济发展水平、城市人口情况与网民房价关注度的关系。这对于在日益严峻的房价问题背景下,理解中国网民对房价议题的社会心态,从而针对性地出台房价调控等相关政策有重要的理论和现实意义。

首先,在房价关注的地理分布规律上,本研究结果发现各城市之间对房价的关注度存在一定的差异。总体而言,中西部网民对房价话题的关注度最高,但四大经济区域的网民对房价议题下各个关键词的关注没有显著差异,表明房价问题对于不同地区的网民来说都是一个十分重要的问题。其次,本研究的初步探索结果显示,虽然经济发展水平与房价波动是紧密联系的,但是网民对房价议题的关注度与城市的经济发展水平却没有必然联系。分析其原因,笔者认为这可能与住房对于中国人的"刚需"意义有关,住房是人们日常生活的基本需求,作为"生活必需品",不管在经济发达的地区还是经济落后的地区,都是人们无法回避的重要问题。因此,具体到本研究关注的微博房价关注度层面上,不同经济发展程度的城市网民,其在微博上对房价的关注度并没有明显的差别。最后,城市人口密度与房价关注度呈现一定程度的相关关系,随着城市人口密度的上升,人们对于购房的急迫性可能也会随之上升,从而表现出对房价问题的更多关注。

由于数据获取成本和研究资源限制,本研究存在一些不足,这有待未来研究进一步探索和完善。首先,本文的分析基于95个城市18万个微博用户,在研究特定的议题时可能在城市数量和样本规模上均存在一定的局限和推广性风险。随着社交媒体数据采集技术的发展和跨学科合作研究的推进,未来研究可考虑进一步扩大城市数量和样本规模,从而为大规模人群层面的房价关注、房价心理机制提供更加科学、可靠的研究证据。其次,本研究仅初步选取了6个关键词作为网民对房价议题关注度的反映,选取的房价相关关键词可能难以全面、有效地代表网民对房价话题的讨论情况。因此，未来研究可根据相关文献和调查进一步扩充房价关注度词库，并对该词库的科学性进行检验，从而更为精准地反映网民对于房价的关注度情况。最后，未来可以探究更多可能影响网民房价关注度的因素。例如，可考虑物价指数、居民可支配收入等城市经济特征，家庭人口规模等社会人口特征，城市人格等心理特征，这些因素与网民房价关注度的关系有待进一步探索和研究。

参考文献

边燕杰、刘勇利：《社会分层、住房产权与居住质量》，《社会学研究》2005年第3期。

陈潭、贺雯：《高房价压力下的城市青年心理焦虑及其调适》，《中国青年研究》2008年第4期。

董倩、孙娜娜、李伟：《基于网络搜索数据的房地产价格预测》，《统计研究》2014年第10期。

李强、王昊：《中国社会分层结构的四个世界》，《社会科学战线》2014年第9期。

李强：《试分析国家政策影响社会分层结构的具体机制》，《社会》2008年第3期。

沈悦、刘洪玉：《住宅价格与经济基本面：1995~2002年中国14城市的实证研究》，《经济研究》2004年第6期。

杨树新、董纪昌、李秀婷：《基于网络关键词搜索的房地产价格影响因素研究》，《新疆财经大学学报》2013年第3期。

张志胜：《新生代农民工住房保障的阙如与重构》，《城市问题》2011年第2期。

赵丽丽、焦继文：《房价影响因素的灰色关联度分析》，《统计与决策》2007年第23期。

Englund, P., Ioannides, Y. M., "House Price Dynamics: An International Empirical Perspective", *Journal of Housing Economics*, 6 (2) (1997).

Jeanty, P. W., Partridge. M. & Irwin E., "Estimation of a Spatial Simultaneous Equation Model of Population Migration and Housing Price Dynamics", *Regional Science and Urban Economics*, 40 (5) (2010).

Lu, X., Li, P. & Chen, J., *Blue Book of China's Society: Society of China Analysisand Forecast*, Beijing: Social Sciences Academic Press (in Chinese), 2013.

Oikarinen, E., "Interaction between Housing Prices and Household Borrowing: The

Finnish Case", *Journal of Banking & Finance*, 33 (4) (2009).

Li, S., et al., "Spatiotemporal Analysis of Housing Prices in China: A Big Data Perspective", *Applied Spatial Analysis & Policy*, 10 (3) (2016).

Shiller, R. J., "Understanding Recent Trends in House Prices and Home Ownership", *Social Science Electronic Publishing*, 2007.

Tausczik, Y. R., Pennebaker, J. W., "The Psychological Meaning of Words: LIWC and Computerized Text Analysis Methods", *Journal of Language and Social Psychology*, 29 (1) (2010).

Zhang, Y., Hua, X., Zhao, L., "Exploring Determinants of Housing Prices: A Case Study of Chinese Experience in 1999 – 2010", *Economic Modelling*, 29 (6) (2012).

B.10
国际冲突引发的网络民族主义多元主体共振*

——以新浪微博南海仲裁案文本为例

陈敏 李晓锋 何凌南**

摘 要： 本文使用数据挖掘和话语分析两种研究方法，对新浪微博平台有关2016年中菲南海仲裁冲突事件展开分析。与此前研究强调"网络民族主义由网友自下而上建构"的结论不同，本文抓取的数据表明，媒体微博和名人微博共同主导了南海争端的讨论，普通网民附和式参与，呈现民族主义和爱国主义的框架共振；媒体微博内容同质化程度较高，虽是中菲两国间的冲突，但更多将其置于中日、中美、中澳的整体冲突框架下来讨论；名人微博的话语实践则更多体现消费民族主义和粉丝民族三义特征。将南海仲裁案的微博话语实践置于网络民族主义话语变迁的过程中，可以观察到随着近年中国国力的增强、外交政策的变化、网络公共空间的形成，国际冲突对网民心态的影响已经开始超越单纯的民族主义情绪下的社会动员，变成多元主体间的对话与协商过程。

关键词： 网络民族主义 话语分析 南海仲裁

---

* 本文受到中山大学2017年度中央高校基本科研业务费专项资金（项目批准号：17wkpy06）的资助。本文的数据抓取、使用及分析得到中山大学传播与设计学院大数据传播实验室的技术支持，在此表示感谢。
** 陈敏，中山大学传播与设计学院讲师，博士；李晓锋，中山大学传播与设计学院科研助理；何凌南，中山大学传播与设计学院讲师，博士。

一 引言

近年来,随着我国综合国力的提升,外交政策从"韬光养晦"向"有所作为"转变,我国与周边国家及地区之间的冲突呈现上升趋势:与朝鲜的核问题,与韩国的萨德导弹事件,与日本的钓鱼岛争端,与菲律宾因南海仲裁案不和,与印度在洞朗地区对峙……可以说,因领土争端引发的外交及国防压力较大。而主权神圣、领土完整是1840年鸦片战争以来中国外交史的一大敏感话题、一个外交情结(沈国麟、王倩,2014),这些涉外冲突事件极易引发国内强烈的民族主义情绪,且这种民族主义情绪已经由之前主要针对日本、美国(李红梅,2016),而演化为与周边多个国家的紧张态势。

自2003年中国网络舆论元年开始,网络民族主义日益受到学界重视,并成为观察中国对外关系的一个重要风向标,研究认为,网络民族主义的发展对中国内政外交均有重要影响(闵大洪,2009;葛素华,2014;叶淑兰,2014),如果说2003年网上反对北京到上海的高速铁路采用日本新干线技术的签名行动,导致计划搁浅,还只是对国家内部经济层面产生影响,那么如今因与周边国家领土冲突而引发的网络民族主义,常导致网民线上"出征"、线下游行等抗议活动,更需要警惕和重视。因此,研究民族主义在当前网络情境中的表达与建构,动态把握网络民族主义的发展现状及趋势,就显得尤为必要。

二 文献回顾

(一)网络民族主义及其话语实践

通过对民族主义脉络的梳理可知,民族、民族主义、民族国家并不是先验存在的,而是通过传播和媒体建构出来的(李红梅,2016)。自Anderson

(1991) 1983 年发表《想象的共同体》以来，媒体在形塑民族主义中的作用被充分认知，那么从印刷媒体到如今的移动社交媒体，媒介在形塑民族主义的过程起到了怎样的作用，人们如何使用社交媒体进行民族主义话语实践，这无疑需要重新定义、描述和检验（王喆，2016）。

学者闵大洪（2009）将"网络民族主义"定义为：①基于互联网传播的民族主义言论、情绪和思潮；②表达、鼓动民族主义情绪，制造、扩散民族主义舆论，并在某些情况下推动现实行动以达到预期目的的网络传播行为。对于"网络民族主义"这一概念，有的文章侧重在贬义的层面上使用，强调其狭隘和极端性；也有文章强调其积极的一面，认为是一种朴素的爱国思想。本文只从现象描述层面使用"网络民族主义"这一概念，在此不做价值判断。

根据已有研究对中国网络民族主义三次浪潮的梳理（王洪喆等，2016），从1998年印度尼西亚排华事件引发的网络民族主义动员，到1999年北约轰炸南联盟大使馆引发的强国论坛成立，可以说，中国的网络民族主义一开始就与国际冲突密切相关，多由其引发，只是在后来，网络民族主义逐渐扩展到因国家间的文化冲突事件或国家取得重大科技文化成就等引发。本文认为，因国际冲突引发的网络民族主义，是各类网络民族主义情绪中最值得关注的一种，因其更容易引发线上的争论及线下的实际抵制行动。

对网络民族主义的划分，有从身份构成角度，将其分为官方网络民族主义、知识分子网络民族主义和大众网络民族主义；从空间及行为类型角度，分为网络内各种形式的民族主义情绪宣泄和沟通、网络内外联动式民族主义行动、基于民族主义的网络战与黑客攻击；从领域划分角度，分为互联网中的文化民族主义思潮和行动、互联网中的政治民族主义思潮和行动等（王军，2011）。近来的研究中还有根据网络民族主义的表现特征，提出了消费民族主义（李红梅，2016）和粉丝民族主义（刘海龙，2017）等。

民族主义对中国网民的话语表达和政治认同来说都是非常关键的，广泛存在于几乎所有形式的网络空间交流中（Qiu，2006），已有研究认为，网民自发的、自下而上的网络民族主义挑战了传统的由官方垄断的民族主义话语生产（Liu，2006），特别是随着网络使用者年龄的变化，网络民族主义的话语表达发生了变化，从"60后""70后"的知识青年、"80后"的军迷，以及以男性为主体的"知情的民族主义者"，到"90后"网络亚文化和粉丝群体，这些在不同代际、历史记忆和生活经验中形成的网络行动者群体共存于当下的互联网（王洪喆等，2016）。熊慧（2014）对1990~2008年的新民族主义媒体话语展开社会历史分析，发现自20世纪90年代起，中国媒体的日常叙事中悄然涌动新民族主义潜流，经历了酝酿、形成和高潮阶段，并在进入21世纪后呈现加速转型的态势，一方面"反西方"的话语重心发生转移，"反美"情绪趋于缓和，"反日"话语甚嚣尘上；另一方面自我确认和肯定的民族情绪持续高温，膨胀的民族自豪感取代昔日"反西方"情绪下强烈的忧患意识。这种从历时性视野对大众媒体上民族主义话语变迁的考察便于后来者把握其脉络，并在此基础上进一步结合不断变化的社会历史语境，探讨网络媒体中的民族主义话语变迁。

那么，沿续这一学术脉络，本文试图探讨的问题是：在新浪微博这样一个多元主体并存的社交媒体平台，既有专业的媒体机构、企事业单位，也有知识精英、名人、普通人，这一平台上由国际冲突引发的网络民族主义话语呈现怎样的特征，又受到哪些社会结构因素的影响？

（二）话语分析方法及其运用

话语分析（Discourse Analysis）首先由美国结构主义语言学家哈里斯提出，荷兰著名学者Van Dijk则是当代西方话语分析学的主要代表人物，他运用跨学科方法，结合社会学、心理学、大众传播学以及语言学等理论，研究新闻话语在社会环境中的结构和功能（丁和根，2004）。在Van Dijk主编的《话语研究——多学科导论》一书中，描述了话语本身具有的某些关键特征：其一，话语可以被浓缩为"教条"，并在不同场合、不同构想中反复出现，在不断的陈述中得以强化；其二，话语使特定实践正当化，并服务于特定机构的利益；其三，话语建构于社会之中并受制于特定的语境（陈岳芬，2016）。事实上，从社会制度和社会构成这一较高的层次来寻求解释话语的原因，强调社会制度、社会变革与话语的互动关系和过程，已经成为当代话语分析的主要方法（刘立华，2011）。

民族主义本来就是一种话语型构（Calhoun，1997；转引自杨国斌，2016），需要从一种竞争性的话语叙事关系中结合历史语境并置于新的民族国家框架下来理解（Prasenjit Duara，1993）。而网络民族主义可以看作基于互联网的话语实践，"本质上仍是共属一体的想象落实于各色网络群聚的话语和行为实践之中"（王喆，2016）。

用话语分析方法研究网络民族主义的较有代表性的文章有：①黄煜、李金铨（2003）对20世纪90年代中国大陆流行的民族主义话语分析，发现主要有三套话语，爱国主义的官方话语，民粹式民族主义的民间话语，以及声称抵抗西方霸权的新左派知识精英话语。②沈国麟、王倩（2014）借鉴美国社会学家甘姆森的话语包方法分析中菲南海冲突的中国对外传播话语结构，归纳出"坚决捍卫主权""谴责菲律宾""不接受仲裁""反对美国介入""不影响旁观国家与中国关系"五个话语包。另外，和对日发生冲突时中国的网络民族主义话语主要使用"受害者"的历史叙事框架不同，中国如今是"崛起中的大国"，在南海问题上被认为是欺压小国菲律宾。③刘国强（2016）分析"帝吧出征"事件主要使用三种话语模式：征伐、教训、交流，其中，征伐话语建构了一套关于战争的隐喻系统，教训话语建构了一套关于儒家家庭伦理的隐喻系统，交流话语则主要表现为展示各地美食和旅游景点，邀请对方作客访问，三种话语相互交织并呈现矛盾性表述。

那么，在中菲南海争端事件中，社交媒体上的讨论是否可以用民族主义话语框架囊括，又具体体现出怎样的话语特征，本文拟延续话语分析这一方法脉络并加入数据挖掘的方法予以考察，因为"传统的话语分析往往偏重于对单条或少量样本的解读，在大数据时代，传统的话语分析依然有其经典的参考价值，只不过在样本的选择及具体的操作层面需要进行某些革新"（孟建、孙祥飞，2013）。

可以说，将话语分析与大数据结合起来，是话语分析法在新形势下的发展，相比过去对网络民族主义的研究，它具备一定的先进性，一方面能综合考察文字、图片、视频、表情包等融媒体话语实践，另一方面可以关注到多元主体的互动关系，将媒体微博、机构微博自上而下的民族主义话语建构，名人微博、个人微博自下而上的民族主义话语建构，以及多元主体间的社会网络互动关系放在同一场域中考察分析，以便更好地理解网络民族主义的动态发展，及网络民族主义话语与社会变迁之间的关系。

三 事件梳理与数据采集

首先回顾一下中菲南海仲裁案的来龙去脉。

2013年1月22日，菲律宾单方面就南沙群岛主权归属争议问题向临时组建的中菲南海争议仲裁法庭提请国际仲裁。2016年7月12日，海牙国际仲裁法庭做出"最终裁决"，判菲律宾"胜诉"，否定"九段线"，称"中国对南海海域没有历史性所有权"，并否定了中国主张的"九段线"。菲律宾方面发表声明称对南海仲裁案裁决结果"表示欢迎"。中方多次声明，菲律宾共和国阿基诺三世政府单方面提起仲裁违背国际法，仲裁庭没有管辖权，中国不接受，不承认。2016年10月18日，菲律宾总统杜特尔特抵达北京，开始对中国进行为期四天的国事访问。2016年11月19日，国家主席习近平在利马会见菲律宾总统杜特尔特，强调双方要积极探讨海上合作，促进海上良性互动，将南海问题变为促进两国友谊和合作的利好。

考虑到南海争端事件发酵、绵延时间较长，本文在新浪微博上抓取的数据时间范围框定为2016年7月1日至2016年12月31日，在确定搜索关键词时，首先由两名编码员单独归纳关键词，之后返回微博搜索，挑选出返回值大且准确的关键词组合，保证在微博抓取时尽可能全面、准确地获得事件相关文本。最终选取关键词组合为"南海+争端"进行搜索。从搜索结果中抓取了评论量大于10的微博共342条，具体抓取字段包含用户账号的基本信息以及微博的发布时间、转发量、评论量、点赞数、微博内容、微博链接等。之后，对抓取的342条微博进行编码，作为第一层数据，并以此为基础，将转发了第一层微博内容的微博再进行抓取，作为第二层数据，抓取字段与第一层一致。在数据清洗阶段，对抓取的内容进行去重除噪，共得到第一层数据342条，第二层数据151310条。

对抓取的第一层、第二层数据的发布时间分别进行分析可以发现，有关南海仲裁的微博讨论主要集中在2016年7月，热点尤其集中在7月12日仲裁结果出来那一天，大概持续到7月底，热度逐渐消退（见图1、图2）。

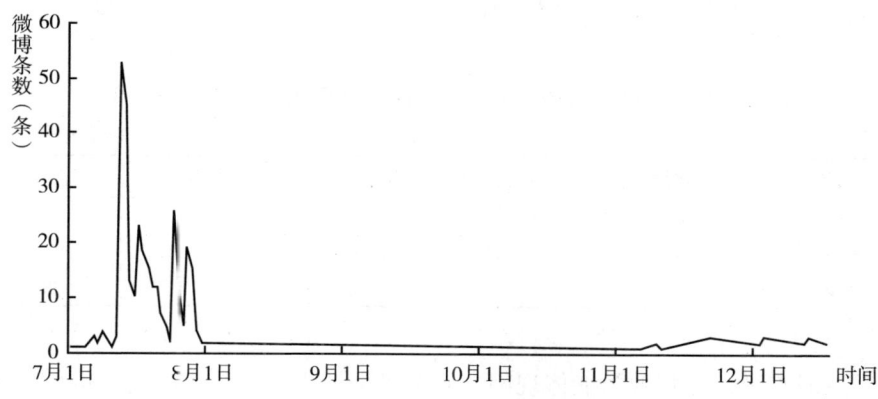

图1　第一层数据发布时间

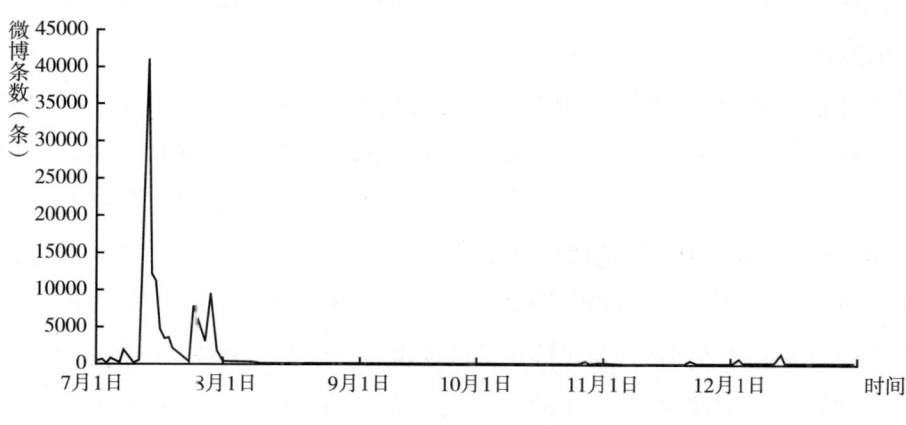

图2　第二层数据发布时间

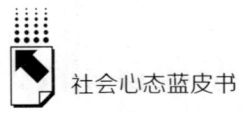

四 研究发现

（一）媒体微博与名人微博主导了南海争端事件的讨论

本文对上述评论量大于 10 的 342 条有关南海争端的微博文本分别按转发量、评论量、点赞量进行降序排列，分析前 100 条微博的发布主体（见表1），能够明显看出媒体微博、名人微博在舆论引导中起着关键性的作用。

表1 转发、评论、点赞量前 100 的微博中不同类型主体所占比例

单位：条

类别	媒体微博	名人微博	机构微博	普通网友微博	总共
点赞量	58	29	4	9	100
转发量	58	32	5	5	100
评论量	69	21	6	4	100

一般来说，点赞数最能体现网友对一条微博内容的认可程度，因此，本文对 342 条微博按点赞数进行降序排列，发现前 100 条点赞数较高的微博中，58 条由专业媒体机构发布，这充分说明专业媒体所起到的意见领袖作用依然强大。

再来分析名人微博在其中的表现。追溯明星与网络民族主义之间的关系，绕不开 2010 年的"六九圣战"（徐志明，2011），很多粉丝由此认识到，"追星也需要认识和维系民族大义与主流社会的政治正确"（王洪喆等，2016）。刘海龙（2017）的研究也发现，明星粉丝"在日常的商业消费过程中将国家、民族与自我身份认同融为一体"，"粉丝团的行为逻辑与网络游戏的行为逻辑自然而然地与民族主义的逻辑在一个屏幕上被勾连和整合在一起"，那些"以小粉红为主体的民族主义者将追星的方式平移到了国家那里"。比如，点赞数最高的 20 条名人微博中，有关明星杨幂的就占了 4 条，核心内容基本一致："我爱杨幂但更爱我的祖国，因为有中国，我才有这么

好的偶像！南海仲裁只是废纸一张，中国领土完整神圣不可侵犯！"

刘军宁（2005）认为，"民族主义是一种最简单、然而又是最强大的意识形态，它在理论的系统性上最薄弱，因而最容易被没有受过理论训练的普通人所接受。"这或许可以解释作为"一种情绪化的意识形态"，民族主义为何能够轻易引起普通网友、明星在这一领域发言。

再者，长期活跃在微博上的明星，如果遇上微博的热点事件而不表态，似乎有违粉丝的期待，这与明星范玮琪在阅兵时晒娃遭网友炮轰事件的逻辑是一致的。南海争端事件中，演员@晃然然然然也不得不在微博道歉：

> 不好意思今天发自拍引起了大家的争论。
>
> 南海问题相信所有人都在关注，我也不例外。我想严肃地表个态：凡是关于祖国的问题我永远会站在祖国一边。不是我有多道德多正义，爱国是我自然而然的本能情绪，我在这里长大，所以爱自己的家园山川河流、爱我成长过程中吃过的食物走过的路身边的人。
>
> 我只是一直不太习惯在微博上表态、喊口号或者分享对大事件的看法意见，朋友圈也不怎么发，希望别因为这个让大家误会。
>
> 谢谢你们帮我解释，爱你们。

这条微博收获 10371 个点赞，居名人微博点赞数最高的第三位。

总的来看，在微博这一多元主体共存的媒介平台上，民族主义话语实践包括了自上而下和自下而上两个维度，此前研究大多侧重强调网络民族主义是网友自下而上建构的这一维度（Liu，2006），但微博的数据表明，至少在这一平台，专业媒体机构依然起到很重要的主导作用，与名人微博一起，积极介入并引导了由国家间冲突引发的网络民族主义话语实践。而知识分子、精英缺席讨论，只有极个别的如@何兵@陈光武律师等在微博发言，其他部分专家以消息来源的形式出现在官媒报道中，被纳入官方话语体系。

（二）南海争端事件中网络民族主义话语策略

本文借鉴潘忠党（2006）对甘姆森（William Gamson）公共话语分析步

骤的总结，将微博平台上南海争端事件中由媒体微博和名人微博发布的文本解构成话语包（Discursive Package）的构成元素，经过提炼、归纳，再重新构成"签署矩阵"（Signature Matrix），以揭示潜藏其中的意识形态。

1. 使用隐喻，将国家间的冲突形象化为人与人之间的争斗

隐喻广泛地存在于我们日常生活的语言和思想中，此前研究南海问题的文献也多有分析相关话语中的隐喻建构，甘莅豪（2011）认为中美媒体在南海报道中虽然倾向于使用相同的隐喻类型，比如"人的隐喻""动物隐喻"等，但却指向不同的修辞意图，而修辞意图才是媒体话语传播的关键，是媒体话语影响公众舆论的利器。

在本文搜集的数据中，媒体微博和名人微博都使用"人的隐喻"来谈论南海争端牵涉的主要国家，比如，警告日本"没有资格说三道四""不要在错误的道路上越走越远"，称美日澳为"捣乱同盟"，贬损菲律宾为"一个卖水果的""不就是一个卖香蕉和芒果干的吗"，质疑"装了这么多年哑巴，菲律宾和美国为啥到现在才急眼"，宣称"那些企图通过展示肌肉迫使中国屈服的做法，结果只能适得其反"，"仲裁案给解决南海争端开出错误药方，应当退烧降温了。药方开错了，不仅治不好病，还侵蚀健康的肌体"。"动物隐喻"则包括："澳大利亚，围绕南海猛窜的'纸猫'"，"中国是一头沉睡的雄狮，但现在这头雄狮早已苏醒"等。

隐喻具有凸显和遮蔽的双重功能，使用隐喻能使我们关注到事物的某一方面特征，而忽略掉和隐喻不一致的其他方面（Lakoff & Johnsen，2003）。通过不可证伪的隐喻，这些讨论有利于将国家间的领土争端问题简化为人与人之间的争斗，便于网友理解。

2. 使用话题标签、流行语，便于发起网络动员

在媒体微博中，广泛使用的标签有"中国一点都不能少"，"南海诸岛是中国的"，"中国不接受，不参与，不承认"；个人微博中，也使用了"中国一点都不能少"这一话题标签，此外还有"犯我者，杀无赦""犯我中华者，虽远必诛！""中国领土不容侵犯""中国只有一个，一个完整的中国！""中国领土完整神圣不可侵犯！""勿忘国耻，爱我中华！""如若召回，吾等必应""佳兵者不祥之器,圣人不得已而用之"等。这些流行语和话题标签可谓朗朗上口,有助于表达强烈的情绪,发起网络动员。

在媒体微博中,中国对南海仲裁的情绪更多体现为谴责和愤怒,比如"荒谬'裁决'","非法无效",以及讽刺,在每一次提及南海仲裁时都会加上"所谓"二字,并使用对比方式凸显,"所谓仲裁的满纸谎言终将随乌烟瘴气散去,中国白皮书带来的和平合作的清新气息才值得欢迎";而在个人微博中,除了"注定是一出闹剧""废纸一张'这样的谴责和愤怒情绪之外,还有戏谑、调侃,比如"几个月不吃菲律宾香蕉,他们就乖乖求饶了"。

在发起动员方面,微博言论主体都将动员层次控制在线上,没有涉及线下行动。央媒微博使用的是教育口吻,强调认知层面,如"作为中国人,你必须知道""每一个中国人都必须知道"等。个人微博则以规劝和自我约束为主:"请相信并支持中国政府的行动和态度!不要无端指责和埋怨,不要做过格的事情给中国现在添乱,更不要做出危害自己国人的事情。我们要团结,相信中国政府。""不要轻易听信和散播一些扰乱社会秩序、混淆视听的不正当言论,要相信我们的国家和我们人民军队一定会捍卫祖国的领土主权。""政治外交上交给祖国,思想品行上交给我们自己,每一个人都应该成为祖国坚硬的后盾"等。

3. 诉诸阴谋论、动机论,将中菲冲突扩至中美日澳冲突框架下

南海仲裁本是中菲之间的冲突,但媒体微博和个人微博都将其置于中美、中日、中澳冲突的框架下来讨论。比如,点赞量最高(153600次)的一条微博,来自@央视新闻,使用的就是中美冲突框架,质疑"美国有何阴谋?中国如何反制?"其他类似的表述还包括:"【美国介入南海目的何在】为什么南海问题会让远在8000公里以外的美国如此上心","日本如继续高调介入,蓄意炒作,只能坐实你们是别有所图","(日本)有一段不光彩的历史,没有资格说三道四,煽风点火",指责临时仲裁庭"拿了大钱,办了脏事,吃相难看,非法无效",以及使用不具名信源指控"菲律宾南海仲裁案后有'首脑',且'不止美国一个'"。

从微博文本可以看出，对于南海争端，中国有强烈的意愿将冲突限定在东盟国家范围内，不断通过伙伴国家的表态支持，以证明自己的正确。比如，新华社记者在报道《多国领导人支持中国南海问题立场》时，不厌其烦地逐段列举每个国家对中国的支持，虽然每段内容大同小异，但通过重复，给人一种"得道多助"的感觉。

重复策略在点赞数前20名的媒体微博中得到充分体现，20条微博中，有9条内容存在重复，主要使用以下四个报道"模板"，①王毅：奉劝日方不要一错再错，没完没了。②外交部：日本不是南海问题当事国没资格对中方说三道四。③所谓南海仲裁裁决纯属废纸。④日称强烈期待当事国接受裁决，中方：停止插手和炒作等。

4. 爱国主义与民族主义的框架共振

如果说在类似由国家间领土冲突引发的网络讨论中，官方多用爱国主义，而不是直接使用民族主义（王玉玮、董天策，2010），那么从本文抓取的数据来看，在多言论主体的微博平台上，有关南海争端事件的讨论，呈现爱国主义和民族主义的框架共振，话语的多样性表达有减少的趋势，没有像之前研究（Liu，2006）所发现的网友话语形成对官方话语的挑战，也没有出现对中国政府外交表现的批评。

部分网友甚至将爱国主义热情投射到政府发言人身上，例如，在转发外交部部长王毅"怒斥无礼记者视频"时，赞许"一位新晋男神强势上位，那就是'霸气外长'王毅""王的蔑视""被外交部长王毅强势圈粉了"，以及"陆慷今天的南海问题发布会我给满分，不怕他骄傲，完全是一位威武的老师在批评犯错的小同学啊"等。同时表白国家，认为自己能够在网络上轻松调侃南海问题，"是一种叫作'安全感'的东西，谢谢中国""国家强大带来的安全感与幸福感""感谢祖国，感谢维稳的战士。感谢香蕉和芒果干为中国段子手提供素材"，甚至表态"如有需要，工资随时拿去"。

Rick Kosterman & Seymour Feshbach（1989）研究发现，尽管爱国主义和民族主义正相关，但二者在很多方面明显不同。爱国主义强调个人对国家的热爱、自豪感和归属感，而民族主义则强调个体的国家优越感和对他国的支配感。在名人微博话语实践中，作为国家象征的国旗被覆盖到国土上，以宣示领土主权，或是出现明星手持国旗的照片，明星杨幂的父亲@杨幂爸爸发微博称"几百万退役军人，强大到可以去世界任何地方插上五星红旗"。鉴于"旗帜是民族共同体最为有力的象征，并且常常是民族自豪感的源泉"（吉登斯、萨顿，2015），可以说，上述微博话语及图片更多体现了民族主义情绪，形成爱国主义与民族主义的框架共振。

5. 消费民族主义借机营销

如前文所述，在这场有关南海争端的微博讨论中，知识分子是缺席的，反倒是一些非专业人士的观点解读很有市场，比如："高晓松点评南海问题，一语道破天机"，"一位台湾小哥以讲故事的形式描述了南海问题的始末，不仅条理清晰而且有理有据"等得到了广泛转发，甚至央媒微博也转发了台湾小哥的视频（但笔者在本文写作过程中查证这两则视频时，发现相关链接全部被删除）。

一方面，是严肃、专业的国际局势解读缺失，另一方面，是网友将国际政治问题庸俗化为消费民族主义，将"爱国是门生意"的逻辑暴露得淋漓尽致，比如表态：

> "从今天起，我承诺再也不吃菲律宾的芒果干、香蕉干，再也不去长滩岛玩。让你们想在南海争取到的利益，在其他方面通通损失掉。"
>
> "本来只是想回报一下柬埔寨的零食经济，算是对我种花家南海问题上的支持。可是没想到啊歪打正着居然被我找到了这么好吃的芒果干！ps. 图晚上拍的。一斤一包我吃了半包了，不给链接，你们自己搜'柬埔寨芒果干'即可。"
>
> "说句心里话吧，南海问题后，越来越多的同胞们选择理性支持民族企业，支持国产品牌。bagINBAG 作为中国原创品牌，坚持中国南海是中国的立场。团队特此做出福利活动，支持祖国支持南海！"

此外需要注意的是，杨国斌（2016）认为，作为新媒体事件的"帝吧出征",与国家政治保持着微妙的关系,隐隐透露出一种令人担忧的帝国心态。特别是面对体量、实力看上去较弱的小国,网民特别容易有帝国心态,动辄叫嚣"战争论"。微博认证为凤凰卫视评论员的@宋忠平直接将中菲冲突解读为"或许是中日军事冲突前的信号!",还有网友提出"南海裁决后,中国应该坚决反击,打掉美日嚣张气焰""对中美南海战争进行推演,美军必败""做一下调查,如果南海问题爆发战争,你会怎么做"等。

五 结论和讨论

刘军宁(2005)认为,"在中国,民族主义的出路不是要不要民族主义的问题,而是要多少民族主义和要什么样的民族主义的问题"。有研究基于文献梳理而提出,民族主义有一定的积极作用,可以塑造民族国家的凝聚力,在一定条件下转化为对内政的监督,有利于舒缓民间不满情绪,但也需要警惕民族主义被利用、成为压制不同言论和维护特定利益群体的工具(李红梅,2016)。刘海龙(2017)也认为,自下而上的多元的民族主义话语建构也蕴含着积极因素,为重构现实中国及中国形象提供了想象空间。

民族主义是一把双刃剑,官方对民族主义往往采取一种实用主义的态度(Zhao,2005),如何利用民族主义获得社会凝聚力,同时又避免走向极端、变成盲目的排外主义,是一种艰难的平衡。如今,网络特别是移动社交媒体是影响民族主义的一个新的变量,认识网络民族主义的复杂性和多样性,亟须关注变迁的话语实践,把握话语变迁背后的社会心态变化,并予以适当的引导。

(一)基于特殊事件的网络民族主义和常态舆论中的网络民族主义

研究认为,考察民族主义,既要关注"媒介事件"(Media Events),也要关注日常的"媒体报道"(Media Stories),二者在民族国家的想象与建构中发挥不同的时空功能(Sun,2001)。安珊珊、杨伯溆(2011)的研究发现,基于特殊事件的民族主义分析框架,未必适用于网络常态舆论中民族与国家相关问题的探讨，而且网络论坛中涉日议题能够引发语言暴力的潜力，远远不及网络论坛日常讨论中所展现的整体语言的暴力程度。这些研究提醒我们，对于网络民族主义的分析，要有更细致的甄别：是微博还是其他网络平台的民族主义？由同一事件引发的不同网络平台的讨论，其网络民族主义话语实践是否有明显区别？是显现还是潜藏的网络民族主义？那些缺席讨论的话语主体，出于怎样的原因而失语？如何根据表现出来的网络民族主义，把握和推断那些潜藏的网络民族主义情绪，乃至现实社会中的民族主义思潮？

又比如，是短期还是长期的网络民族主义？历史因素、主权之争、文化之争，都会引发网络民族主义，闵大洪（2009）认为，"一个个具体事件往往是促成网络民族主义陡然高涨的重要因素，尽管随着事件的解决，相关的舆论会减弱、消失，但对网民的认知产生的影响则长久存在，因为网民会'点点滴滴记心头'，这种'累积效应'又会在下一个事件发生时显现出来"。那么，随着近年来中国与周边国家的摩擦增多，相应的网络民族主义话语实践长期积累下来，会产生怎样的后果，形成怎样的网络民族主义话语变迁脉络，值得进一步探究。本文以南海仲裁事件为例来分析网络民族主义的话语实践，仍属个案研究，未来还需要建立数据库，对多个同类案例进行比较分析，以便从更长时间来看网络民族主义的话语变迁及其背后的社会变迁。

（二）区别以表演、发泄为诉求的网络民族主义和以影响现实政治为诉求的网络民族主义

虽然有研究认为网络民族主义会影响外交政策，但对于很多网民来说，参与讨论本身就是全部意义，似乎并没有想到这些网络表达会真的有什么影响。叶淑兰（2014）在分析有关南海领土冲突的国内公众舆情问卷数据后发现，公众舆论对于南海问题自相矛盾，虽然言语上表示关注，但在参与发送小册子、抗议、签名、撰写论文与发表网上文章等具体行动上，参与度很低；虽然要求中国政府在南海问题上态度要更为强硬，但又对中国的南海政策表示基本满意；虽然认为美国在南海问题上干涉中国主权，但又没把加强

与美国的磋商作为解决问题的途径。总的来说，公众自认为个人对中国的南海决策是没有影响力的，即使汇聚成网络舆论，认为其对中国南海决策有影响力的也只占54.9%。还有刘海龙（2017）的研究也发现，热情参与"帝吧出征"的"小粉红"群体，也并不认为"出征"真的能够对现实有什么改变。

从这个意义上来讲，如果真的以"不稳定、自相矛盾、情绪化"（叶淑兰，2014）的公众舆论为依据制定相关外交政策的话，这无疑有很大的风险。我们需要区分以表演、发泄为诉求的网络民族主义和以影响现实政治为诉求的网络民族主义，区分因文化冲突引起的网络民族主义和因领土争端引起的网络民族主义等。这相应涉及的一个问题是，既然网络民族主义并不必然导致大规模的线下行动（Qiu，2006），那么从网络民族主义话语实践到现实中的线下行动，相关影响因素有哪些？在什么样的条件下，更容易触发线下的抵制行为？这些问题，还有待后续进一步探讨。

参考文献

安东尼·吉登斯、菲利普·萨顿：《民族、战争与恐怖主义》，赵旭东等译，载《社会学（下）》（第七版），北京大学出版社，2015。

安珊珊、杨伯溆：《中日BBS论坛中涉日议题的网络民族主义呈现》，《青年研究》2011年第2期。

陈岳芬：《深刻理解"话语研究"——梵·迪克〈话语研究——多学科导论〉解读》，《新闻大学》2016年第1期。

丁和根：《大众传媒话语分析的理论、对象与方法》，《新闻与传播研究》2004年第11期。

甘莅豪：《媒介话语分析的认知途径：中美报道南海问题的隐喻建构》，《国际新闻界》2011年第8期。

葛素华：《国内网络民族主义研究：现状与问题》，《现代国际关系》2014年第4期。

黄煜、李金铨：《90年代中国大陆民族主义的媒体建构》，《台湾社会研究季刊》2003年第50期。

李红梅：《如何理解中国的民族主义？：帝吧出征事件分析》，《国际新闻界》2016年第11期。

刘国强：《作为互动仪式的网络空间集体行动》，《国际新闻界》2016年第11期。

刘海龙：《像爱护爱豆一样爱国：新媒体与"粉丝民族主义"的诞生》，《现代传播》2017年第4期。

刘军宁：《民族主义四面观》，爱思想网站，http：//www.aisixiang.com/data/6810.html，2005年5月17日。

刘立华：《传播学研究的话语分析视野》，《国际新闻界》2011年第2期。

孟建、孙祥飞：《"中国梦"的话语阐释与民间想象——基于新浪微博16万余条原创博文的数据分析》，《新闻与传播研究》2013年第11期。

闵大洪：《对中国网络民族主义的观察、分析——以中日、中韩关系为对象》，《中国网络传播研究》2009年第3辑。

潘忠党：《架构分析：一个亟需理论澄清的领域》，《传播与社会学刊》2006年第1期。

沈国麟、王倩：《利益冲突和观念落差："中菲南海冲突"的对外传播话语结构及其"二次传播"效果》，《国际新闻界》2014年第12期。

王军：《试析当代中国的网络民族主义》，《世界经济与政治》2006年第2期。

王军：《网络民族主义与中国外交》，中国社会科学出版社，2011。

王洪喆、李思闽、吴靖：《从"迷妹"到"小粉红"：新媒介商业文化环境下的国族身份生产和动员机制研究》，《国际新闻界》2016年第11期。

王玉玮、董天策：《民族主义：当代中国传媒的一种话语实践》，《现代传播》2010年第1期。

王喆：《"今晚我们都是帝吧人"：作为情感化游戏的网络民族主义》，《国际新闻界》2016年第11期。

熊慧：《新民族主义媒体话语的社会历史分析1990—2008》，《传播与社会学刊》2014年第28期。

徐志明：《从"69圣战"事件看我国网络民族主义》，《山西高等学校社会科学学报》2011年第2期。

杨国斌：《引言：英雄的民族主义粉丝》，《国际新闻界》2016年第11期。

叶淑兰：《南海问题的公众舆论及其对决策影响的分析》，《国际新闻界》2014年第12期。

Anderson, B., *Imagined Communities: Reflections on the Origin and Spread of Nationalism* (2nd Ed), London, UK: Verso, 1991.

Prasenjit Duara, "De-constructing the Chinese Nation", *The Australian Journal of Chinese Affairs*, 30 (1993).

Lakoff, G., Johnsen, M, *Metaphor We Live by*, London: The University of Chicago

Press, 2003.

Shih-Diing Liu, "China's Popular Nationalism on the Internet: Report on the 2005 Anti-Japan Network Struggles", *Inter-Asia Cultural Studies*, 7 (2006).

Jack Linchuan Qiu, "The Changing Web of Chinese Nationalism", *Global Media and Communication*, 2 (2006).

Rick Kosterman, Seymour Feshbach, "Toward a Measure of Patriotic and Nationalistic Attitudes", *Political Psychology*, 10 (1989).

Sun, W. N., "Media Events or Media Stories? Time, Space and Chinese (Trans) Nationalism", *International Journal of Cultural Studies*, 4 (2001).

Zhao, S. S., "China's Pragmatic Nationalism: Is It Manageable?", *The Washington Quarterly*, 29 (2005).

B.11
澳门公众新媒体使用与社会心态调查研究[*]

赖凯声　杨嘉敏　杨浩燊　张志安　何凌南[**]

摘　要： 在新媒体广泛普及和快速发展的背景下,探讨公众的新媒体使用现状以及社会心态特征具有重要意义。但已有的研究证据多集中于中国内地,对港澳关注较少。为此,本研究对澳门公众的新媒体使用以及社会心态特征(包括社会问题关注、社会感受、价值观、社会认同度四大方面)进行了问卷调查研究。结果显示:①在新媒体使用现状方面,澳门近七成的受访者平均每天使用网络新媒体的时间在2个小时以上,并且工作学习、自我表达需要分别为使用新媒体最高和最低的动机。②在社会心态的社会问题关注度方面,澳门非本地人对全国性社会问题关注度高于本地人,食品安全与物价问题是共同关注的热点问题。③在社会感受方面,澳门公众的安全感较高,其次为信任感和幸福感,澳门公众的社会参与感和被剥夺感相对较低。④在价值观方面,超七成澳门公众具有后物质主义价值观倾向,并且年龄越低、学历越高的澳门

---

[*] 本文获广东省哲学社会科学"十三五"规划2016年度资助项目"基于大数据挖掘的广东网民社会心态研究"(项目号GD16CXW01)资助,系广东省舆情大数据分析与仿真重点实验室的研究成果。

[**] 赖凯声,博士,副研究员,中山大学传播与设计学院大数据传播实验室专职研究员;杨嘉敏,硕士研究生,中山大学传播与设计学院;杨浩燊,硕士研究生,中山大学传播与设计学院;张志安,博士,教授,中山大学传播与设计学院院长、大数据传播实验室主任;何凌南,博士,讲师,中山大学传播与设计学院大数据传播实验室副主任。

公众越倾向于认同后物质主义价值观。⑤在社会认同度方面，澳门公众对澳门的认同感最高，且对内地的认同感已经超越香港。

关键词： 新媒体社会心态　社会认同　价值观　澳门

一　引言

CNNIC发布的第39次《中国互联网络发展状况统计报告》数据显示，截至2016年，中国网民规模已超过7亿，普及率已经达到53.2%，其中排名前三的网络应用即时通信（例如微信、QQ）、搜索引擎、网络新闻的网民使用率均已超过80%。互联网的快速普及与发展，与中国的全球化、市场化、城市化等进程密切交织，成为当前转型期中国社会正在经历的最为突出的几大特征。在当前网络新媒体广泛普及的大背景下，公众在社会议题的关注、社会情绪的表达、社会互动等方面表现出丰富、复杂的特征，这对国家治理服务现代化和社会治理而言，既是机遇，也是挑战。一方面，新媒体的崛起以及相关技术的发展，提供了丰富的数据资源和沟通平台，为社会治理提供了前所未有的机遇；另一方面，新媒体平台的开放性、复杂性、匿名性等特征，大大增加了社会治理的难度，并且形成了巨大的挑战。因此，及时了解公众的新媒体使用行为规律以及社会心态特征具有重要的意义。

但已有关于公众新媒体使用和社会心态的研究证据大多集中于内地公众，针对香港地区，尤其是澳门地区公众的研究相对较少。在互联网使用和新媒体使用方面，2010年易研网络研究实验室及澳门大学发布的《澳门互联网使用现状统计报告》数据显示，澳门地区网民比例由2001年的33%上升至2009年的70%。高网络普及率的澳门，在Facebook、Twitter、微博、微信等社交媒体崛起的大背景下，在新媒体使用以及公众社会心理特征方面具有怎样的规律，仍然是有待深入研究的问题。

在公众社会心态方面，社会心态被认为是与中国社会变迁和社会转型密切联系的概念（王俊秀，2014），是社会变迁研究的一个重要组成部分，也是政府宏观决策、管理部门和研究中国现实社会变迁及社会问题的学术界不容忽视的问题（杨宜音，2006）。社会心态是指在一段时间内弥散在整个社会或社会群体、社会类别中的社会共识、社会情绪和感受，以及社会价值取向（杨宜音，2006）。杨宜音、王俊秀及其团队结合社会心理学、社会学研究的相关理论和成果，通过社会需要、社会认知、社会情绪、社会价值观以及社会行动五个一级指标及一系列二级指标来对社会心态的结构进行操作化和测量（杨宜音、王俊秀，2013；王俊秀，2014）。研究者在全国范围内展开问卷调查和实证研究，并且连续发布《社会心态蓝皮书》年度出版物（杨宜音、王俊秀，2013）。也有一些研究者围绕特定情境或者特定主题的社会心态开展了一系列研究。例如，应小萍（2012）关于灾难情境下社会心态的研究，吕小康和张慧娟（2017）关于医患关系和信任问题的社会心态研究。还有研究者关注中国社会心态与道德生活的总体状况及其关系，并通过其主持的国家社会科学基金项目对工人、农民工、军人、教师、科技人员、公务员共六大群体做了全国性的调查研究（马向真，2011）。此外，关于特定地区公众社会心态的特征及其规律问题，也逐渐得到一些研究者的关注，如杨洁（2012）关于甘肃居民社会心态的研究。已有社会心态的研究多集中于对中国整体社会心态的研究，或者对于内地层面的社会心态研究。

也有一些研究者从价值观等角度入手，研究了香港地区公众价值观特征。例如，许燕等（2001）基于香港和北京两地大学生的问卷调查数据，比较了两地大学生在价值观上的差异，结果发现两地大学生在价值观上的排序的确有所不同。但总体而言，目前对于港澳地区，尤其是对澳门公众社会心态进行的较为系统、深入的研究论证仍然较少。随着港澳地区与内地间的联系和交流日益密切，三地在经济、人才、教育等方面的合作愈发深入。因此，探讨新媒体大背景下港澳公众新媒体使用及社会心态特征，对于促进两岸三地的沟通、推进社会治理具有重要意义。澳门作为联结东西方的重要桥梁，其受到中国文化、葡萄牙文化等多种文化的共同影响。澳门自身历史的特殊性使得澳门公众的社会议题关注、社会感受、价值观、社会认同等社会心态特征更具多元性和复杂性。

为此，本研究立足于澳门，由中山大学传播与设计学院大数据传播实验室联合澳门传播学会开展问卷调查，揭示澳门公众的新媒体使用现状和社会心态特征。本次调查问卷于2017年4月下旬发放，共回收有效纸质版及电子版问卷943份。

二 新媒体使用现状

（一）网络新媒体的使用时间

参与调查的澳门公众平均每天使用网络新媒体的时间如图1所示。其中，平均每天使用2~3小时的受访者占比最高（27.0%），平均媒体使用3~5小时、5小时以上的人数占比分别居于第二位、第三位。近七成的受访者平均每天使用网络新媒体的时间在2小时以上（68.8%）。

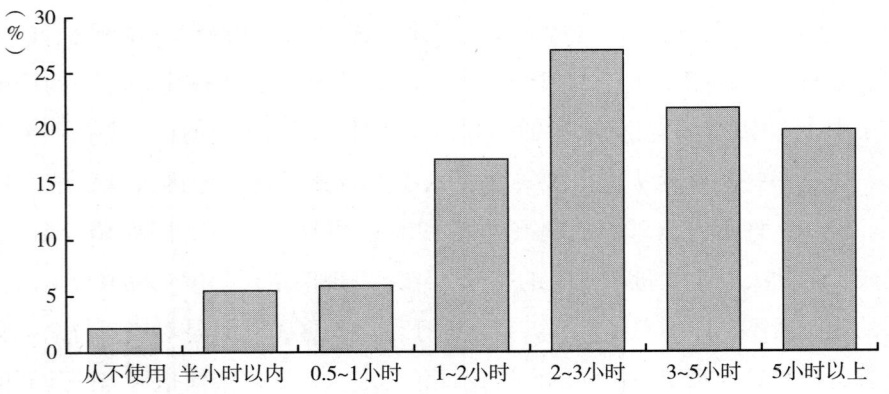

图1 平均每天使用网络新媒体的时长

澳门公众在网络新媒体的使用时间方面也存在一定的人群差异，高学历、年轻、女性公众的网络新媒体使用时间更长。具体而言，女性受访者的网络新媒体使用时长显著高于男性（$M_{男} = 4.92$，$M_{女} = 5.22$，$t = -2.948$，$p = 0.003 < 0.01$）；网络新媒体使用时长随着年龄的增大而缩短（$F = 14.358$，$p = 0.000 < 0.001$），其中25岁以下受访者平均使用时长显著高于31~40岁受访者，31~40岁受访者的使用时长显著高于41岁及以上受访者；网络媒体使用时长随着学历的升高而增长（$F = 14.961$，$p = 0.000 < 0.001$），其中，学历为初中及以下受访者（$M = 4.04$）的使用时长显著低于高中学历受访者（$M = 4.54$），高中学历受访者则显著低于本科（$M = 5.10$）、硕士及以上（$M = 5.53$）学历受访者。

（二）新媒体使用动机

报告分别考察了受访者使用新媒体来实现社交交友、工作学习、购物、自我表达需要的程度（采用李克特5级量表，1=非常不认同，5=非常认同，报告结果均已反向计分）。

1. 总体使用动机：工作学习、购物、社交交友、自我表达

总体而言，澳门公众使用新媒体的动机由高到低依次是"工作学习"（$M = 4.18$，$SD = 0.838$）、"购物"（$M = 3.77$，$SD = 1.054$）、"社交交友"（$M = 3.72$，$SD = 0.994$）、"自我表达"（$M = 3.21$，$SD = 1.140$）。其中，认同（包括"比较认同"和"非常认同"）使用新媒体进行社交交友的受访者占比58.6%，工作学习占比79.6%，购物占比61.7%，自我表达占比38.3%。

2. 不同人群的使用动机差异

报告进一步分析了澳门公众新媒体使用动机在性别、年龄和学历上的差异。

（1）性别：女性使用新媒体满足购物、工作学习需求的程度更高

女性使用新媒体满足购物（$M_{男} = 3.60$，$M_{女} = 3.98$，$t = -5.52$，$p = 0.000 < 0.001$）和工作学习（$M_{男} = 4.08$，$M_{女} = 4.29$，$t = -3.829$，$p = 0.000 < 0.001$）需求的程度要显著高于男性，而在社交交友（$M_{男} = 3.67$，$M_{女} = 3.77$，$t = -1.500$，$p = 0.134 > 0.05$）和自我表达（$M_{男} = 3.22$，$M_{女} = 3.20$，$t = 0.343$，$p = 0.731 > 0.05$）方面没有显著差异（见图2）。

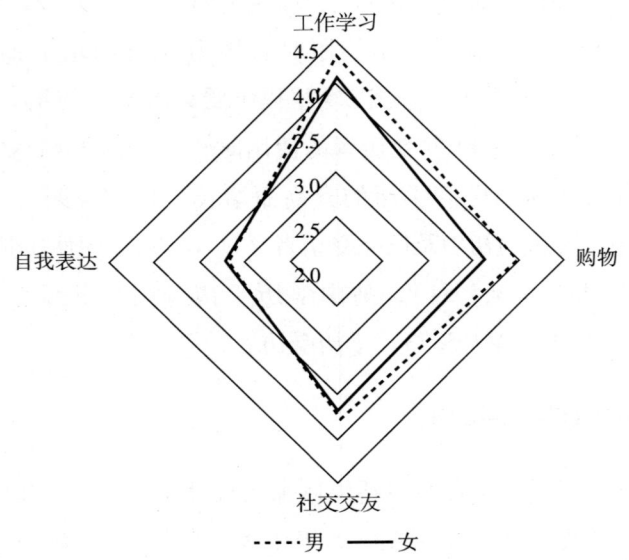

图 2　不同性别人群在新媒体使用动机上的差异

（2）年龄：购物需求上的差异最大，社交交友需求差异最小

澳门公众在新媒体的使用动机上呈现随着年龄增长而下降的总体趋势，且不同年龄段在不同使用动机上均存在显著差异。根据差异程度由大到小依次为："购物"（$F=23.755$，$p=0.000<0.001$）、"自我表达"（$F=13.283$，$p=0.000<0.001$）、"工作学习"（$F=11.707$，$p=0.000<0.001$）和"社交交友"（$F=8.030$，$p=0.000<0.001$）。可见，澳门不同年龄段公众使用新媒体满足购物方面需求的差异最大，实现社交交友方面需求的差异最小。其中，在满足购物需求方面，40 岁及以下受访者显著高于41~50 岁受访者，41~50 岁受访者则显著高于50 岁以上受访者；在满足社交交友需求方面，40 岁及以下受访者显著高于 40 岁以上受访者，而 41~50 岁与 50 岁以上受访者之间则不存在显著差异。

（3）学历：在满足工作学习需求方面差异最大，自我表达方面差异最小

澳门公众在新媒体的使用动机上呈现随着学历增加而上升的总体趋势，

且不同学历水平受访者在不同使用动机上均存在显著差异。根据差异程度由大到小依次为："工作学习"（$F=13.074$，$p=0.000<0.001$）、"购物"（$F=11.650$，$p=0.000<0.001$）、"社交交友"（$F=9.560$，$p=0.000<0.001$）和"自我表达"（$F=6.564$，$p=0.000<0.001$）。可见，澳门不同学历水平的公众使用新媒体满足工作学习方面需求的差异最大，实现自我表达方面需求的差异最小。其中，在满足工作学习需求方面，本科、研究生及以上学历受访者显著高于高中学历受访者，高中学历受访者则显著高于初中及以下学历受访者；在自我表达需求方面，初中及以下学历受访者显著低于其他学历受访者，其他学历受访者在自我表达需求方面不存在显著差异。

三 社会问题关注度

澳门公众的社会问题关注度，主要包括全国社会问题关注度、澳门社会问题关注度两大方面。其中，全国社会问题关注度中具体包括住房问题、食品安全、药品安全、看病就医等，澳门社会问题关注度中具体包括与内地的关系、博彩业发展、旅游业发展、粤澳经济发展等。

（一）对全国性议题的关注

澳门非本地人对全国社会问题的关注度高于澳门本地人。其中，养老和国际社会威胁是澳门本地人最为关注的全国社会问题（见图3）。

在对全国社会问题的总体关注度上，非澳门本地人相对于澳门本地人，对全国社会问题的关注度更高，更多地关注全国范围内的社会现状。相对而言，澳门本地人对全国的养老与国际社会威胁问题关注度最高，其次为人身安全与食品安全问题，而对刑事犯罪问题的关注度最低。其中，在国际社会威胁问题上，受访人群的学历越高，对该问题的关注度越高。

（二）对本地性议题的关注

澳门本地人对澳门本地社会问题的关注度高，食品安全与物价问题是澳

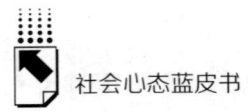

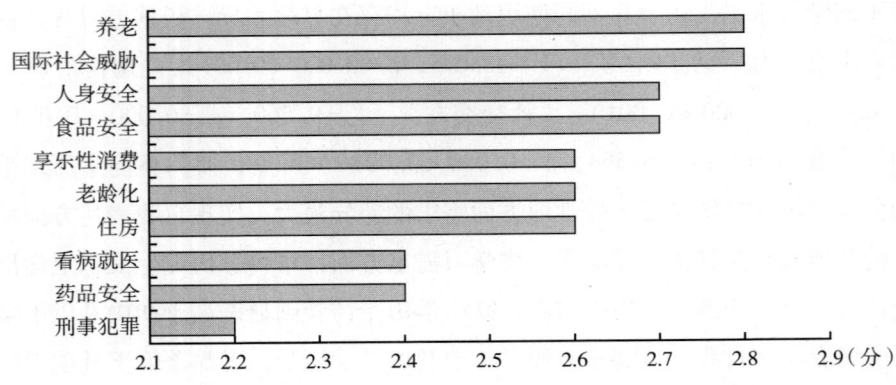

图3 澳门本地人对全国社会问题的关注度（总分为5分）

门本地人和非澳门本地人共同关注的热点问题。

澳门本地人对澳门本地社会问题的总体关注度高于对全国社会问题的关注度，其中，澳门本地人最为关注交通出行与物价问题，其次为食品安全问题，对国际事务与刑事犯罪问题的关注度最低（见图4）。在物价和食品安全问题上，澳门本地人（分别为3.8分、3.7分）与非澳门本地人（分别为3.0分、3.0分）均具有较高的关注度，表明食品安全与物价问题是澳门公众普遍关注的热点社会问题。

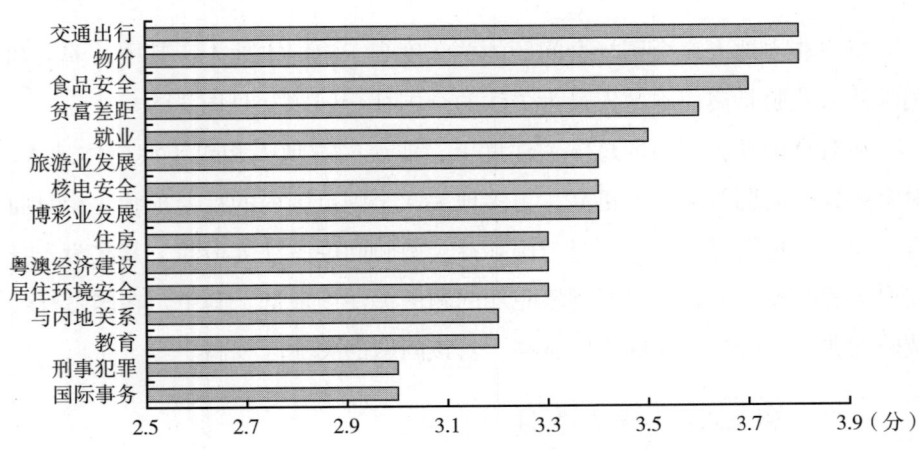

图4 澳门本地人对澳门社会问题的关注度

四 社会感受

社会感受方面，主要包括幸福感、公平感、安全感、信任感、弱势感、压力感、被剥夺感、社会参与感八种类型，在问卷中采用5点评分法，对受访人群的社会感受进行测量。

（一）安全感

本次澳门社会心态调查数据显示，澳门公众的八种社会感受中，安全感水平最高，其均值高达3.7分。澳门本地人与非澳门本地人的安全感均较高，超过60%的澳门本地人与非澳门本地人表示安全感较强。澳门公众的信任感、幸福感也较强，其均值均为3.5分。此外，澳门公众的社会参与感、弱势感和被剥夺感最低，均值分别为3.2分、3.2分、3.1分（见图5）。

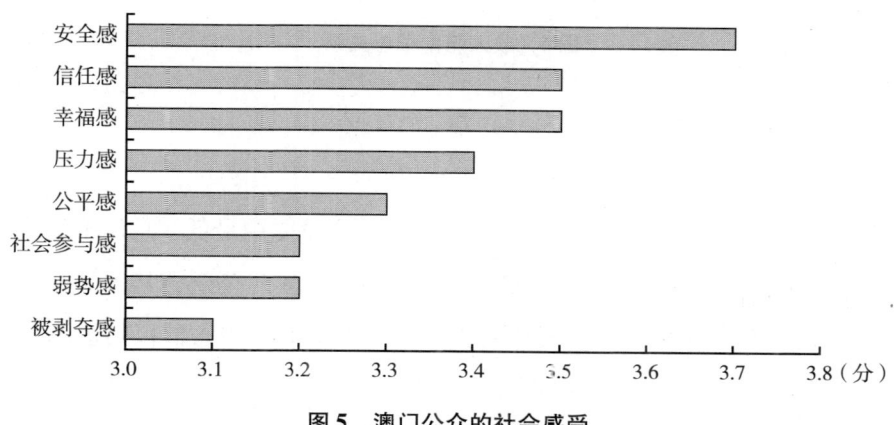

图5 澳门公众的社会感受

（二）幸福感

本报告将月收入低于8000元的人群定义为"低收入人群"，将月收入为8000~20000元的人群定义为"中等收入人群"，将月收入高于20000元的人群定义为"高收入人群"。澳门公众中低收入人群、中等收入人群以及高收入人群分别占比为 21.3%、35.5% 和 43.2%。数据显示：澳门高收入人群的幸福感最高，其次为低收入人群，而中等收入人群的幸福感最低（见图 6）。其中，中等收入人群的年龄分布主要集中于 30 岁以下的年轻人。具体而言，在中等收入群体中，25 岁以下年轻人占比 28%，26~30 岁年轻人占比 45.2%，即 30 岁以下的年轻人占比 73.2%。

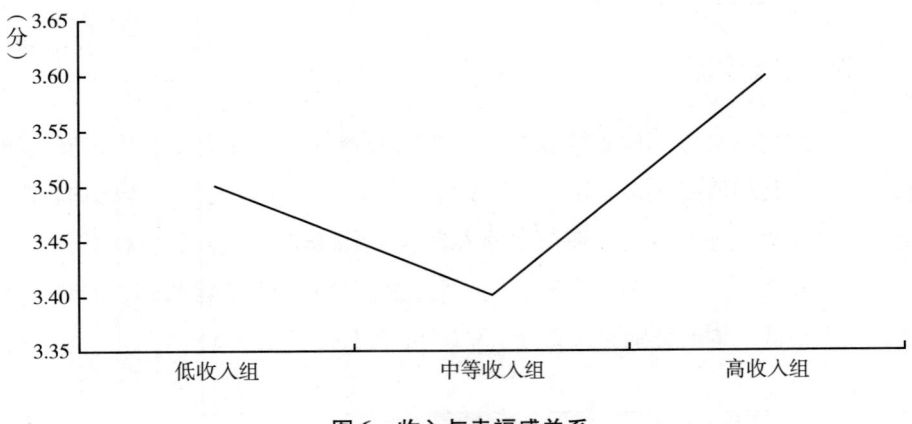

图 6　收入与幸福感关系

（三）被剥夺感

澳门公众的被剥夺感在本次调查的八种社会感受中最低，总体平均值为 3.1 分。从居住时长方面看，在澳居住时间越长的澳门公众，其被剥夺感也越强（见图 7）。具体而言，居住时长为 5 年以下的受访人群，其被剥夺感最低，均值为 2.9 分；居住时长为 5~20 年的受访人群，其被剥夺感均值为 3.1 分；而居住时长在 20 年以上的受访人群，其被剥夺感均值为 3.2 分。

（四）社会参与感

从总体趋势上看，澳门公众的收入越高，其社会参与感越高，参与社会事务的意愿越强（见图 8）。其中，月收入水平在 3 万元及以上的公众社会参与感最高，而月收入水平低于 4000 元的公众社会参与感最低。此外，在

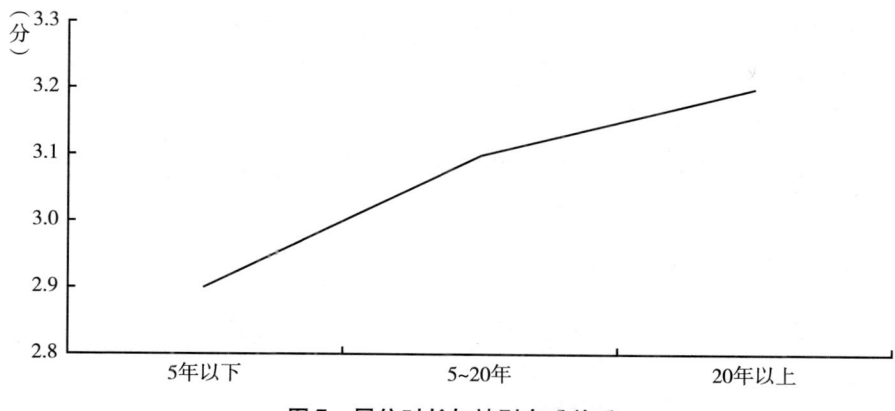

图 7 居住时长与被剥夺感关系

澳门居住时长为 5~20 年的受访人群，其社会参与感最高（M = 3.3），而居住时间为 5 年以下或 20 年以上的受访人群，其社会参与感较低（M = 3.1）。

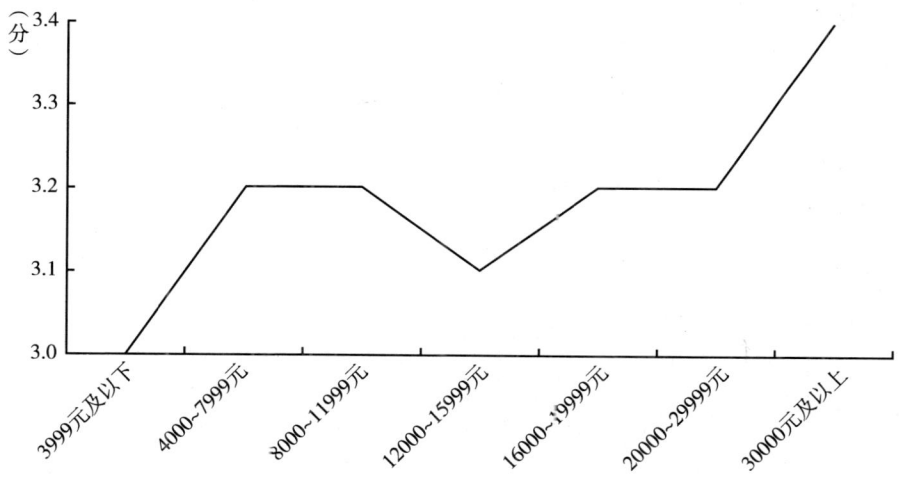

图 8 收入与社会参与感关系

五 价值观

本次调查中的价值观测量采用英格尔哈特的后物质主义价值观量表

(英格尔哈特，1997），其主要表现为：关注更多发言权（保证人们在工作单位和社区中有更多的发言权）、美丽宜居（努力使我们的城市和乡村变得更美丽）、人道社会（向更人道的社会发展）、重视精神（向精神重于物质的社会发展）、影响政府决策（使人们在重要的政府决策上有更多的发言权）以及言论自由（保障言论自由）。后物质主义价值观指数总分为5分，分值越大，后物质价值观倾向越明显。

（一）后物质主义价值观在澳门公众中开始显现

本次调查数据显示，后物质主义价值观在澳门公众中开始显现，有超过七成的澳门公众选择了一个及以上反映后物质主义价值观特征的选项，包括"保证人们在工作单位和社区中有更多的发言权""使人们在重要的政府决策上有更多的发言权""保障言论自由""向更人道的社会发展""向精神重于物质的社会发展"等。澳门公众的后物质主义价值观指数得分见图9。

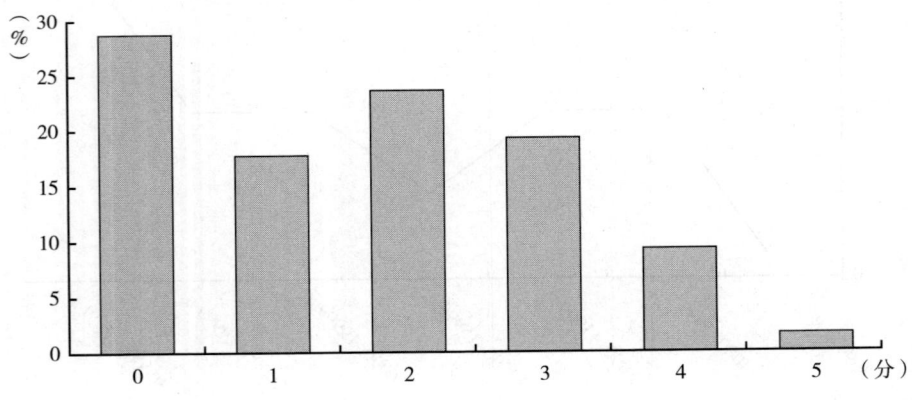

图9　澳门公众的后物质主义价值观指数得分

（二）年龄越低，越倾向于认同后物质主义价值观

从年龄分布上看，年轻人更倾向于认同后物质主义价值观，而中老年人则更为认同物质主义价值观。25岁及以下年轻人的后物质主义价值观指数

得分为 2.1 分，26~30 岁和 31~40 岁人群的指数得分分别为 1.9 分和 1.7 分，而 41 岁及以上人群的后物质主义价值观指数为 0 分（见图 10）。可见，30 岁及以下年轻人更认同后物质主义价值观，更为关注绿色经济、社会公益、环境保护等问题，并且强调政治参与、注重自身的言论自由和权利。

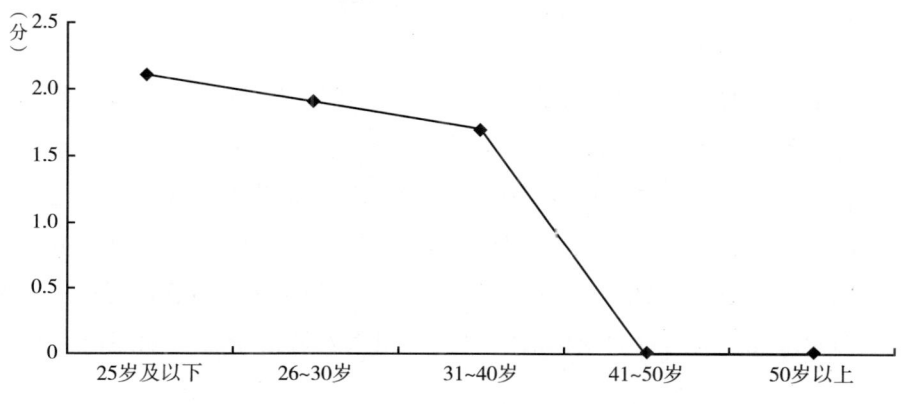

图 10　不同年龄段与后物质主义价值观指数

（三）学历越高　越认同后物质主义价值观理念

从学历分布的总体规律来看，学历越高，越倾向于认同后物质主义价值观。具体来看，本科学历的受访人群后物质主义价值观指数最高，均值达

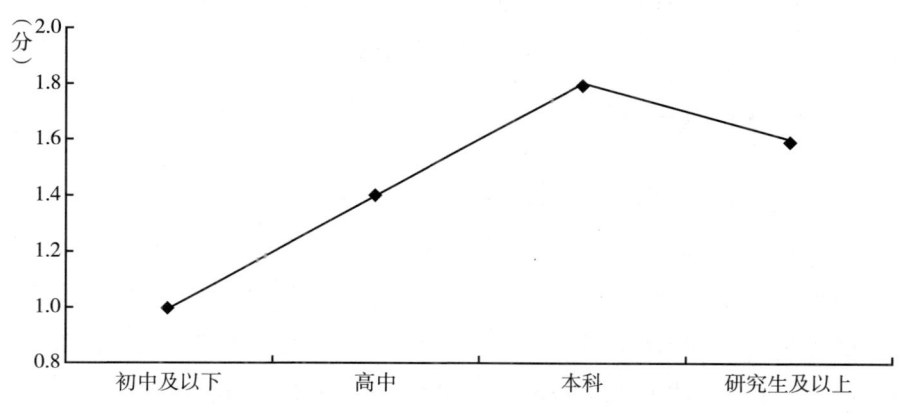

图 11　不同学历与后物质主义价值观指数

1.8分；其次为研究生及以上学历人群，均值为1.6分；而高中学历受访人群的后物质主义价值观指数为1.4分；初中及以下学历受访人群则为1.0分（见图11）。这表明，受教育程度高的人群，更多地持有后物质主义价值观。

六 社会认同度

社会认同的测量主要包括澳门、内地、香港三地的社会认同度。具体而言，包括各地区亲切感、交往联系、未来发展信心等维度。例如，在亲切感维度，询问受访者对"我对澳门有一种亲切感""情感上，我觉得自己离不开澳门"等表述的同意程度；在交往联系维度，询问对"我与澳门本地人相处融洽""我的朋友中有很多是澳门本地人"等表述的同意程度；在未来发展信心维度，询问对"我相信澳门会有很大发展前景"等表述的同意程度。

通过对比关于内地、香港、澳门三地的认同度发现，澳门公众对澳门的整体认同度最高（M=3.9），对内地（M=3.5）的认同度高于香港（M=3）。尽管澳门毗邻香港，社会环境深受香港的影响，但近年来内地经济快速发展，内地对澳门公众的吸引力逐渐超越香港，带动更多澳门公众到内地寻求工作、升学机会，甚至在内地长期定居，内地对澳门公众的吸引力与影响力日趋上升。在对内地、香港、澳门三地的社会认同度调查中，澳门公众对内地的整体认同度高于对香港的整体认同度。

（一）澳门认同度

1. 年龄越大，对澳门的认同度越高

结果显示，年龄越大的澳门公众，其澳门认同度越高。其中，50岁以上人群的澳门认同度分值为4.3分（总分为5分），而25岁及以下年轻人的澳门认同度均值为3.7分（见图12）。当询问受访者"是否非常关心澳门发展前景"时，中老年群体中超过80%的受访者表示"比较认同"和"非常认同"，而25岁及以下年轻人对应的占比为71%。当询问受访者"是否相信澳门会有很大的发展"时,分别有83%的41～50岁受访者和87%的50岁以上受访者表示比较认同和非常认同,而25岁及以下的年轻人这一占比则为57%。与中老年人相比,年轻人对澳门未来发展更多地持有观望态度。此外,中老年群体在澳门居住时间较长,对澳门有更深的感情和更高的认同。50岁以上的受访者对"我对澳门的亲切感""我会主动向外地人介绍我对澳门的印象""情感上,我觉得自己离不开澳门"这三种表述的认同比例分别达97%、93%、77%。相比之下,25岁及以下的青年人,上述指标的认同比例分别为70%、60%、40%。

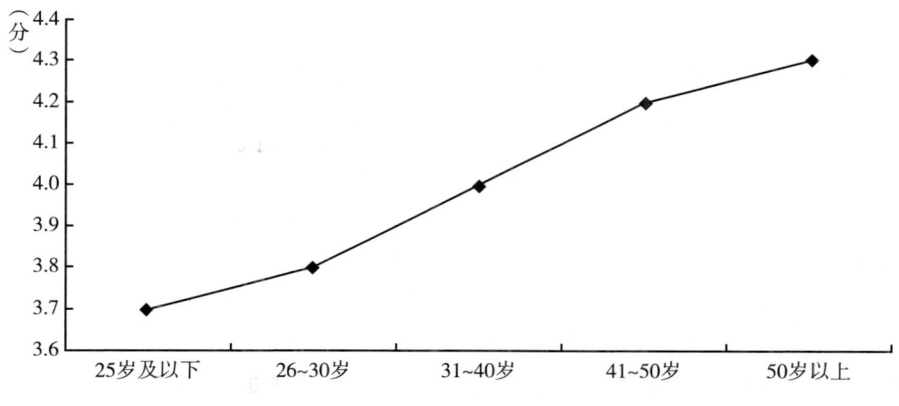

图12 公众年龄与澳门认同度关系

2. 非澳门本地人关心澳门未来的前景,但在澳门长期工作、定居的意愿有待提升

在本次调查中,"非澳门本地人"指的是在澳门生活但未持有澳门本地身份证的受访者,共计311位,占比33%。其中,超过半成受访者表示对澳门有亲切感,并且有64%的受访者认同"非常关心澳门未来的发展前景",63%的受访者认同"相信澳门会有很大的发展前景"(见图13)。可见,非澳门本地人对澳门的认同程度较高,对澳门未来的发展有着乐观的预测。但值得注意的是,虽然非澳门本地人对澳门有着较为乐观的预期,但仅有44%和36%的非澳门本地人表示愿意长期在澳门工作和定居。

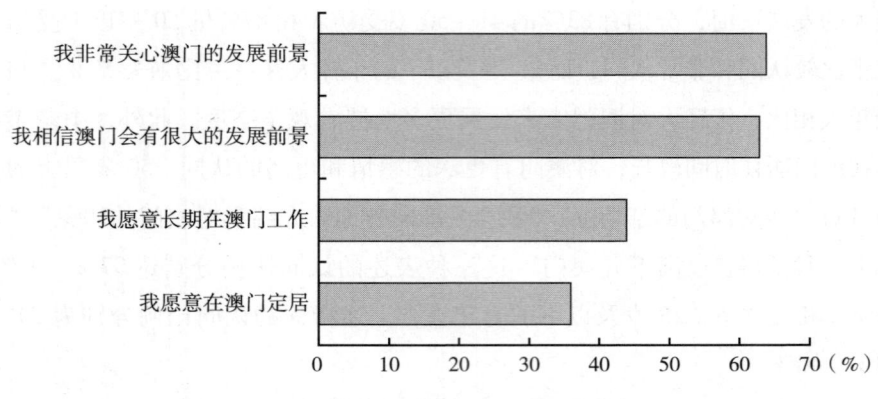

图13 非澳门本地人的澳门认同度占比

3. 月收入2万元及以上的受访人群对澳门认同度较高

月收入在2万元及以上的受访人群对澳门的认同度明显高于月收入2万元以下的受访人群（见图14）。月收入在2万元及以上的受访人群占总人群的比例达43%，多为公职人员或中小企业主，对澳门的认同度较高，关注澳门未来发展前景，并且倾向于长期在澳门工作、定居。

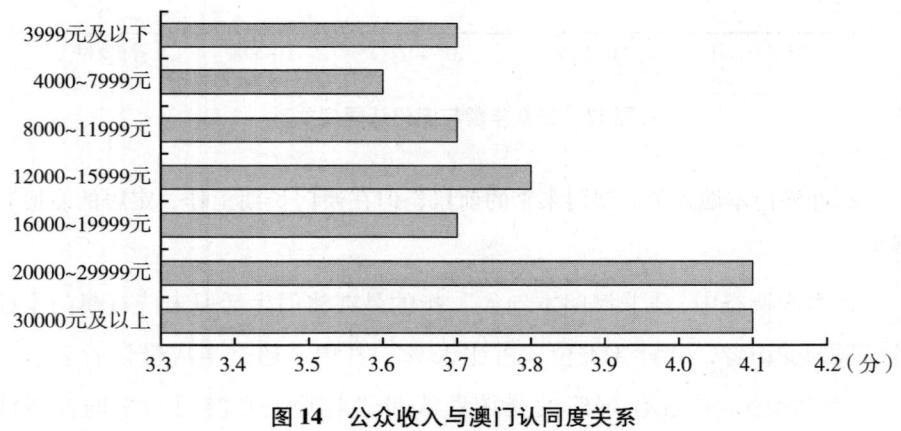

图14 公众收入与澳门认同度关系

（二）内地认同度

澳门公众对内地的认同度较高，在不同年龄段上均有超过半数的受访者表示相信内地未来会有很大发展。但在澳门本地人与非澳门本地人间存在一定的差异。澳门本地人对内地的认同度低于非澳门本地人，澳门本地人的内地认同度平均分值为 3.3 分（总分为 5 分），而非澳门本地人的平均分值为 4.1 分。这或许与非澳门本地人和内地有着更为密切的交往和联系有关。

（三）香港认同度

澳门本地人与非澳门本地人在香港认同度的问题上有一定程度的差异。相对于非澳门本地人而言，澳门本地人对香港的认同度更高（见图 15）。澳门本地人与香港有着更多的联系与往来，对香港的亲切感显著高于非澳门本地人，近半数的澳门本地人表示非常关心香港的未来发展前景，并且对香港未来发展有更大信心。非澳门本地人对香港认同度较低，到香港工作或定居的意愿较低。

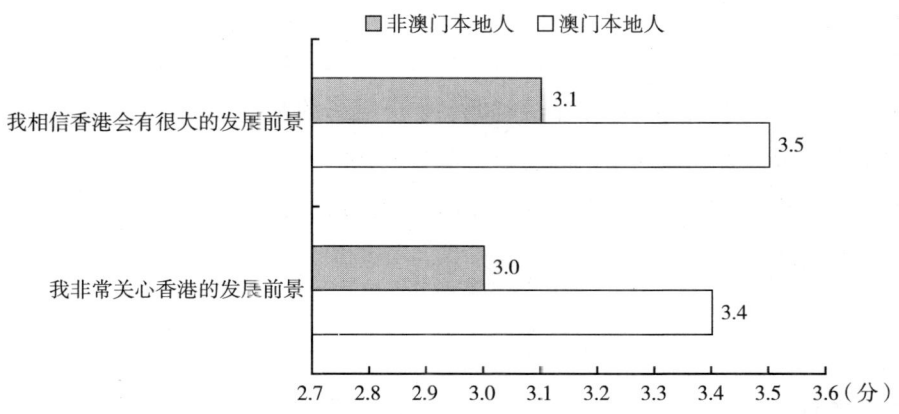

图 15　是否为澳门本地人与香港认同度

七　总结

本研究通过问卷调查的方法，揭示了澳门公众的新媒体使用现状、使用动机，同时分别从社会议题关注度、社会感受、价值观和社会认同度四大方面对澳门公众的社会心态规律进行了研究。研究结果可为了解新媒体背景下澳门公众的社会心态特征以及引导和培育积极社会心态提供决策参考。本研究的主要结论如下。

（1）在新媒体使用现状方面，澳门公众的网络新媒体使用较为普遍，且近七成的受访者平均每天使用网络新媒体的时间在2小时以上。在新媒体使用动机方面，工作学习、自我表达需要分别为使用新媒体最高和最低的动机；不同人群在新媒体的使用动机方面也存在差异，例如，女性相对于男性更倾向于使用新媒体满足购物和工作学习的需要。满足购物需求在不同年龄段群体上的差异最大，而满足社会交友需求在不同年龄段上的差异则最小。

（2）在社会心态方面，在对社会问题的关注度上，澳门非本地人对全国社会问题的关注度高于本地人，澳门本地人则较为关心交通出行等社会议题，而食品安全与物价问题是共同关注的热点问题。在社会感受上，澳门公众的安全感较高，其次为信任感和幸福感，澳门公众的社会参与感、弱势感和被剥夺感则相对较低。关于澳门公众的价值观，超七成受访者表现出后物质主义价值观的倾向，并且年龄越低、学历越高的澳门公众越倾向于持有后物质主义价值观。在社会认同度上，澳门公众的地区认同度由高到低依次是澳门、内地、香港，即澳门公众对澳门本地的认同感最高，且对内地的认同感已经超越香港。

参考文献

易研网络研究实验室及澳门大学：《澳门互联网使用现状统计报告》，http：//manetic.org/phocadownload/2010/r10cn.pdf，2010。

中国互联网信息中心：第39次《中国互联网络发展状况统计报告》，http：//cnnic.cn/hlwfzyj/hlwxzbg/hlwtjbg/201701/P020170123364672657408.pdf，2017。

吕小康、张慧娟：《医患社会心态测量的路径、维度与指标》，《南京师范大学学报》（社会科学版）2017年第2期。

马向真：《基于人口学变量研究的当代中国社会心态观察》，《南京师范大学学报》

（社会科学版）2011年第6期。

王俊秀：《社会心态：转型社会的社会心理研究》，《社会学研究》2014年第1期。

许燕、王砾瑟：《北京和香港大学生价值观的比较研究》，《心理学探新》2001年第4期。

杨洁：《甘肃居民的社会心态：基于2010CSSC的实证分析》，《山西师范大学学报》（社会科学版）2012年第2期。

杨宜音、王俊秀：《当代中国社会心态研究》，社会科学文献出版社，2013。

杨宜音：《个体与宏观社会的心理关系：社会心态概念的界定》，《社会学研究》2006年第6期。

英格尔哈特：《现代化与后现代化：43个国家的文化、经济与政治变迁》，严挺译，社会科学文献出版社，1997。

应小萍：《灾难情境下的社会心态研究——"生物－心理－社会"研究思路与方法》，《哈尔滨工业大学学报》（社会科学版）2012年第6期。

Abstract

This book is the sixth annual report of the Blue Book of Social Mentality, issued by Center for Social Psychological Studies (CSPS), Institute of Sociology, Chinese Academy of Social Science (CASS). This book's strategic partners are INTELLVISION and the school of communication and design of Sun Yat-sen University. Authors are from CASS, Sun Yat-sen University, Beijing Forestry University. The topic of this book is social stratification and sense of gain. The book is divided into three parts: social status and subjective well-being, social cognition and innovation, netizens' social mentality.

In the section of social stratification and sense of gain, the book from the perspective of subjective social stratification, subjective and objective social status and self-categorization expands the social stratification researches. The results show that the current level of subjective social status is in the middle. Individual is inclined to self-categorization as relative disadvantaged group. The prospective social status of oneself and the next generation are both higher. The indicators of objective socioeconomic status are correlated to subjective social status, less correlated to the expectation of social status, and can't fully influence individual's self-categorization. Objective and subjective social status are significantly negative related to experience and positive related to intention of social participation. Lower intergroup conflict judgement was related with individual's self-categorization as disadvantaged group, while higher intergroup conflict judgement was related with individual's self-categorization as dominant group. In the pursuit of subjective well-being, the effect of the pursuit of engagement was highest positive impact on subjective well-being, the effect of the pursuit of meaning next to it, and the effect of the pursuit of pleasure was lowest.

In the section of social cognition and innovation, this book attempts to explore the public's risk perception, death attitude and entrepreneurial mentality.

Abstract

The results show that the higher the level of urban identity and the higher the degree of government trust people hold, the lower the environmental risk cognition they perceive. With ages grow, fear of death decrease. For the neural acceptance of death, 70hou and 80hou expressed the lower lever, while 60hou and 90hou expressed the higher lever. People with Religion have higher escape acceptance and approach acceptance of death. People with higher well-being, they have higher neural acceptance, lower escape acceptance and lower approach acceptance. On the entrepreneurial mentality, only more than two percent of entrepreneurs believe that their entrepreneurial success. Entrepreneurs holds higher Creative Self-Efficacy, daily innovation behavior and entrepreneurial environment evaluation than non-entrepreneurs.

In the section of netizens' social mentality, this book explores the netizens' social mentality by taking the hot spots of house price and network nationalism as the entry point, depicts the social mentality of the netizens in Macao. The results reveal that the housing prices concern on microblog of Chinese urban netizens is to some extent positively related to the population density of cities, but not obviously with the urban economic development level. The impact of international conflicts on netizens have gone beyond social mobilization under simple nationalism emotion, and became a dialogue and negotiation process of multiple subjects.

Keywords: Social Mentality; Subjective Social Status; Sense of Gain

Contents

I General Report

B. 1 Pay Close Attention to the Mentality of Different Social
Status and Improve People's Sense of Gain   *Wang Junxiu* / 001

Abstract: The data of the report is from the CASS-INTELLVISION Social Mentality Survey 2017, a large sampling survey of social psychology. The report analyses the characteristics of domestic social mentality. The main contents are subjective social status, different social status's social needs and motivations social cognition, social emotions, social values and social actions. The report study the demand of gain, sense of gain, and influencing factors of gain. According to the social mentality, the report also put forward some policy suggestions.

Keywords: Social Mentality; Subjective Social Status; Sense of Gain

II Social Status and Subjective Well-bing

B. 2 Subjective Social Status of Urban Residents
—*Based on the CASS-INTELLVISION Social Mentality Survey*
Gao Wenjun / 024

Abstract: The current research examined two main questions, one of them is the general level of subjective social status for the current moment, in the past and in the future, and another one is the relationship between objective socioeconomic status and subjective social status. The 13703 urban samples from CASS-INTELLVISION Social Mentality Survey 2016-2017 was analyzed. The results show that the current level of subjective social status is in the middle, which is higher than that of the past. The prospective social status of oneself and the next generation are both higher. The indicators of objective socioeconomic status, such as education, income, occupation and the housing status, are correlated to subjective social status and less correlated to the expectation of social status.

Keywords: Subjective Social Status; Objective Socioeconomic Status; Status Expectation

B. 3 An Analysis of Current Situation and Influencing Factors of Social Participation *Tan Xuyun* / 046

Abstract: Social participation involves various aspects like political, economic, cultural and societal behaviors, and can be influenced by national, societal, organizational, communal, interpersonal and individual factors. How to guide and regulate various social participant behaviors has become a social hotspots and focus issues. Based on the CASS-INTELLVISION Social Mentality Survey 2017, this report focuses on intentions and experiences of social participation in different areas, analyzes their current situations and further explores the influences from sex, age, education, income, and objective and subjective social class. The results demonstrate that people's participant intentions are higher while their participant experiences are lower. ; the intention and experience of participation in environmental protection are highest than the others; various democratic variables, like sex, age and income, have significant influences on intentions and experiences of social participation; objective social status was negatively associated with participation intention while positively associated with participation experiences. After objective social status controlled, subjective social status was still positively associated with intention and experience of participation. In addition, various indexes of objective and subjective status had different influences on intention and

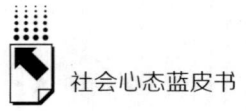

experience of social participation.

Keywords: Social Participation; Social Class; Participant Intention; Participant Experience

B. 4   Self-Categorization and its Influence on the Judgement
of Intergroup Conflict   *Chen Manqi* / 068

Abstract: The research analyzes how self-categorization influence on the judgement of the degree of intergroup conflict, explore how institutional arrangements and acquired outcomes influence on individual self-categorization, probe how institutional arrangements, acquired outcomes, self-categorization influence on the judgement of the degree of intergroup conflict. The data was from CASS-INTELLVISION Social Mentality Survey 2017. The results showed that individual was inclined to self-categorization as relative disadvantaged group. Individual's self-categorization significantly influenced the judgement of intergroup conflict. Lower intergroup conflict judgement was related with individual's self-categorization as disadvantaged group, while higher intergroup conflict judgement was related with individual's self-categorization as dominant group. Individual's categorized self as the rich or the poor was the greatest impact on the degree of severity intergroup conflict, followed by mental or manual laborers, again by employers or employees, and finally by cadres or masses. individual self-categorization was closely related with institutional arrangements and acquired outcomes, but not one by one correspondence.

Keywords: Group; Self-Categorization; Intergroup Conflict

B. 5   The Effect of Orientation to Happiness on the Subjective
Well-Being among Different Areas in China   *Liu Xiaoliu* / 092

Abstract: The theory of orientation to happiness stated that individuals endorse three different ways to by happy: through meaning, through pleasure, and through engagement. All three kinds of orientations could positively affect the subjective well-being. In this study, influencing mechanisms among different areas all over the country were compared. Specifically, the influence of three orientations to happiness on subjective well-being in each area were described. The data used in this study was part of the CASS-INTELLVISION Social Mentality Survey (2017) which was conducted by the Chinese Academy of Social Sciences and INTELLVISION. We found that all three kinds of orientations to happiness had significantly positive effects on subjective well-being. In general, the effect of the pursuit of engagement was highest, the effect of the pursuit of meaning next to it, and the effect of the pursuit of pleasure was lowest. Besides that, each area had its own unique pattern of effects in combination.

Keywords: Area Comparison; Orientation to Happiness; Subject Well-Being

III Social Cognition and Innovation

B.6 The Influence of Place Identity on Environmental Risk Perception

—*Government Trust as a Mediate Variable*

Yin Jiajun, Wu Jianping / 112

Abstract: More and more environmental problems come along with China's development in which large industrial projects "contributes" most. Therefore, there is a lot of opposition, even mass incidents have occurred in some areas. Research on environmental risk perception of specific industrial projects in foreign countries started earlier, the development is very mature, similar research in China started late, and lack of empirical research. In order to find effective ways to improve the ability of environmental risk perception of citizens, this study selected PX project which had caused several incidents in the past ten years as the research object.

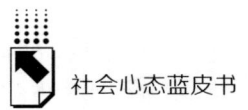

First, through the analysis of urban identity, government trust and environmental risk perception, a theory model is presented. Secondly, through the investigation in Beijing and Dalian, PX risk perception questionnaire has been established. Finally, based on 750 samples from Beijing, Urumqi and Xiamen, we verified the research model, discussed the relationships among variables and the way to improve government trust from the perspective of information communication.

Conclusions are as follows: (1) in different cities, the relationship between urban identity, the government trust and the environment risk perception is not the same; (2) there are differences in different demographic; (3) government trust plays a mediating role between urban identity and risk perception for Xiamen; (4) residents believe more in consistent information and information passed by expert.

Keywords: Urban Identity; Government Trust; Environmental Risk Perception; Mediating Effect; PX Project

B.7 Report on the Death Attitude   Li Yuan / 153

Abstract: This report explores the five dimensions of death attitudes: fear of death, avoidance of death, neural acceptance of death, escape acceptance of death, approach acceptance of death. Using a questionnaire to test a sample of 1733 data, this study probes into the relationship among death attitudes, age period, education level, religion, healthy status, safety feeling, and subjective well-being. The results indicated that: There are significantly differences on death attitudes among age periods groups. With ages grow, fear of death decrease. For the neural acceptance of death, 70hou and 80hou expressed the lower lever, while 60hou and 90hou expressed the higher lever. People with Religion have higher escape acceptance and approach acceptance of death. People without religion have higher neural acceptance of death. However, different religions have different effect direction and extent on the three acceptances of death. People with higher education level have lower escape acceptance of death. People with better Health condition have higher neural acceptance, while People with lower heath condition have higher escape acceptance of death. People with higher safety feeling have lower fear of death and lower escape acceptance. People with higher well-being, they have higher neural acceptance, lower escape acceptance and lower approach acceptance.

Keywords: Death Attitude; Fear of Death; Neural Acceptance; Escape Acceptance; Approach Acceptance

B.8 Annual Report on Entrepreneurship Mentality

(2016-2017)　　　　　　　　　*Tao Xueting, Ying Xiaoping* / 174

Abstract: From the perspective of the social mentality, the study of entrepreneurial mentality aims to explore the social mood state that entrepreneurs have experienced in the process of innovation and entrepreneurship. The data was based on Entrepreneurial Mentality Survey, 2016-2017 including 701 entrepreneurs and 8436 non-entrepreneurs. This report revealed the characteristics of entrepreneurial intention, entrepreneurial environment and the ability of innovation and entrepreneurship.

Keywords: Entrepreneurial Mentality; Innovation and Entrepreneurship; Entrepreneurial Intention; Daily Innovative Behavior; Creative Self-Efficacy

B.9 Research on the Housing Prices Concern of Chinese Urban Netizens: Empirical Analysis Based on the Microblog Data from 95 Cities

Lai Kaisheng, Yang Haoshen, Zhang Zhian,

Gao Dongling and He Lingnan / 201

Abstract: In recent years, with the rapid development of China's housing

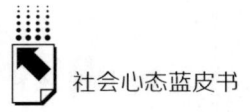

market reform and urbanization process, "housing prices" has become a hot topic of public concern in china. Researchers from Economics, Management and Sociology have conducted a series of studies on the issues of the fluctuation patterns of housing prices, housing security, etc., but research evidence based on the public perspective trying to reveal the general public's psychology about the issue of house prices is still lacking. Therefore, by the text analysis of the objective behavioral data on microblog of users from 95 Chinese cities, this study showed the difference of public concern for house prices in different regions, and tried to explore the relationship between the city's economic, social, demographic characteristics and the concern of housing prices on Internet. The preliminary results of this study indicated that the housing prices concern on microblog of Chinese urban netizens is to some extent positively related to the population density of cities, but not obviously with the urban economic development level.

Keywords: Housing Prices; Urban Netizens; Microblog; Public Concern; Big Data

IV   Social Mentality of Netizens

B.10   Resonance of Multiple Subjects in Cyber-nationalism Discourse Caused by International Conflicts: A Case Study of South China Sea Arbitration

Chen Min, Li Xiaofeng, He Lingnan / 213

Abstract: By using data mining and discourse analysis, this paper analyzes the South China Sea conflict between China and Philippines in 2016. Data shows that the media micro-blogs and celebrities' micro-blogs leading the discussion, common netizens echoing participation, and the frameworks of nationalism and patriotism are resonated. The media micro-blogs are consistent with the official, placing the conflict in Japan, America, and Australia, although the conflict is between China and Philippines. The celebrities' micro-blogs manifest the characteristics of consumption nationalism and fans nationalism. Putting these discourse practice in history, it can be observed that in recent years with growing national strength, foreign policy changes, and the network public space constructing, the impact of international conflicts on netizens have gone beyond social mobilization under simple nationalism emotion, and became a dialogue and negotiation process of multiple subjects.

Keywords: Chinese Cyber-nationalism; Discourse Analysis; South China; Sea Arbitration

B. 11　Investigation on the Use of New Media and Social Mentality of the Public in Macao

Lai Kaisheng, Yang Jiamin, Yang Haoshen,
Zhang Zhian and He Lingnan / 231

Abstract: It is of great significance to explore the current use of new media and social mentality characteristics of the public in the context of the widely use and rapid development of new media. However, the existing research evidence has mainly concentrated on the mainland of China and has less attention to Hong Kong and Macao. Therefore, this research investigated the new media use and social mentality (including four parts: social issues concern, social feelings, values and social identity) of the public in Macao. Results showed: (1) In terms of new media use, nearly 70% of the Macao respondents spend more than 2 hours a day on average on using new media, and meeting the need of work & learning and self-expression are the highest and lowest motivation to use new media respectively. (2) In terms of the social issues concern in social mentality, the non-natives in Macao were more concerned about the national social problems than the local people, and food safety and price issues are hot issues of common concern. (3) In terms of social feelings, Macao's public were high in sense of safety, followed by sense of trust and happiness, and relatively low in sense of social participation and being deprived. (4) In terms of values, over 70% of Macao's public tend to have the post materialist values, and the lower in age and higher in level of education, the more likely they are to have the post materialist values. (5) In terms of social identity, the respondents in Macao have the highest sense of identity towards Macao, and the sense of identity towards the mainland has surpassed Hong Kong.

Keywords: New Media; Social Mentality; Social Identity; Values; Macao

社会科学文献出版社　皮书系列

❖ 皮书起源 ❖

"皮书"起源于十七、十八世纪的英国,主要指官方或社会组织正式发表的重要文件或报告,多以"白皮书"命名。在中国,"皮书"这一概念被社会广泛接受,并被成功运作、发展成为一种全新的出版形态,则源于中国社会科学院社会科学文献出版社。

❖ 皮书定义 ❖

皮书是对中国与世界发展状况和热点问题进行年度监测,以专业的角度、专家的视野和实证研究方法,针对某一领域或区域现状与发展态势展开分析和预测,具备原创性、实证性、专业性、连续性、前沿性、时效性等特点的公开出版物,由一系列权威研究报告组成。

❖ 皮书作者 ❖

皮书系列的作者以中国社会科学院、著名高校、地方社会科学院的研究人员为主,多为国内一流研究机构的权威专家学者,他们的看法和观点代表了学界对中国与世界的现实和未来最高水平的解读与分析。

❖ 皮书荣誉 ❖

皮书系列已成为社会科学文献出版社的著名图书品牌和中国社会科学院的知名学术品牌。2016年,皮书系列正式列入"十三五"国家重点出版规划项目;2012~2016年,重点皮书列入中国社会科学院承担的国家哲学社会科学创新工程项目;2017年,55种院外皮书使用"中国社会科学院创新工程学术出版项目"标识。

中国皮书网

发布皮书研创资讯，传播皮书精彩内容
引领皮书出版潮流，打造皮书服务平台

栏目设置

关于皮书：何谓皮书、皮书分类、皮书大事记、皮书荣誉、
皮书出版第一人、皮书编辑部

最新资讯：通知公告、新闻动态、媒体聚焦、网站专题、视频直播、下载专区

皮书研创：皮书规范、皮书选题、皮书出版、皮书研究、研创团队

皮书评奖评价：指标体系、皮书评价、皮书评奖

互动专区：皮书说、皮书智库、皮书微博、数据库微博

所获荣誉

2008年、2011年，中国皮书网均在全国新闻出版业网站荣誉评选中获得"最具商业价值网站"称号；

2012年，获得"出版业网站百强"称号。

网库合一

2014年，中国皮书网与皮书数据库端口合一，实现资源共享。更多详情请登录www.pishu.cn。

权威报告·热点资讯·特色资源

皮书数据库
ANNUAL REPORT(YEARBOOK) DATABASE

当代中国与世界发展高端智库平台

所获荣誉

- 2016年，入选"国家'十三五'电子出版物出版规划骨干工程"
- 2015年，荣获"搜索中国正能量 点赞2015""创新中国科技创新奖"
- 2013年，荣获"中国出版政府奖·网络出版物奖"提名奖
- 连续多年荣获中国数字出版博览会"数字出版·优秀品牌"奖

成为会员

通过网址www.pishu.com.cn或使用手机扫描二维码进入皮书数据库网站，进行手机号码验证或邮箱验证即可成为皮书数据库会员（建议通过手机号码快速验证注册）。

会员福利

- 使用手机号码首次注册会员可直接获得100元体验金，不需充值即可购买和查看数据库内容（仅限使用手机号码快速注册）。
- 已注册用户购书后可免费获赠100元皮书数据库充值卡。刮开充值卡涂层获取充值密码，登录并进入"会员中心"—"在线充值"—"充值卡充值"，充值成功后即可购买和查看数据库内容。

数据库服务热线：400-008-6695
数据库服务QQ：2475522410
数据库服务邮箱：database@ssap.cn
图书销售热线：010-59367070/7028
图书服务QQ：1265056563
图书服务邮箱：duzhe@ssap.cn

社会科学文献出版社 皮书系列
卡号：285687279462
密码：

子库介绍
Sub-Database Introduction

中国经济发展数据库

涵盖宏观经济、农业经济、工业经济、产业经济、财政金融、交通旅游、商业贸易、劳动经济、企业经济、房地产经济、城市经济、区域经济等领域，为用户实时了解经济运行态势、把握经济发展规律、洞察经济形势、做出经济决策提供参考和依据。

中国社会发展数据库

全面整合国内外有关中国社会发展的统计数据、深度分析报告、专家解读和热点资讯构建而成的专业学术数据库。涉及宗教、社会、人口、政治、外交、法律、文化、教育、体育、文学艺术、医药卫生、资源环境等多个领域。

中国行业发展数据库

以中国国民经济行业分类为依据，跟踪分析国民经济各行业市场运行状况和政策导向，提供行业发展最前沿的资讯，为用户投资、从业及各种经济决策提供理论基础和实践指导。内容涵盖农业，能源与矿产业，交通运输业，制造业，金融业，房地产业，租赁和商务服务业，科学研究，环境和公共设施管理，居民服务业，教育，卫生和社会保障，文化、体育和娱乐业等100余个行业。

中国区域发展数据库

对特定区域内的经济、社会、文化、法治、资源环境等领域的现状与发展情况进行分析和预测。涵盖中部、西部、东北、西北等地区，长三角、珠三角、黄三角、京津冀、环渤海、合肥经济圈、长株潭城市群、关中—天水经济区、海峡经济区等区域经济体和城市圈，北京、上海、浙江、河南、陕西等34个省份及中国台湾地区。

中国文化传媒数据库

包括文化事业、文化产业、宗教、群众文化、图书馆事业、博物馆事业、档案事业、语言文字、文学、历史地理、新闻传播、广播电视、出版事业、艺术、电影、娱乐等多个子库。

世界经济与国际关系数据库

以皮书系列中涉及世界经济与国际关系的研究成果为基础，全面整合国内外有关世界经济与国际关系的统计数据、深度分析报告、专家解读和热点资讯构建而成的专业学术数据库。包括世界经济、国际政治、世界文化与科技、全球性问题、国际组织与国际法、区域研究等多个子库。

法律声明

"皮书系列"(含蓝皮书、绿皮书、黄皮书)之品牌由社会科学文献出版社最早使用并持续至今,现已被中国图书市场所熟知。"皮书系列"的LOGO( )与"经济蓝皮书""社会蓝皮书"均已在中华人民共和国国家工商行政管理总局商标局登记注册。"皮书系列"图书的注册商标专用权及封面设计、版式设计的著作权均为社会科学文献出版社所有。未经社会科学文献出版社书面授权许可,任何使用与"皮书系列"图书注册商标、封面设计、版式设计相同或者近似的文字、图形或其组合的行为均系侵权行为。

经作者授权,本书的专有出版权及信息网络传播权为社会科学文献出版社享有。未经社会科学文献出版社书面授权许可,任何就本书内容的复制、发行或以数字形式进行网络传播的行为均系侵权行为。

社会科学文献出版社将通过法律途径追究上述侵权行为的法律责任,维护自身合法权益。

欢迎社会各界人士对侵犯社会科学文献出版社上述权利的侵权行为进行举报。电话:010-59367121,电子邮箱:fawubu@ssap.cn。

社会科学文献出版社

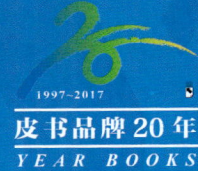

皮书系列

2017年

智库成果出版与传播平台

社会科学文献出版社
SOCIAL SCIENCES ACADEMIC PRESS (CHINA)

社长致辞

伴随着今冬的第一场雪,2017年很快就要到了。世界每天都在发生着让人眼花缭乱的变化,而唯一不变的,是面向未来无数的可能性。作为个体,如何获取专业信息以备不时之需?作为行政主体或企事业主体,如何提高决策的科学性让这个世界变得更好而不是更糟?原创、实证、专业、前沿、及时、持续,这是1997年"皮书系列"品牌创立的初衷。

1997～2017,从最初一个出版社的学术产品名称到媒体和公众使用频率极高的热点词语,从专业术语到大众话语,从官方文件到独特的出版型态,作为重要的智库成果,"皮书"始终致力于成为海量信息时代的信息过滤器,成为经济社会发展的记录仪,成为政策制定、评估、调整的智力源,社会科学研究的资料集成库。"皮书"的概念不断延展,"皮书"的种类更加丰富,"皮书"的功能日渐完善。

1997～2017,皮书及皮书数据库已成为中国新型智库建设不可或缺的抓手与平台,成为政府、企业和各类社会组织决策的利器,成为人文社科研究最基本的资料库,成为世界系统完整及时认知当代中国的窗口和通道!"皮书"所具有的凝聚力正在形成一种无形的力量,吸引着社会各界关注中国的发展,参与中国的发展。

二十年的"皮书"正值青春,愿每一位皮书人付出的年华与智慧不辜负这个时代!

社会科学文献出版社社长
中国社会学会秘书长

2016年11月

社会科学文献出版社简介

社会科学文献出版社成立于1985年，是直属于中国社会科学院的人文社会科学专业学术出版机构。

成立以来，社科文献依托于中国社会科学院丰厚的学术出版和专家学者资源，坚持"创社科经典，出传世文献"的出版理念和"权威、前沿、原创"的产品定位，逐步走上了智库产品与专业学术成果系列化、规模化、数字化、国际化、市场化发展的经营道路，取得了令人瞩目的成绩。

学术出版 社科文献先后策划出版了"皮书"系列、"列国志"、"社科文献精品译库"、"全球化译丛"、"全面深化改革研究书系"、"近世中国"、"甲骨文"、"中国史话"等一大批既有学术影响又有市场价值的图书品牌和学术品牌，形成了较强的学术出版能力和资源整合能力。2016年社科文献发稿5.5亿字，出版图书2000余种，承印发行中国社会科学院院属期刊72种。

数字出版 凭借着雄厚的出版资源整合能力，社科文献长期以来一直致力于从内容资源和数字平台两个方面实现传统出版的再造，并先后推出了皮书数据库、列国志数据库、中国田野调查数据库等一系列数字产品。2016年数字化加工图书近4000种，文字处理量达10亿字。数字出版已经初步形成了产品设计、内容开发、编辑标引、产品运营、技术支持、营销推广等全流程体系。

国际出版 社科文献通过学术交流和国际书展等方式积极参与国际学术和国际出版的交流合作，努力将中国优秀的人文社会科学研究成果推向世界，从构建国际话语体系的角度推动学术出版国际化。目前已与英、荷、法、德、美、日、韩等国及港澳台地区近40家出版和学术文化机构建立了长期稳定的合作关系。

融合发展 紧紧围绕融合发展战略，社科文献全面布局融合发展和数字化转型升级，成效显著。以核心资源和重点项目为主的社科文献数据库产品群和数字出版体系日臻成熟，"一带一路"系列研究成果与专题数据库、阿拉伯问题研究国别基础库及中阿文化交流数据库平台等项目开启了社科文献向专业知识服务商转型的新篇章，成为行业领先。

此外，社科文献充分利用网络媒体平台，积极与各类媒体合作，并联合大型书店、学术书店、机场书店、网络书店、图书馆，构建起强大的学术图书内容传播平台，学术图书的媒体曝光率居全国之首，图书馆藏率居于全国出版机构前十位。

有温度，有情怀，有视野，更有梦想。未来社科文献将继续坚持专业化学术出版之路不动摇，着力搭建最具影响力的智库产品整合及传播平台、学术资源共享平台，为实现"社科文献梦"奠定坚实基础。

经济类　　 皮书系列 重点推荐

经 济 类

经济类皮书涵盖宏观经济、城市经济、大区域经济，提供权威、前沿的分析与预测

经济蓝皮书
2017年中国经济形势分析与预测

李扬 / 主编　2016年12月出版　定价：89.00元

◆ 本书为总理基金项目，由著名经济学家李扬领衔，联合中国社会科学院等数十家科研机构、国家部委和高等院校的专家共同撰写，系统分析了2016年的中国经济形势并预测2017年我国经济运行情况。

中国省域竞争力蓝皮书
中国省域经济综合竞争力发展报告（2015～2016）

李建平　李闽榕　高燕京 / 主编　2017年2月出版　估价：198.00元

◆ 本书融多学科的理论为一体，深入追踪研究了省域经济发展与中国国家竞争力的内在关系，为提升中国省域经济综合竞争力提供有价值的决策依据。

城市蓝皮书
中国城市发展报告 No.10

潘家华　单菁菁 / 主编　2017年9月出版　估价：89.00元

◆ 本书是由中国社会科学院城市发展与环境研究中心编著的。多角度、全方位地立体展示了中国城市的发展状况，并对中国城市的未来发展提出了许多建议。该书有强烈的时代感，对中国城市发展实践有重要的参考价值。

经济类

人口与劳动绿皮书
中国人口与劳动问题报告 No.18
蔡昉 张车伟 / 主编　2017 年 10 月出版　估价：89.00 元

◆ 本书为中国社科院人口与劳动经济研究所主编的年度报告，对当前中国人口与劳动形势做了比较全面和系统的深入讨论，为研究我国人口与劳动问题提供了一个专业性的视角。

世界经济黄皮书
2017 年世界经济形势分析与预测
张宇燕 / 主编　2016 年 12 月出版　定价：89.00 元

◆ 本书由中国社会科学院世界经济与政治研究所的研究团队撰写，2016 年世界经济增速进一步放缓，就业增长放慢。世界经济面临许多重大挑战同时，地缘政治风险、难民危机、大国政治周期、恐怖主义等问题也仍然在影响世界经济的稳定与发展。预计 2017 年按 PPP 计算的世界 GDP 增长率约为 3.0%。

国际城市蓝皮书
国际城市发展报告（2017）
屠启宇 / 主编　2017 年 2 月出版　估价：89.00 元

◆ 本书作者以上海社会科学院从事国际城市研究的学者团队为核心，汇集同济大学、华东师范大学、复旦大学、上海交通大学、南京大学、浙江大学相关城市研究专业学者。立足动态跟踪介绍国际城市发展时间中，最新出现的重大战略、重大理念、重大项目、重大报告和最佳案例。

金融蓝皮书
中国金融发展报告（2017）
李扬 王国刚 / 主编　2017 年 1 月出版　估价：89.00 元

◆ 本书由中国社会科学院金融研究所组织编写，概括和分析了 2016 年中国金融发展和运行中的各方面情况，研讨和评论了 2016 年发生的主要金融事件，有利于读者了解掌握 2016 年中国的金融状况，把握 2017 年中国金融的走势。

经济类　皮书系列 重点推荐

农村绿皮书
中国农村经济形势分析与预测（2016～2017）

魏后凯　杜志雄　黄秉信/著　2017年4月出版　估价：89.00元

◆ 本书描述了2016年中国农业农村经济发展的一些主要指标和变化，并对2017年中国农业农村经济形势的一些展望和预测，提出相应的政策建议。

西部蓝皮书
中国西部发展报告（2017）

姚慧琴　徐璋勇/主编　2017年9月出版　估价：89.00元

◆ 本书由西北大学中国西部经济发展研究中心主编，汇集了源自西部本土以及国内研究西部问题的权威专家的第一手资料，对国家实施西部大开发战略进行年度动态跟踪，并对2017年西部经济、社会发展态势进行预测和展望。

经济蓝皮书·夏季号
中国经济增长报告（2016～2017）

李扬/主编　2017年9月出版　估价：98.00元

◆ 中国经济增长报告主要探讨2016~2017年中国经济增长问题，以专业视角解读中国经济增长，力求将其打造成一个研究中国经济增长、服务宏微观各级决策的周期性、权威性读物。

就业蓝皮书
2017年中国本科生就业报告

麦可思研究院/编著　2017年6月出版　估价：98.00元

◆ 本书基于大量的数据和调研，内容翔实，调查独到，分析到位，用数据说话，对我国大学生教育与发展起到了很好的建言献策作用。

社会政法类

社会政法类皮书聚焦社会发展领域的热点、难点问题，提供权威、原创的资讯与视点

社会蓝皮书
2017年中国社会形势分析与预测

李培林　陈光金　张翼/主编　2016年12月出版　定价：89.00元

◆ 本书由中国社会科学院社会学研究所组织研究机构专家、高校学者和政府研究人员撰写，聚焦当下社会热点，对2016年中国社会发展的各个方面内容进行了权威解读，同时对2017年社会形势发展趋势进行了预测。

法治蓝皮书
中国法治发展报告No.15（2017）

李林　田禾/主编　2017年3月出版　估价：118.00元

◆ 本年度法治蓝皮书回顾总结了2016年度中国法治发展取得的成就和存在的不足，并对2017年中国法治发展形势进行了预测和展望。

社会体制蓝皮书
中国社会体制改革报告No.5（2017）

龚维斌/主编　2017年4月出版　估价：89.00元

◆ 本书由国家行政学院社会治理研究中心和北京师范大学中国社会管理研究院共同组织编写，主要对2016年社会体制改革情况进行回顾和总结，对2017年的改革走向进行分析，提出相关政策建议。

社会政法类

皮书系列
重点推荐

社会心态蓝皮书
中国社会心态研究报告（2017）

王俊秀 杨宜音/主编　2017年12月出版　估价：89.00元

◆ 本书是中国社会科学院社会学研究所社会心理研究中心"社会心态蓝皮书课题组"的年度研究成果，运用社会心理学、社会学、经济学、传播学等多种学科的方法进行了调查和研究，对于目前我国社会心态状况有较广泛和深入的揭示。

生态城市绿皮书
中国生态城市建设发展报告（2017）

刘举科　孙伟平　胡文臻/主编　2017年7月出版　估价：118.00元

◆ 报告以绿色发展、循环经济、低碳生活、民生宜居为理念，以更新民众观念、提供决策咨询、指导工程实践、引领绿色发展为宗旨，试图探索一条具有中国特色的城市生态文明建设新路。

城市生活质量蓝皮书
中国城市生活质量报告（2017）

中国经济实验研究院/主编　2017年7月出版　估价：89.00元

◆ 本书对全国35个城市居民的生活质量主观满意度进行了电话调查，同时对35个城市居民的客观生活质量指数进行了计算，为我国城市居民生活质量的提升，提出了针对性的政策建议。

公共服务蓝皮书
中国城市基本公共服务力评价（2017）

钟君　吴正昊/主编　2017年12月出版　估价：89.00元

◆ 中国社会科学院经济与社会建设研究室与华图政信调查组成联合课题组，从2010年开始对基本公共服务力进行研究，研创了基本公共服务力评价指标体系，为政府考核公共服务与社会管理工作提供了理论工具。

行业报告类

行业报告类皮书立足重点行业、新兴行业领域，提供及时、前瞻的数据与信息

企业社会责任蓝皮书
中国企业社会责任研究报告（2017）

黄群慧　钟宏武　张蒽　翟利峰 / 著　2017年10月出版　估价：89.00元

◆ 本书剖析了中国企业社会责任在2016～2017年度的最新发展特征，详细解读了省域国有企业在社会责任方面的阶段性特征，生动呈现了国内外优秀企业的社会责任实践。对了解中国企业社会责任履行现状、未来发展，以及推动社会责任建设有重要的参考价值。

新能源汽车蓝皮书
中国新能源汽车产业发展报告（2017）

中国汽车技术研究中心　日产（中国）投资有限公司
东风汽车有限公司 / 编著　2017年7月出版　估价：98.00元

◆ 本书对我国2016年新能源汽车产业发展进行了全面系统的分析，并介绍了国外的发展经验。有助于相关机构、行业和社会公众等了解中国新能源汽车产业发展的最新动态，为政府部门出台新能源汽车产业相关政策法规、企业制定相关战略规划，提供必要的借鉴和参考。

杜仲产业绿皮书
中国杜仲橡胶资源与产业发展报告（2016～2017）

杜红岩　胡文臻　俞锐 / 主编　2017年1月出版　估价：85.00元

◆ 本书对2016年来的杜仲产业的发展情况、研究团队在杜仲研究方面取得的重要成果、部分地区杜仲产业发展的具体情况、杜仲新标准的制定情况等进行了较为详细的分析与介绍，使广大关心杜仲产业发展的读者能够及时跟踪产业最新进展。

行业报告类　皮书系列 重点推荐

企业蓝皮书
中国企业绿色发展报告 No.2（2017）

李红玉　朱光辉 / 主编　　2017 年 8 月出版　　估价：89.00 元

◆ 本书深入分析中国企业能源消费、资源利用、绿色金融、绿色产品、绿色管理、信息化、绿色发展政策及绿色文化方面的现状，并对目前存在的问题进行研究，剖析因果，谋划对策。为企业绿色发展提供借鉴，为我国生态文明建设提供支撑。

中国上市公司蓝皮书
中国上市公司发展报告（2017）

张平　王宏淼 / 主编　　2017 年 10 月出版　　估价：98.00 元

◆ 本书由中国社会科学院上市公司研究中心组织编写的，着力于全面、真实、客观反映当前中国上市公司财务状况和价值评估的综合性年度报告。本书详尽分析了 2016 年中国上市公司情况，特别是现实中暴露出的制度性、基础性问题，并对资本市场改革进行了探讨。

资产管理蓝皮书
中国资产管理行业发展报告（2017）

智信资产管理研究院 / 编著　　2017 年 6 月出版　　估价：89.00 元

◆ 中国资产管理行业刚刚兴起，未来将中国金融市场最有看点的行业。本书主要分析了 2016 年度资产管理行业的发展情况，同时对资产管理行业的未来发展做出科学的预测。

体育蓝皮书
中国体育产业发展报告（2017）

阮伟　钟秉枢 / 主编　　2017 年 12 月出版　　估价：89.00 元

◆ 本书运用多种研究方法，在对于体育竞赛业、体育用品业、体育场馆业、体育传媒业等传统产业研究的基础上，紧紧围绕 2016 年体育领域内的各种热点事件进行研究和梳理，进一步拓宽了研究的广度、提升了研究的高度、挖掘了研究的深度。

皮书系列
重点推荐

国别与地区类

国别与地区类

国别与地区类皮书关注全球重点国家与地区，
提供全面、独特的解读与研究

美国蓝皮书
美国研究报告（2017）

郑秉文 黄平／主编　2017年6月出版　估价：89.00元

◆ 本书是由中国社会科学院美国所主持完成的研究成果，它回顾了美国2016年的经济、政治形势与外交战略，对2017年以来美国内政外交发生的重大事件及重要政策进行了较为全面的回顾和梳理。

日本蓝皮书
日本研究报告（2017）

杨伯江／主编　2017年5月出版　估价：89.00元

◆ 本书对2016年拉丁美洲和加勒比地区诸国的政治、经济、社会、外交等方面的发展情况做了系统介绍，对该地区相关国家的热点及焦点问题进行了总结和分析，并在此基础上对该地区各国2017年的发展前景做出预测。

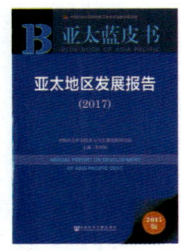

亚太蓝皮书
亚太地区发展报告（2017）

李向阳／主编　2017年3月出版　估价：89.00元

◆ 本书是中国社会科学院亚太与全球战略研究院的集体研究成果。2016年的"亚太蓝皮书"继续关注中国周边环境的变化。该书盘点了2016年亚太地区的焦点和热点问题，为深入了解2016年及未来中国与周边环境的复杂形势提供了重要参考。

国别与地区类 | 皮书系列 重点推荐

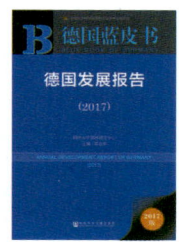

德国蓝皮书
德国发展报告（2017）

郑春荣 / 主编　2017 年 6 月出版　估价：89.00 元

◆ 本报告由同济大学德国研究所组织编撰，由该领域的专家学者对德国的政治、经济、社会文化、外交等方面的形势发展情况，进行全面的阐述与分析。

日本经济蓝皮书
日本经济与中日经贸关系研究报告（2017）

王洛林　张季风 / 编著　2017 年 5 月出版　估价：89.00 元

◆ 本书系统、详细地介绍了 2016 年日本经济以及中日经贸关系发展情况，在进行了大量数据分析的基础上，对 2017 年日本经济以及中日经贸关系的大致发展趋势进行了分析与预测。

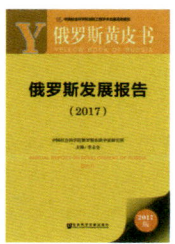

俄罗斯黄皮书
俄罗斯发展报告（2017）

李永全 / 编著　2017 年 7 月出版　估价：89.00 元

◆ 本书系统介绍了 2016 年俄罗斯经济政治情况，并对 2016 年该地区发生的焦点、热点问题进行了分析与回顾；在此基础上，对该地区 2017 年的发展前景进行了预测。

非洲黄皮书
非洲发展报告 No.19（2016～2017）

张宏明 / 主编　2017 年 8 月出版　估价：89.00 元

◆ 本书是由中国社会科学院西亚非洲研究所组织编撰的非洲形势年度报告，比较全面、系统地分析了 2016 年非洲政治形势和热点问题，探讨了非洲经济形势和市场走向，剖析了大国对非洲关系的新动向；此外，还介绍了国内非洲研究的新成果。

皮书系列重点推荐　　地方发展类

地方发展类

地方发展类皮书关注中国各省份、经济区域，提供科学、多元的预判与资政信息

北京蓝皮书

北京公共服务发展报告（2016~2017）

施昌奎 / 主编　2017年2月出版　估价：89.00元

◆ 本书是由北京市政府职能部门的领导、首都著名高校的教授、知名研究机构的专家共同完成的关于北京市公共服务发展与创新的研究成果。

河南蓝皮书

河南经济发展报告（2017）

张占仓 / 编著　2017年3月出版　估价：89.00元

◆ 本书以国内外经济发展环境和走向为背景，主要分析当前河南经济形势，预测未来发展趋势，全面反映河南经济发展的最新动态、热点和问题，为地方经济发展和领导决策提供参考。

广州蓝皮书

2017年中国广州经济形势分析与预测

庾建设　陈浩钿　谢博能 / 主编　2017年7月出版　估价：85.00元

◆ 本书由广州大学与广州市委政策研究室、广州市统计局联合主编，汇集了广州科研团体、高等院校和政府部门诸多经济问题研究专家、学者和实际部门工作者的最新研究成果，是关于广州经济运行情况和相关专题分析、预测的重要参考资料。

 文化传媒类

文化传媒类

文化传媒类皮书透视文化领域、文化产业，探索文化大繁荣、大发展的路径

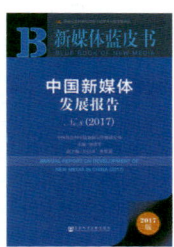

新媒体蓝皮书
中国新媒体发展报告 No.8（2017）
唐绪军／主编　2017年6月出版　估价：89.00元

◆ 本书是由中国社会科学院新闻与传播研究所组织编写的关于新媒体发展的最新年度报告，旨在全面分析中国新媒体的发展现状，解读新媒体的发展趋势，探析新媒体的深刻影响。

移动互联网蓝皮书
中国移动互联网发展报告（2017）
官建文／编著　2017年6月出版　估价：89.00元

◆ 本书着眼于对中国移动互联网2016年度的发展情况做深入解析，对未来发展趋势进行预测，力求从不同视角、不同层面全面剖析中国移动互联网发展的现状、年度突破及热点趋势等。

传媒蓝皮书
中国传媒产业发展报告（2017）
崔保国／主编　2017年5月出版　估价：98.00元

◆ "传媒蓝皮书"连续十多年跟踪观察和系统研究中国传媒产业发展。本报告在对传媒产业总体以及各细分行业发展状况与趋势进行深入分析基础上，对年度发展热点进行跟踪，剖析新技术引领下的商业模式，对传媒各领域发展趋势、内体经营、传媒投资进行解析，为中国传媒产业正在发生的变革提供前瞻性参考。

皮书系列 2017全品种 经济类

经济类

"三农"互联网金融蓝皮书
中国"三农"互联网金融发展报告（2017）
著（编）者：李勇坚 王弢　　2017年8月出版 / 估价：98.00元
PSN B-2016-561-1/1

G20国家创新竞争力黄皮书
二十国集团（G20）国家创新竞争力发展报告（2016~2017）
著（编）者：李建平　李闽榕　赵新力　周天勇
2017年8月出版 / 估价：158.00元
PSN Y-2011-229-1/1

产业蓝皮书
中国产业竞争力报告（2017）No.7
著（编）者：张其仔　　2017年12月出版 / 估价：98.00元
PSN B-2010-175-1/1

城市创新蓝皮书
中国城市创新报告（2017）
著（编）者：周天勇 旷建伟　　2017年11月出版 / 估价：89.00元
PSN B-2013-340-1/1

城市蓝皮书
中国城市发展报告 No.10
著（编）者：潘家华 单菁菁　　2017年9月出版 / 估价：89.00元
PSN B-2007-091-1/1

城乡一体化蓝皮书
中国城乡一体化发展报告（2016～2017）
著（编）者：汝信 付崇兰　　2017年7月出版 / 估价：85.00元
PSN B-2011-226-1/2

城镇化蓝皮书
中国新型城镇化健康发展报告（2017）
著（编）者：张占斌　　2017年8月出版 / 估价：89.00元
PSN B-2014-396-1/1

创新蓝皮书
创新型国家建设报告（2016～2017）
著（编）者：詹正茂　　2017年12月出版 / 估价：89.00元
PSN B-2009-140-1/1

创业蓝皮书
中国创业发展报告（2016～2017）
著（编）者：黄群慧 赵卫星 钟宏武等
2017年11月出版 / 估价：89.00元
PSN B-2016-578-1/1

低碳发展蓝皮书
中国低碳发展报告（2016~2017）
著（编）者：齐晔 张希良　　2017年3月出版 / 估价：98.00元
PSN B-2011-223-1/1

低碳经济蓝皮书
中国低碳经济发展报告（2017）
著（编）者：薛进军 赵忠秀　　2017年6月出版 / 估价：85.00元
PSN B-2011-194-1/1

东北蓝皮书
中国东北地区发展报告（2017）
著（编）者：朱宇 张新颖　　2017年12月出版 / 估价：89.00元
PSN B-2006-067-1/1

发展与改革蓝皮书
中国经济发展和体制改革报告No.8
著（编）者：邹东涛 王再文　　2017年1月出版 / 估价：98.00元
PSN B-2008-122-1/1

工业化蓝皮书
中国工业化进程报告（2017）
著（编）者：黄群慧　　2017年12月出版 / 估价：158.00元
PSN B-2007-095-1/1

管理蓝皮书
中国管理发展报告（2017）
著（编）者：张晓东　　2017年10月出版 / 估价：98.00元
PSN B-2014-416-1/1

国际城市蓝皮书
国际城市发展报告（2017）
著（编）者：屠启宇　　2017年2月出版 / 估价：89.00元
PSN B-2012-260-1/1

国家创新蓝皮书
中国创新发展报告（2017）
著（编）者：陈劲　　2017年12月出版 / 估价：89.00元
PSN B-2014-370-1/1

金融蓝皮书
中国金融发展报告（2017）
著（编）者：李扬 王国刚　　2017年12月出版 / 估价：89.00元
PSN B-2004-031-1/6

京津冀金融蓝皮书
京津冀金融发展报告（2017）
著（编）者：王爱俭 李向前
2017年3月出版 / 估价：89.00元
PSN B-2016-528-1/1

京津冀蓝皮书
京津冀发展报告（2017）
著（编）者：文魁 祝尔娟　　2017年4月出版 / 估价：89.00元
PSN B-2012-262-1/1

经济蓝皮书
2017年中国经济形势分析与预测
著（编）者：李扬　　2016年12月出版 / 定价：89.00元
PSN B-1996-001-1/1

经济蓝皮书·春季号
2017年中国经济前景分析
著（编）者：李扬　　2017年6月出版 / 估价：89.00元
PSN B-1999-008-1/1

经济蓝皮书·夏季号
中国经济增长报告（2016～2017）
著（编）者：李扬　　2017年9月出版 / 估价：98.00元
PSN B-2010-176-1/1

经济信息绿皮书
中国与世界经济发展报告（2017）
著（编）者：杜平　　2017年12月出版 / 估价：89.00元
PSN G-2003-023-1/1

就业蓝皮书
2017年中国本科生就业报告
著（编）者：麦可思研究院　　2017年6月出版 / 估价：98.00元
PSN B-2009-146-1/2

 经济类

皮书系列
2017全品种

就业蓝皮书
2017年中国高职高专生就业报告
著(编)者：麦可思研究院　2017年6月出版 / 估价：98.00元
PSN B-2015-472-2/2

科普能力蓝皮书
中国科普能力评价报告（2017）
著(编)者：李富 强李群　2017年8月出版 / 估价：89.00元
PSN B-2016-556-1/1

临空经济蓝皮书
中国临空经济发展报告（2017）
著(编)者：连玉明　2017年9月出版 / 估价：89.00元
PSN B-2014-421-1/1

农村绿皮书
中国农村经济形势分析与预测（2016~2017）
著(编)者：魏后凯 杜志雄 黄秉信
2017年4月出版 / 估价：89.00元
PSN G-1998-003-1/1

农业应对气候变化蓝皮书
气候变化对中国农业影响评估报告 No.3
著(编)者：矫梅燕　2017年8月出版 / 估价：98.00元
PSN B-2014-413-1/1

气候变化绿皮书
应对气候变化报告（2017）
著(编)者：王伟光 郑国光　2017年6月出版 / 估价：39.00元
PSN G-2009-144-1/1

区域蓝皮书
中国区域经济发展报告（2016~2017）
著(编)者：赵弘　2017年6月出版 / 估价：89.00元
PSN B-2004-034-1/1

全球环境竞争力绿皮书
全球环境竞争力报告（2017）
著(编)者：李建平 李闽榕 王金南
2017年12月出版 / 估价：198.00元
PSN G-2013-363-1/1

人口与劳动绿皮书
中国人口与劳动问题报告 No.18
著(编)者：蔡昉 张车伟　2017年11月出版 / 估价：89.00元
PSN G-2000-012-1/1

商务中心区蓝皮书
中国商务中心区发展报告 No.3（2016）
著(编)者：李国红 单菁菁　2017年1月出版 / 估价：89.00元
PSN B-2015-471-1/1

世界经济黄皮书
2017年世界经济形势分析与预测
著(编)者：张宇燕　2016年12月出版 / 定价：89.00元
PSN Y-1999-006-1/1

世界旅游城市绿皮书
世界旅游城市发展报告（2017）
著(编)者：宋宇　2017年1月出版 / 估价：128.00元
PSN G-2014-400-1/1

土地市场蓝皮书
中国农村土地市场发展报告（2016~2017）
著(编)者：李光荣　2017年3月出版 / 估价：89.00元
PSN B-2016-527-1/1

西北蓝皮书
中国西北发展报告（2017）
著(编)者：高建龙　2017年3月出版 / 估价：89.00元
PSN B-2012-261-1/1

西部蓝皮书
中国西部发展报告（2017）
著(编)者：姚慧琴 徐璋勇　2017年9月出版 / 估价：89.00元
PSN B-2005-039-1/1

新型城镇化蓝皮书
新型城镇化发展报告（2017）
著(编)者：李伟 宋敏 沈体雁　2017年3月出版 / 估价：98.00元
PSN B-2014-431-1/1

新兴经济体蓝皮书
金砖国家发展报告（2017）
著(编)者：林跃勤 周文　2017年12月出版 / 估价：89.00元
PSN B-2011-195-1/1

长三角蓝皮书
2017年新常态下深化一体化的长三角
著(编)者：王庆五　2017年12月出版 / 估价：88.00元
PSN B-2005-038-1/1

中部竞争力蓝皮书
中国中部经济社会竞争力报告（2017）
著(编)者：教育部人文社会科学重点研究基地
南昌大学中国中部经济社会发展研究中心
2017年12月出版 / 估价：89.00元
PSN B-2012-276-1/1

中部蓝皮书
中国中部地区发展报告（2017）
著(编)者：宋亚平　2017年12月出版 / 估价：88.00元
PSN B-2007-089-1/1

中国省域竞争力蓝皮书
中国省域经济综合竞争力发展报告（2017）
著(编)者：李建平 李闽榕 高燕京
2017年2月出版 / 估价：198.00元
PSN B-2007-088-1/1

中三角蓝皮书
长江中游城市群发展报告（2017）
著(编)者：秦尊文　2017年9月出版 / 估价：89.00元
PSN B-2014-417-1/1

中小城市绿皮书
中国中小城市发展报告（2017）
著(编)者：中国城市经济学会中小城市经济发展委员会
中国城镇化促进会中小城市发展委员会
《中国中小城市发展报告》编纂委员会
中小城市发展战略研究院
2017年11月出版 / 估价：128.00元
PSN G-2010-161-1/1

中原蓝皮书
中原经济区发展报告（2017）
著(编)者：李英杰　2017年6月出版 / 估价：88.00元
PSN B-2011-192-1/1

自贸区蓝皮书
中国自贸区发展报告（2017）
著(编)者：王力　2017年7月出版 / 估价：89.00元
PSN B-2016-559-1/1

社会政法类

北京蓝皮书
中国社区发展报告（2017）
著（编）者：于燕燕　　2017年2月出版　估价：89.00元
PSN B-2007-083-5/8

殡葬绿皮书
中国殡葬事业发展报告（2017）
著（编）者：李伯森　　2017年4月出版　估价：158.00元
PSN G-2010-180-1/1

城市管理蓝皮书
中国城市管理报告（2016~2017）
著（编）者：刘林　刘承水　2017年5月出版　估价：158.00元
PSN B-2013-336-1/1

城市生活质量蓝皮书
中国城市生活质量报告（2017）
著（编）者：中国经济实验研究院
2017年7月出版　估价：89.00元
PSN B-2013-326-1/1

城市政府能力蓝皮书
中国城市政府公共服务能力评估报告（2017）
著（编）者：何艳玲　　2017年4月出版　估价：89.00元
PSN B-2013-338-1/1

慈善蓝皮书
中国慈善发展报告（2017）
著（编）者：杨团　　2017年6月出版　估价：89.00元
PSN B-2009-142-1/1

党建蓝皮书
党的建设研究报告 No.2（2017）
著（编）者：崔建民　陈东平　2017年2月出版　估价：89.00元
PSN B-2016-524-1/1

地方法治蓝皮书
中国地方法治发展报告 No.3（2017）
著（编）者：李林　田禾　2017年3月出版　估价：108.00元
PSN B-2015-442-1/1

法治蓝皮书
中国法治发展报告 No.15（2017）
著（编）者：李林　田禾　2017年3月出版　估价：118.00元
PSN B-2004-027-1/1

法治政府蓝皮书
中国法治政府发展报告（2017）
著（编）者：中国政法大学法治政府研究院
2017年2月出版　估价：98.00元
PSN B-2015-502-1/2

法治政府蓝皮书
中国法治政府评估报告（2017）
著（编）者：中国政法大学法治政府研究院
2016年11月出版　估价：98.00元
PSN B-2016-577-2/2

反腐倡廉蓝皮书
中国反腐倡廉建设报告 No.7
著（编）者：张英伟　　2017年12月出版　估价：89.00元
PSN B-2012-259-1/1

非传统安全蓝皮书
中国非传统安全研究报告（2016~2017）
著（编）者：余潇枫　魏志江　2017年6月出版　估价：89.00元
PSN B-2012-273-1/1

妇女发展蓝皮书
中国妇女发展报告 No.7
著（编）者：王金玲　　2017年9月出版　估价：148.00元
PSN B-2006-069-1/1

妇女教育蓝皮书
中国妇女教育发展报告 No.4
著（编）者：张李玺　　2017年10月出版　估价：78.00元
PSN B-2008-121-1/1

妇女绿皮书
中国性别平等与妇女发展报告（2017）
著（编）者：谭琳　　2017年12月出版　估价：99.00元
PSN G-2006-073-1/1

公共服务蓝皮书
中国城市基本公共服务力评价（2017）
著（编）者：钟君　吴正旲　2017年12月出版　估价：89.00元
PSN B-2011-214-1/1

公民科学素质蓝皮书
中国公民科学素质报告（2016~2017）
著（编）者：李群　陈雄　马宗文
2017年1月出版　估价：89.00元
PSN B-2014-379-1/1

公共关系蓝皮书
中国公共关系发展报告（2017）
著（编）者：柳斌杰　　2017年11月出版　估价：89.00元
PSN B-2016-580-1/1

公益蓝皮书
中国公益慈善发展报告（2017）
著（编）者：朱健刚　　2017年4月出版　估价：118.00元
PSN B-2012-283-1/1

国际人才蓝皮书
海外华侨华人专业人士报告（2017）
著（编）者：王辉耀　苗绿　2017年8月出版　估价：89.00元
PSN B-2014-409-4/4

国际人才蓝皮书
中国国际移民报告（2017）
著（编）者：王辉耀　　2017年2月出版　估价：89.00元
PSN B-2012-304-3/4

国际人才蓝皮书
中国留学发展报告（2017）No.5
著（编）者：王辉耀　苗绿　2017年10月出版　估价：89.00元
PSN B-2012-244-2/4

海洋社会蓝皮书
中国海洋社会发展报告（2017）
著（编）者：崔凤　宋宁而　2017年7月出版　估价：89.00元
PSN B-2015-478-1/1

社会政法类 皮书系列 2017全品种

行政改革蓝皮书
中国行政体制改革报告（2017）No.6
著（编）者：魏礼群　2017年5月出版 / 估价：98.00元
PSN B-2011-231-1/1

华侨华人蓝皮书
华侨华人研究报告（2017）
著（编）者：贾益民　2017年12月出版 / 估价：128.00元
PSN B-2011-204-1/1

环境竞争力绿皮书
中国省域环境竞争力发展报告（2017）
著（编）者：李建平 李闽榕 王金南
2017年11月出版 / 估价：198.00元
PSN G-2010-165-1/1

环境绿皮书
中国环境发展报告（2017）
著（编）者：刘鉴强　2017年11月出版 / 估价：89.00元
PSN G-2006-048-1/1

基金会蓝皮书
中国基金会发展报告（2016~2017）
著（编）者：中国基金会发展报告课题组
2017年4月出版 / 估价：85.00元
PSN B-2013-368-1/1

基金会绿皮书
中国基金会发展独立研究报告（2017）
著（编）者：基金会中心网 中央民族大学基金会研究中心
2017年6月出版 / 估价：88.00元
PSN G-2011-213-1/1

基金会透明度蓝皮书
中国基金会透明度发展研究报告（2017）
著（编）者：基金会中心网 清华大学廉政与治理研究中心
2017年12月出版 / 估价：89.00元
PSN B-2015-509-1/1

家庭蓝皮书
中国"创建幸福家庭活动"评估报告（2017）
国务院发展研究中心"创建幸福家庭活动评估"课题组著
2017年8月出版 / 估价：89.00元
PSN B-2012-261-1/1

健康城市蓝皮书
中国健康城市建设研究报告（2017）
著（编）者：王鸿春 解树江 盛继洪
2017年9月出版 / 估价：89.00元
PSN B-2016-565-2/2

教师蓝皮书
中国中小学教师发展报告（2017）
著（编）者：曾晓东 鱼霞　2017年6月出版 / 估价：89.00元
PSN B-2012-289-1/1

教育蓝皮书
中国教育发展报告（2017）
著（编）者：杨东平　2017年4月出版 / 估价：89.00元
PSN B-2006-047-1/1

科普蓝皮书
中国基层科普发展报告（2016~2017）
著（编）者：赵立 新陈玲　2017年9月出版 / 估价：89.00元
PSN B-2016-569-3/3

科普蓝皮书
中国科普基础设施发展报告（2017）
著（编）者：任福君　2017年5月出版 / 估价：89.00元
PSN B-2010-174-1/3

科普蓝皮书
中国科普人才发展报告（2017）
著（编）者：郑念 任嵘嵘　2017年4月出版 / 估价：98.00元
PSN B-2015-513-2/3

科学教育蓝皮书
中国科学教育发展报告（2017）
著（编）者：罗晖 王康友　2017年10月出版 / 估价：89.00元
PSN B-2015-487-1/1

劳动保障蓝皮书
中国劳动保障发展报告（2017）
著（编）者：刘燕斌　2017年9月出版 / 估价：188.00元
PSN B-2014-415-1/1

老龄蓝皮书
中国老年宜居环境发展报告（2017）
著（编）者：党俊武 周燕珉　2017年1月出版 / 估价：89.00元
PSN B-2013-320-1/1

连片特困区蓝皮书
中国连片特困区发展报告（2017）
著（编）者：游俊 冷志明 丁建军
2017年3月出版 / 估价：93.00元
PSN B-2013-321-1/1

民间组织蓝皮书
中国民间组织报告（2017）
著（编）者：黄晓勇　2017年12月出版 / 估价：89.00元
PSN B-2008-118-1/1

民调蓝皮书
中国民生调查报告（2017）
著（编）者：谢耘耕　2017年12月出版 / 估价：98.00元
PSN B-2014-398-1/1

民族发展蓝皮书
中国民族发展报告（2017）
著（编）者：郝时远 王延中 王希恩
2017年4月出版 / 估价：98.00元
PSN B-2006-070-1/1

女性生活蓝皮书
中国女性生活状况报告No.11（2017）
著（编）者：韩湘景　2017年10月出版 / 估价：98.00元
PSN B-2006-071-1/1

汽车社会蓝皮书
中国汽车社会发展报告（2017）
著（编）者：王俊秀　2017年1月出版 / 估价：89.00元
PSN B-2011-224-1/1

17

皮书系列 2017全品种
社会政法类

青年蓝皮书
中国青年发展报告（2017）No.3
著(编)者：廉思 等　2017年4月出版／估价：89.00元
PSN B-2013-333-1/1

青少年蓝皮书
中国未成年人互联网运用报告（2017）
著(编)者：李文革 沈杰 季为民
2017年11月出版／估价：89.00元
PSN B-2010-156-1/1

青少年体育蓝皮书
中国青少年体育发展报告（2017）
著(编)者：郭建军 杨桦　2017年9月出版／估价：89.00元
PSN B-2015-482-1/1

群众体育蓝皮书
中国群众体育发展报告（2017）
著(编)者：刘国永 杨桦　2017年12月出版／估价：89.00元
PSN B-2016-519-2/3

人权蓝皮书
中国人权事业发展报告 No.7（2017）
著(编)者：李君如　2017年9月出版／估价：98.00元
PSN B-2011-215-1/1

社会保障绿皮书
中国社会保障发展报告（2017）No.9
著(编)者：王延中　2017年4月出版／估价：89.00元
PSN G-2001-014-1/1

社会风险评估蓝皮书
风险评估与危机预警评估报告（2017）
著(编)者：唐钧　2017年8月出版／估价：85.00元
PSN B-2016-521-1/1

社会工作蓝皮书
中国社会工作发展报告（2017）
著(编)者：民政部社会工作研究中心
2017年8月出版／估价：89.00元
PSN B-2009-141-1/1

社会管理蓝皮书
中国社会管理创新报告 No.5
著(编)者：连玉明　2017年11月出版／估价：89.00元
PSN B-2012-300-1/1

社会蓝皮书
2017年中国社会形势分析与预测
著(编)者：李培林 陈光金 张翼
2016年12月出版／定价：89.00元
PSN B-1998-002-1/1

社会体制蓝皮书
中国社会体制改革报告No.5（2017）
著(编)者：龚维斌　2017年4月出版／估价：89.00元
PSN B-2013-330-1/1

社会心态蓝皮书
中国社会心态研究报告（2017）
著(编)者：王俊秀 杨宜音　2017年12月出版／估价：89.00元
PSN B-2011-199-1/1

社会组织蓝皮书
中国社会组织评估发展报告（2017）
著(编)者：徐家良 廖鸿　2017年12月出版／估价：89.00元
PSN B-2013-366-1/1

生态城市绿皮书
中国生态城市建设发展报告（2017）
著(编)者：刘举科 孙伟平 胡文臻
2017年9月出版／估价：118.00元
PSN G-2012-269-1/1

生态文明绿皮书
中国省域生态文明建设评价报告（ECI 2017）
著(编)者：严耕　2017年12月出版／估价：98.00元
PSN G-2010-170-1/1

体育蓝皮书
中国公共体育服务发展报告（2017）
著(编)者：戴健　2017年12月出版／估价：89.00元
PSN B-2013-367-2/4

土地整治蓝皮书
中国土地整治发展研究报告 No.4
著(编)者：国土资源部土地整治中心
2017年7月出版／估价：89.00元
PSN B-2014-401-1/1

土地政策蓝皮书
中国土地政策研究报告（2017）
著(编)者：高延利 李宪文
2017年12月出版／估价：89.00元
PSN B-2015-506-1/1

医改蓝皮书
中国医药卫生体制改革报告（2017）
著(编)者：文学国 房志武　2017年11月出版／估价：98.00元
PSN B-2014-432-1/1

医疗卫生绿皮书
中国医疗卫生发展报告 No.7（2017）
著(编)者：申宝忠 韩玉珍　2017年4月出版／估价：85.00元
PSN G-2004-033-1/1

应急管理蓝皮书
中国应急管理报告（2017）
著(编)者：宋英华　2017年9月出版／估价：98.00元
PSN B-2016-563-1/1

政治参与蓝皮书
中国政治参与报告（2017）
著(编)者：房宁　2017年9月出版／估价：118.00元
PSN B-2011-200-1/1

中国农村妇女发展蓝皮书
农村流动女性城市生活发展报告（2017）
著(编)者：谢丽华　2017年12月出版／估价：89.00元
PSN B-2014-434-1/1

宗教蓝皮书
中国宗教报告（2017）
著(编)者：邱永辉　2017年4月出版／估价：89.00元
PSN B-2008-117-1/1

行业报告类

SUV蓝皮书
中国SUV市场发展报告（2016~2017）
著（编）者：靳军　2017年9月出版／估价：89.00元
PSN B-2016-572-1/1

保健蓝皮书
中国保健服务产业发展报告 No.2
著（编）者：中国保健协会 中共中央党校
2017年7月出版／估价：198.00元
PSN B-2012-272-3/3

保健蓝皮书
中国保健食品产业发展报告 No.2
著（编）者：中国保健协会
　　　　中国社会科学院食品药品产业发展与监管研究中心
2017年7月出版／估价：198.00元
PSN B-2012-271-2/3

保健蓝皮书
中国保健用品产业发展报告 No.2
著（编）者：中国保健协会
　　　　国务院国有资产监督管理委员会研究中心
2017年3月出版／估价：198.00元
PSN B-2012-270-1/3

保险蓝皮书
中国保险业竞争力报告（2017）
著（编）者：项俊波　2017年12月出版／估价：95.00元
PSN B-2013-311-1/1

冰雪蓝皮书
中国滑雪产业发展报告（2017）
著（编）者：孙承华 伍斌 魏庆华 张鸿俊
2017年8月出版／估价：89.00元
PSN B-2016-560-1/1

彩票蓝皮书
中国彩票发展报告（2017）
著（编）者：益彩基金　2017年4月出版／估价：98.00元
PSN B-2015-462-1/1

餐饮产业蓝皮书
中国餐饮产业发展报告（2017）
著（编）者：邢颖　2017年6月出版／估价：98.00元
PSN B-2009-151-1/1

测绘地理信息蓝皮书
新常态下的测绘地理信息研究报告（2017）
著（编）者：库热西·买合苏提
2017年12月出版／估价：118.00元
PSN B-2009-145-1/1

茶业蓝皮书
中国茶产业发展报告（2017）
著（编）者：杨江帆 李闽榕　2017年10月出版．估价：88.00元
PSN B-2010-164-1/1

产权市场蓝皮书
中国产权市场发展报告（2016~2017）
著（编）者：曹和平　2017年5月出版／估价：89.00元
PSN B-2009-147-1/1

产业安全蓝皮书
中国出版传媒产业安全报告（2016~2017）
著（编）者：北京印刷学院文化产业安全研究院
2017年3月出版／估价：89.00元
PSN B-2014-384-13/14

产业安全蓝皮书
中国文化产业安全报告（2017）
著（编）者：北京印刷学院文化产业安全研究院
2017年12月出版／估价：89.00元
PSN B-2014-378-12/14

产业安全蓝皮书
中国新媒体产业安全报告（2017）
著（编）者：北京印刷学院文化产业安全研究院
2017年12月出版／估价：89.00元
PSN B-2015-500-14/14

城投蓝皮书
中国城投行业发展报告（2017）
著（编）者：王晨艳　丁伯康　2017年11月出版／估价：300.00元
PSN B-2016-514-1/1

电子政务蓝皮书
中国电子政务发展报告（2016~2017）
著（编）者：李季 杜平　2017年7月出版／估价：89.00元
PSN B-2003-022-1/1

杜仲产业绿皮书
中国杜仲橡胶资源与产业发展报告（2016~2017）
著（编）者：杜红岩 胡文臻 俞锐
2017年1月出版／估价：85.00元
PSN G-2013-350-1/1

房地产蓝皮书
中国房地产发展报告 No.14（2017）
著（编）者：李春华 王业强　2017年5月出版／估价：89.00元
PSN B-2004-028-1/1

服务外包蓝皮书
中国服务外包产业发展报告（2017）
著（编）者：王晓红 刘德军
2017年6月出版／估价：89.00元
PSN B-2013-331-2/2

服务外包蓝皮书
中国服务外包竞争力报告（2017）
著（编）者：王力 刘春生 黄育华
2017年11月出版／估价：85.00元
PSN B-2011-216-1/2

工业和信息化蓝皮书
世界网络安全发展报告（2016~2017）
著（编）者：洪京一　2017年4月出版／估价：89.00元
PSN B-2015-452-5/5

工业和信息化蓝皮书
世界信息化发展报告（2016~2017）
著（编）者：洪京一　2017年4月出版／估价：89.00元
PSN B-2015-451-4/5

皮书系列 2017全品种

行业报告类

工业和信息化蓝皮书
世界信息技术产业发展报告（2016~2017）
著(编)者：洪京一　2017年4月出版 / 估价：89.00元
PSN B-2015-449-2/5

工业和信息化蓝皮书
移动互联网产业发展报告（2016~2017）
著(编)者：洪京一　2017年4月出版 / 估价：89.00元
PSN B-2015-448-1/5

工业和信息化蓝皮书
战略性新兴产业发展报告（2016~2017）
著(编)者：洪京一　2017年4月出版 / 估价：89.00元
PSN B-2015-450-3/5

工业设计蓝皮书
中国工业设计发展报告（2017）
著(编)者：王晓红　于炜　张立群
2017年9月出版 / 估价：138.00元
PSN B-2014-420-1/1

黄金市场蓝皮书
中国商业银行黄金业务发展报告（2016~2017）
著(编)者：平安银行　2017年3月出版 / 估价：98.00元
PSN B-2016-525-1/1

互联网金融蓝皮书
中国互联网金融发展报告（2017）
著(编)者：李东荣　2017年9月出版 / 估价：128.00元
PSN B-2014-374-1/1

互联网医疗蓝皮书
中国互联网医疗发展报告（2017）
著(编)者：宫晓东　2017年9月出版 / 估价：89.00元
PSN B-2016-568-1/1

会展蓝皮书
中外会展业动态评估年度报告（2017）
著(编)者：张敏　2017年1月出版 / 估价：88.00元
PSN B-2013-327-1/1

金融监管蓝皮书
中国金融监管报告（2017）
著(编)者：胡滨　2017年6月出版 / 估价：89.00元
PSN B-2012-281-1/1

金融蓝皮书
中国金融中心发展报告（2017）
著(编)者：王力　黄育华　2017年11月出版 / 估价：85.00元
PSN B-2011-186-6/6

建筑装饰蓝皮书
中国建筑装饰行业发展报告（2017）
著(编)者：刘晓一　葛顺道　2017年7月出版 / 估价：198.00元
PSN B-2016-554-1/1

客车蓝皮书
中国客车产业发展报告（2016~2017）
著(编)者：姚蔚　2017年10月出版 / 估价：85.00元
PSN B-2013-361-1/1

旅游安全蓝皮书
中国旅游安全报告（2017）
著(编)者：郑向敏　谢朝武　2017年5月出版 / 估价：128.00元
PSN B-2012-280-1/1

旅游绿皮书
2016~2017年中国旅游发展分析与预测
著(编)者：张广瑞　刘德谦　2017年4月出版 / 估价：89.00元
PSN G-2002-018-1/1

煤炭蓝皮书
中国煤炭工业发展报告（2017）
著(编)者：岳福斌　2017年12月出版 / 估价：85.00元
PSN B-2008-123-1/1

民营企业社会责任蓝皮书
中国民营企业社会责任报告（2017）
著(编)者：中华全国工商业联合会
2017年12月出版 / 估价：89.00元
PSN B-2015-511-1/1

民营医院蓝皮书
中国民营医院发展报告（2017）
著(编)者：庄一强　2017年10月出版 / 估价：85.00元
PSN B-2012-299-1/1

闽商蓝皮书
闽商发展报告（2017）
著(编)者：李闽榕　王日根　林琛
2017年12月出版 / 估价：89.00元
PSN B-2012-298-1/1

能源蓝皮书
中国能源发展报告（2017）
著(编)者：崔民选　王军生　陈义和
2017年10月出版 / 估价：98.00元
PSN B-2006-049-1/1

农产品流通蓝皮书
中国农产品流通产业发展报告（2017）
著(编)者：贾敬敦　张东科　张玉玺　张鹏毅　周伟
2017年1月出版 / 估价：89.00元
PSN B-2012-288-1/1

企业公益蓝皮书
中国企业公益研究报告（2017）
著(编)者：钟宏武　汪杰　顾一　黄晓娟　等
2017年12月出版 / 估价：89.00元
PSN B-2015-501-1/1

企业国际化蓝皮书
中国企业国际化报告（2017）
著(编)者：王辉耀　2017年11月出版 / 估价：98.00元
PSN B-2014-427-1/1

企业蓝皮书
中国企业绿色发展报告 No.2（2017）
著(编)者：李红玉　朱光辉　2017年8月出版 / 估价：89.00元
PSN B-2015-481-2/2

企业社会责任蓝皮书
中国企业社会责任研究报告（2017）
著(编)者：黄群慧　钟宏武　张蒽　翟利峰
2017年11月出版 / 估价：89.00元
PSN B-2009-149-1/1

汽车安全蓝皮书
中国汽车安全发展报告（2017）
著(编)者：中国汽车技术研究中心
2017年7月出版 / 估价：89.00元
PSN B-2014-385-1/1

皮书系列 2017全品种

行业报告类

汽车电子商务蓝皮书
中国汽车电子商务发展报告（2017）
著(编)者：中华全国工商业联合会汽车经销商商会 北京易观智库网络科技有限公司
2017年10月出版／估价：128.00元
PSN B-2015-485-1/1

汽车工业蓝皮书
中国汽车工业发展年度报告（2017）
著(编)者：中国汽车工业协会 中国汽车技术研究中心 丰田汽车（中国）投资有限公司
2017年4月出版／估价：128.00元
PSN B-2015-463-1/2

汽车工业蓝皮书
中国汽车零部件产业发展报告（2017）
著(编)者：中国汽车工业协会 中国汽车工程研究院
2017年10月出版／估价：98.00元
PSN B-2016-515-2/2

汽车蓝皮书
中国汽车产业发展报告（2017）
著(编)者：国务院发展研究中心产业经济研究部 中国汽车工程学会 大众汽车集团（中国）
2017年8月出版／估价：98.00元
PSN B-2008-124-1/1

人力资源蓝皮书
中国人力资源发展报告（2017）
著(编)者：余兴安　2017年11月出版／估价：89.00元
PSN B-2012-287-1/1

融资租赁蓝皮书
中国融资租赁业发展报告（2016～2017）
著(编)者：李光荣 王力　2017年8月出版／估价：89.00元
PSN B-2015-443-1/1

商会蓝皮书
中国商会发展报告No.5（2017）
著(编)者：王钦敏　2017年7月出版／估价：89.00元
PSN B-2008-125-1/1

输血服务蓝皮书
中国输血行业发展报告（2017）
著(编)者：朱永明 耿鸿武　2016年8月出版／估价：89.00元
PSN B-2016-583-1/1

上市公司蓝皮书
中国上市公司社会责任信息披露报告（2017）
著(编)者：张旺 张杨　2017年11月出版／估价：32.00元
PSN B-2011-234-1/2

社会责任管理蓝皮书
中国上市公司社会责任能力成熟度报告（2017）No.2
著(编)者：肖红军 王晓光 李伟阳
2017年12月出版／估价：98.00元
PSN B-2015-507-2/2

社会责任管理蓝皮书
中国企业公众透明度报告(2017)No.3
著(编)者：黄速建 熊梦 王晓光 肖红军
2017年1月出版／估价：98.00元
PSN B-2015-440-1/2

食品药品蓝皮书
食品药品安全与监管政策研究报告（2016～2017）
著(编)者：唐民皓　2017年6月出版／估价：89.00元
PSN B-2009-129-1/1

世界能源蓝皮书
世界能源发展报告（2017）
著(编)者：黄晓勇　2017年6月出版／估价：99.00元
PSN B-2013-349-1/1

水利风景区蓝皮书
中国水利风景区发展报告（2017）
著(编)者：谢婵才 兰思仁　2017年5月出版／估价：89.00元
PSN B-2015-480-1/1

私募市场蓝皮书
中国私募股权市场发展报告（2017）
著(编)者：曹和平　2017年12月出版／估价：89.00元
PSN B-2010-162-1/1

碳市场蓝皮书
中国碳市场报告（2017）
著(编)者：定金彪　2017年11月出版／估价：89.00元
PSN B-2014-430-1/1

体育蓝皮书
中国体育产业发展报告（2017）
著(编)者：阮伟 钟秉枢　2017年12月出版／估价：89.00元
PSN B-2010-179-1/4

网络空间安全蓝皮书
中国网络空间安全发展报告（2017）
著(编)者：惠志斌 唐涛　2017年4月出版／估价：89.00元
PSN B-2015-466-1/1

西部金融蓝皮书
中国西部金融发展报告（2017）
著(编)者：李忠民　2017年8月出版／估价：85.00元
PSN B-2010-160-1/1

协会商会蓝皮书
中国行业协会商会发展报告（2017）
著(编)者：景朝阳 李勇　2017年4月出版／估价：99.00元
PSN B-2015-461-1/1

新能源汽车蓝皮书
中国新能源汽车产业发展报告（2017）
著(编)者：中国汽车技术研究中心 日产（中国）投资有限公司 东风汽车有限公司
2017年7月出版／估价：98.00元
PSN B-2013-347-1/1

新三板蓝皮书
中国新三板市场发展报告（2017）
著(编)者：王力　2017年6月出版／估价：89.00元
PSN B-2016-524-1/1

信托市场蓝皮书
中国信托业市场报告（2016～2017）
著(编)者：用益信托工作室
2017年1月出版／估价：198.00元
PSN B-2014-371-1/1

皮书系列 2017全品种 — 行业报告类

信息化蓝皮书
中国信息化形势分析与预测（2016~2017）
著(编)者：周宏仁　2017年8月出版 / 估价：98.00元
PSN B-2010-168-1/1

信用蓝皮书
中国信用发展报告（2017）
著(编)者：章政　田侃　2017年4月出版 / 估价：99.00元
PSN B-2013-328-1/1

休闲绿皮书
2017年中国休闲发展报告
著(编)者：宋瑞　2017年10月出版 / 估价：89.00元
PSN G-2010-158-1/1

休闲体育蓝皮书
中国休闲体育发展报告（2016～2017）
著(编)者：李相如　钟炳枢　2017年10月出版 / 估价：89.00元
PSN G-2016-516-1/1

养老金融蓝皮书
中国养老金融发展报告（2017）
著(编)者：董克用　姚余栋
2017年6月出版 / 估价：89.00元
PSN B-2016-584-1/1

药品流通蓝皮书
中国药品流通行业发展报告（2017）
著(编)者：佘鲁林　温再兴　2017年8月出版 / 估价：158.00元
PSN B-2014-429-1/1

医院蓝皮书
中国医院竞争力报告（2017）
著(编)者：庄一强　曾益新　2017年3月出版 / 估价：128.00元
PSN B-2016-529-1/1

医药蓝皮书
中国中医药产业园战略发展报告（2017）
著(编)者：裴长洪　房书亭　吴滁心
2017年8月出版 / 估价：89.00元
PSN B-2012-305-1/1

邮轮绿皮书
中国邮轮产业发展报告（2017）
著(编)者：汪泓　2017年10月出版 / 估价：89.00元
PSN G-2014-419-1/1

智能养老蓝皮书
中国智能养老产业发展报告（2017）
著(编)者：朱勇　2017年10月出版 / 估价：89.00元
PSN B-2015-488-1/1

债券市场蓝皮书
中国债券市场发展报告（2016～2017）
著(编)者：杨农　2017年10月出版 / 估价：89.00元
PSN B-2016-573-1/1

中国节能汽车蓝皮书
中国节能汽车发展报告（2016~2017）
著(编)者：中国汽车工程研究院股份有限公司
2017年9月出版 / 估价：98.00元
PSN B-2016-566-1/1

中国上市公司蓝皮书
中国上市公司发展报告（2017）
著(编)者：张平　王宏淼
2017年10月出版 / 估价：98.00元
PSN B-2014-414-1/1

中国陶瓷产业蓝皮书
中国陶瓷产业发展报告（2017）
著(编)者：左和平　黄速建　2017年10月出版 / 估价：98.00元
PSN B-2016-574-1/1

中国总部经济蓝皮书
中国总部经济发展报告（2016～2017）
著(编)者：赵弘　2017年9月出版 / 估价：89.00元
PSN B-2005-036-1/1

中医文化蓝皮书
中国中医药文化传播发展报告（2017）
著(编)者：毛嘉陵　2017年7月出版 / 估价：89.00元
PSN B-2015-468-1/1

装备制造业蓝皮书
中国装备制造业发展报告（2017）
著(编)者：徐东华　2017年12月出版 / 估价：148.00元
PSN B-2015-505-1/1

资本市场蓝皮书
中国场外交易市场发展报告（2016～2017）
著(编)者：高峦　2017年3月出版 / 估价：89.00元
PSN B-2009-153-1/1

资产管理蓝皮书
中国资产管理行业发展报告（2017）
著(编)者：智信资产管理研究院
2017年6月出版 / 估价：89.00元
PSN B-2014-407-2/2

文化传媒类

传媒竞争力蓝皮书
中国传媒国际竞争力研究报告（2017）
著(编)者：李本乾 刘强
2017年11月出版 / 估价：148.00元
PSN B-2013-356-1/1

传媒蓝皮书
中国传媒产业发展报告（2017）
著(编)者：崔保国　2017年5月出版 / 估价：98.00元
PSN B-2005-035-1/1

传媒投资蓝皮书
中国传媒投资发展报告（2017）
著(编)者：张向东 谭云明
2017年6月出版 / 估价：128.00元
PSN B-2015-474-1/1

动漫蓝皮书
中国动漫产业发展报告（2017）
著(编)者：卢斌 郑玉明 牛兴侦
2017年9月出版 / 估价：89.00元
PSN B-2011-198-1/1

非物质文化遗产蓝皮书
中国非物质文化遗产发展报告（2017）
著(编)者：陈平　2017年5月出版 / 估价：98.00元
PSN B-2015-469-1/1

广电蓝皮书
中国广播电影电视发展报告（2017）
著(编)者：国家新闻出版广电总局发展研究中心
2017年7月出版 / 估价：98.00元
PSN B-2006-072-1/1

广告主蓝皮书
中国广告主营销传播趋势报告 No.9
著(编)者：黄升民 杜国清 邵华冬 等
2017年10月出版 / 估价：148.00元
PSN B-2005-041-1/1

国际传播蓝皮书
中国国际传播发展报告（2017）
著(编)者：胡正荣 李继东 姬德强
2017年11月出版 / 估价：89.00元
PSN B-2014-408-1/1

纪录片蓝皮书
中国纪录片发展报告（2017）
著(编)者：何苏六　2017年9月出版 / 估价：89.00元
PSN B-2011-222-1/1

科学传播蓝皮书
中国科学传播报告（2017）
著(编)者：詹正茂　2017年7月出版 / 估价：89.00元
PSN B-2008-120-1/1

两岸创意经济蓝皮书
两岸创意经济研究报告（2017）
著(编)者：罗昌智 林咏能
2017年10月出版 / 估价：98.00元
PSN B-2014-437-1/1

两岸文化蓝皮书
两岸文化产业合作发展报告（2017）
著(编)者：胡惠林 李保宗　2017年7月出版 / 估价：89.00元
PSN B-2012-285-1/1

媒介与女性蓝皮书
中国媒介与女性发展报告(2016~2017)
著(编)者：刘利群　2017年9月出版 / 估价：118.00元
PSN B-2013-345-1/1

媒体融合蓝皮书
中国媒体融合发展报告（2017）
著(编)者：梅宁华 宋建武　2017年7月出版 / 估价：89.00元
PSN B-2015-479-1/1

全球传媒蓝皮书
全球传媒发展报告（2017）
著(编)者：胡正荣 李继东 唐晓芬
2017年11月出版 / 估价：89.00元
PSN B-2012-237-1/1

少数民族非遗蓝皮书
中国少数民族非物质文化遗产发展报告（2017）
著(编)者：肖远平（彝）柴立（满）
2017年8月出版 / 估价：98.00元
PSN B-2015-467-1/1

视听新媒体蓝皮书
中国视听新媒体发展报告（2017）
著(编)者：国家新闻出版广电总局发展研究中心
2017年7月出版 / 估价：98.00元
PSN B-2011-184-1/1

文化创新蓝皮书
中国文化创新报告（2017）No.7
著(编)者：于平 傅才武　2017年7月出版 / 估价：98.00元
PSN B-2009-143-1/1

文化建设蓝皮书
中国文化发展报告（2016~2017）
著(编)者：江畅 孙伟平 戴茂堂
2017年6月出版 / 估价：116.00元
PSN B-2014-392-1/1

文化科技蓝皮书
文化科技创新发展报告（2017）
著(编)者：于平 李凤亮　2017年11月出版 / 估价：89.00元
PSN B-2013-342-1/1

文化蓝皮书
中国公共文化服务发展报告（2017）
著(编)者：刘新成 张永新 张旭
2017年12月出版 / 估价：98.00元
PSN B-2007-033-2/10

文化蓝皮书
中国公共文化投入增长测评报告（2017）
著(编)者：王亚南　2017年4月出版 / 估价：89.00元
PSN B-2014-435-10/10

皮书系列 2017全品种 | 文化传媒类·地方发展类

文化蓝皮书
中国少数民族文化发展报告（2016~2017）
著(编)者：武翠英 张晓明 任乌晶
2017年9月出版 / 估价：89.00元
PSN B-2013-369-9/10

文化蓝皮书
中国文化产业发展报告（2016~2017）
著(编)者：张晓明 王家新 章建刚
2017年2月出版 / 估价：89.00元
PSN B-2002-019-1/10

文化蓝皮书
中国文化产业供需协调检测报告（2017）
著(编)者：王亚南　2017年2月出版 / 估价：89.00元
PSN B-2013-323-8/10

文化蓝皮书
中国文化消费需求景气评价报告（2017）
著(编)者：王亚南　2017年4月出版 / 估价：89.00元
PSN B-2011-236-4/10

文化品牌蓝皮书
中国文化品牌发展报告（2017）
著(编)者：欧阳友权　2017年5月出版 / 估价：98.00元
PSN B-2012-277-1/1

文化遗产蓝皮书
中国文化遗产事业发展报告（2017）
著(编)者：苏杨 张颖岚 王宇飞
2017年8月出版 / 估价：98.00元
PSN B-2008-119-1/1

文学蓝皮书
中国文情报告（2016～2017）
著(编)者：白烨　2017年5月出版 / 估价：49.00元
PSN B-2011-221-1/1

新媒体蓝皮书
中国新媒体发展报告No.8（2017）
著(编)者：唐绪军　2017年6月出版 / 估价：89.00元
PSN B-2010-169-1/1

新媒体社会责任蓝皮书
中国新媒体社会责任研究报告（2017）
著(编)者：钟瑛　2017年11月出版 / 估价：89.00元
PSN B-2014-423-1/1

移动互联网蓝皮书
中国移动互联网发展报告（2017）
著(编)者：官建文　2017年6月出版 / 估价：89.00元
PSN B-2012-282-1/1

舆情蓝皮书
中国社会舆情与危机管理报告（2017）
著(编)者：谢耘耕　2017年9月出版 / 估价：128.00元
PSN B-2011-235-1/1

影视风控蓝皮书
中国影视舆情与风控报告（2017）
著(编)者：司若　2017年4月出版 / 估价：138.00元
PSN B-2016-530-1/1

地方发展类

安徽经济蓝皮书
合芜蚌国家自主创新综合示范区研究报告（2016～2017）
著(编)者：王开玉　2017年11月出版 / 估价：89.00元
PSN B-2014-383-1/1

安徽蓝皮书
安徽社会发展报告（2017）
著(编)者：程桦　2017年4月出版 / 估价：89.00元
PSN B-2013-325-1/1

安徽社会建设蓝皮书
安徽社会建设分析报告（2016～2017）
著(编)者：黄家海 王开玉 蔡宪
2016年4月出版 / 估价：89.00元
PSN B-2013-322-1/1

澳门蓝皮书
澳门经济社会发展报告（2016～2017）
著(编)者：吴志良 郝雨凡　2017年6月出版 / 估价：98.00元
PSN B-2009-138-1/1

北京蓝皮书
北京公共服务发展报告（2016～2017）
著(编)者：施昌奎　2017年2月出版 / 估价：89.00元
PSN B-2008-103-7/8

北京蓝皮书
北京经济发展报告（2016～2017）
著(编)者：杨松　2017年6月出版 / 估价：89.00元
PSN B-2006-054-2/8

北京蓝皮书
北京社会发展报告（2016～2017）
著(编)者：李伟东　2017年6月出版 / 估价：89.00元
PSN B-2006-055-3/8

北京蓝皮书
北京社会治理发展报告（2016～2017）
著(编)者：殷星辰　2017年5月出版 / 估价：89.00元
PSN B-2014-391-8/8

北京蓝皮书
北京文化发展报告（2016～2017）
著(编)者：李建盛　2017年4月出版 / 估价：89.00元
PSN B-2007-082-4/8

北京律师绿皮书
北京律师发展报告No.3（2017）
著(编)者：王隽　2017年7月出版 / 估价：88.00元
PSN G-2012-301-1/1

地方发展类

皮书系列 2017全品种

北京旅游蓝皮书
北京旅游发展报告（2017）
著(编)者：北京旅游学会　2017年1月出版／估价：88.00元
PSN B-2011-217-1/1

北京人才蓝皮书
北京人才发展报告（2017）
著(编)者：于淼　2017年12月出版／估价：128.00元
PSN B-2011-241-1/1

北京社会心态蓝皮书
北京社会心态分析报告（2016～2017）
著(编)者：北京社会心理研究所
2017年8月出版／估价：89.00元
PSN B-2014-422-1/1

北京社会组织管理蓝皮书
北京社会组织发展与管理（2016～2017）
著(编)者：黄江松　2017年4月出版／估价：88.00元
PSN B-2015-446-1/1

北京体育蓝皮书
北京体育产业发展报告（2016～2017）
著(编)者：钟秉枢　陈杰　杨铁黎
2017年9月出版／估价：89.00元
PSN B-2015-475-1/1

北京养老产业蓝皮书
北京养老产业发展报告（2017）
著(编)者：周明明　冯喜良　2017年8月出版／估价：39.00元
PSN B-2015-465-1/1

滨海金融蓝皮书
滨海新区金融发展报告（2017）
著(编)者：王爱俭　张锐钢　2017年12月出版／估价：89.00元
PSN B-2014-424-1/1

城乡一体化蓝皮书
中国城乡一体化发展报告·北京卷（2016～2017）
著(编)者：张宝秀　黄序　2017年5月出版／估价：39.00元
PSN B-2012-258-2/2

创意城市蓝皮书
北京文化创意产业发展报告（2017）
著(编)者：张京成　王国华　2017年10月出版／估价：89.00元
PSN B-2012-263-1/7

创意城市蓝皮书
青岛文化创意产业发展报告（2017）
著(编)者：马达　张丹妮　2017年8月出版／估价：89.00元
PSN B-2011-235-1/1

创意城市蓝皮书
天津文化创意产业发展报告（2016～2017）
著(编)者：谢思全　2017年6月出版／估价：89.00元
PSN B-2016-537-7/7

创意城市蓝皮书
无锡文化创意产业发展报告（2017）
著(编)者：谭军　张鸣年　2017年10月出版／估价：89.00元
PSN B-2013-346-3/7

创意城市蓝皮书
武汉文化创意产业发展报告（2017）
著(编)者：黄永林　陈汉桥　2017年9月出版／估价：99.00元
PSN B-2013-354-4/7

创意上海蓝皮书
上海文化创意产业发展报告（2016～2017）
著(编)者：王慧敏　王兴全　2017年8月出版／估价：89.00元
PSN B-2016-562-1/1

福建妇女发展蓝皮书
福建省妇女发展报告（2017）
著(编)者：刘群英　2017年11月出版／估价：88.00元
PSN B-2011-220-1/1

福建自贸区蓝皮书
中国（福建）自由贸易实验区发展报告（2016～2017）
著(编)者：黄茂兴　2017年4月出版／估价：108.00元
PSN B-2017-532-1/1

甘肃蓝皮书
甘肃经济发展分析与预测（2017）
著(编)者：朱智文　罗哲　2017年1月出版／估价：89.00元
PSN B-2013-312-1/6

甘肃蓝皮书
甘肃社会发展分析与预测（2017）
著(编)者：安文华　包晓霞　谢增虎
2017年1月出版／估价：89.00元
PSN B-2013-313-2/6

甘肃蓝皮书
甘肃文化发展分析与预测（2017）
著(编)者：安文华　周小华　2017年1月出版／估价：89.00元
PSN B-2013-314-3/6

甘肃蓝皮书
甘肃县域和农村发展报告（2017）
著(编)者：刘进军　柳民　王建兵
2017年1月出版／估价：89.00元
PSN B-2013-316-5/6

甘肃蓝皮书
甘肃舆情分析与预测（2017）
著(编)者：陈双梅　郝树戸　2017年1月出版／估价：89.00元
PSN B-2013-315-4/6

甘肃蓝皮书
甘肃商贸流通发展报告（2017）
著(编)者：杨志武　王福主　王晓芳
2017年1月出版／估价：89.00元
PSN B-2016-523-6/6

广东蓝皮书
广东全面深化改革发展报告（2017）
著(编)者：周林生　涂成林　2017年12月出版／估价：89.00元
PSN B-2015-504-3/3

广东蓝皮书
广东社会工作发展报告（2017）
著(编)者：罗观翠　2017年6月出版／估价：89.00元
PSN B-2014-402-2/3

广东蓝皮书
广东省电子商务发展报告（2017）
著(编)者：程晓　邓顺国　2017年7月出版／估价：89.00元
PSN B-2013-360-1/3

皮书系列 2017全品种
地方发展类

广东社会建设蓝皮书
广东省社会建设发展报告（2017）
著(编)者：广东省社会工作委员会
2017年12月出版 / 估价：99.00元
PSN B-2014-436-1/1

广东外经贸蓝皮书
广东对外经济贸易发展研究报告（2016~2017）
著(编)者：陈万灵　2017年8月出版 / 估价：98.00元
PSN B-2012-286-1/1

广西北部湾经济区蓝皮书
广西北部湾经济区开放开发报告（2017）
著(编)者：广西北部湾经济区规划建设管理委员会办公室
　　　　　广西社会科学院 广西北部湾发展研究院
2017年2月出版 / 估价：89.00元
PSN B-2010-181-1/1

巩义蓝皮书
巩义经济社会发展报告（2017）
著(编)者：丁同民 朱军　2017年4月出版 / 估价：58.00元
PSN B-2016-533-1/1

广州蓝皮书
2017年中国广州经济形势分析与预测
著(编)者：庾建设 陈浩钿 谢博能
2017年7月出版 / 估价：85.00元
PSN B-2011-185-9/14

广州蓝皮书
2017年中国广州社会形势分析与预测
著(编)者：张强 陈怡霓 杨秦　2017年6月出版 / 估价：85.00元
PSN B-2008-110-5/14

广州蓝皮书
广州城市国际化发展报告（2017）
著(编)者：朱名宏　2017年8月出版 / 估价：79.00元
PSN B-2012-246-11/14

广州蓝皮书
广州创新型城市发展报告（2017）
著(编)者：尹涛　2017年7月出版 / 估价：79.00元
PSN B-2012-247-12/14

广州蓝皮书
广州经济发展报告（2017）
著(编)者：朱名宏　2017年7月出版 / 估价：79.00元
PSN B-2005-040-1/14

广州蓝皮书
广州农村发展报告（2017）
著(编)者：朱名宏　2017年8月出版 / 估价：79.00元
PSN B-2010-167-8/14

广州蓝皮书
广州汽车产业发展报告（2017）
著(编)者：杨再高 冯兴亚　2017年7月出版 / 估价：79.00元
PSN B-2006-066-3/14

广州蓝皮书
广州青年发展报告（2016~2017）
著(编)者：徐柳 张强　2017年9月出版 / 估价：79.00元
PSN B-2013-352-13/14

广州蓝皮书
广州商贸业发展报告（2017）
著(编)者：李江涛 肖振宇 荀振英
2017年7月出版 / 估价：79.00元
PSN B-2012-245-10/14

广州蓝皮书
广州社会保障发展报告（2017）
著(编)者：蔡国萱　2017年8月出版 / 估价：79.00元
PSN B-2014-425-14/14

广州蓝皮书
广州文化创意产业发展报告（2017）
著(编)者：徐咏虹　2017年7月出版 / 估价：79.00元
PSN B-2008-111-6/14

广州蓝皮书
中国广州城市建设与管理发展报告（2017）
著(编)者：董皞 陈小钢 李江涛
2017年7月出版 / 估价：85.00元
PSN B-2007-087-4/14

广州蓝皮书
中国广州科技创新发展报告（2017）
著(编)者：邹采荣 马正勇 陈爽
2017年7月出版 / 估价：79.00元
PSN B-2006-065-2/14

广州蓝皮书
中国广州文化发展报告（2017）
著(编)者：徐俊忠 陆志强 顾涧清
2017年7月出版 / 估价：79.00元
PSN B-2009-134-7/14

贵阳蓝皮书
贵阳城市创新发展报告No.2（白云篇）
著(编)者：连玉明　2017年10月出版 / 估价：89.00元
PSN B-2015-491-3/10

贵阳蓝皮书
贵阳城市创新发展报告No.2（观山湖篇）
著(编)者：连玉明　2017年10月出版 / 估价：89.00元
PSN B-2011-235-1/1

贵阳蓝皮书
贵阳城市创新发展报告No.2（花溪篇）
著(编)者：连玉明　2017年10月出版 / 估价：89.00元
PSN B-2015-490-2/10

贵阳蓝皮书
贵阳城市创新发展报告No.2（开阳篇）
著(编)者：连玉明　2017年10月出版 / 估价：89.00元
PSN B-2015-492-4/10

贵阳蓝皮书
贵阳城市创新发展报告No.2（南明篇）
著(编)者：连玉明　2017年10月出版 / 估价：89.00元
PSN B-2015-496-8/10

贵阳蓝皮书
贵阳城市创新发展报告No.2（清镇篇）
著(编)者：连玉明　2017年10月出版 / 估价：89.00元
PSN B-2015-489-1/10

地方发展类

皮书系列 2017全品种

贵阳蓝皮书
贵阳城市创新发展报告No.2（乌当篇）
著(编)者：连玉明　2017年10月出版 / 估价：89.00元
PSN B-2015-495-7/10

贵阳蓝皮书
贵阳城市创新发展报告No.2（息烽篇）
著(编)者：连玉明　2017年10月出版 / 估价：89.00元
PSN B-2015-493-5/10

贵阳蓝皮书
贵阳城市创新发展报告No.2（修文篇）
著(编)者：连玉明　2017年10月出版 / 估价：89.00元
PSN B-2015-494-6/10

贵阳蓝皮书
贵阳城市创新发展报告No.2（云岩篇）
著(编)者：连玉明　2017年10月出版 / 估价：89.00元
PSN B-2015-498-10/10

贵州房地产蓝皮书
贵州房地产发展报告No.4（2017）
著(编)者：武廷方　2017年7月出版 / 估价：89.00元
PSN B-2014-426-1/1

贵州蓝皮书
贵州册亨经济社会发展报告(2017)
著(编)者：黄德林　2017年3月出版 / 估价：89.00元
PSN B-2016-526-8/9

贵州蓝皮书
贵安新区发展报告（2016~2017）
著(编)者：马长青 吴大华　2017年6月出版 / 估价：89.00元
PSN B-2015-459-4/9

贵州蓝皮书
贵州法治发展报告（2017）
著(编)者：吴大华　2017年5月出版 / 估价：89.00元
PSN B-2012-254-2/9

贵州蓝皮书
贵州国有企业社会责任发展报告（2016～2017）
著(编)者：郭丽 周航 万强
2017年12月出版 / 估价：89.00元
PSN B-2015-512-6/9

贵州蓝皮书
贵州民航业发展报告（2017）
著(编)者：申振东 吴大华　2017年10月出版 / 估价：89.00元
PSN B-2015-471-5/9

贵州蓝皮书
贵州民营经济发展报告（2017）
著(编)者：杨静 吴大华　2017年3月出版 / 估价：89.00元
PSN B-2016-531-9/9

贵州蓝皮书
贵州人才发展报告（2017）
著(编)者：于杰 吴大华　2017年9月出版 / 估价：89.00元
PSN B-2014-382-3/9

贵州蓝皮书
贵州社会发展报告（2017）
著(编)者：王兴骥　2017年6月出版 / 估价：89.00元
PSN B-2010-166-1/9

贵州蓝皮书
贵州国家级开放创新平台发展报告（2017）
著(编)者：申晓庆 吴大华 李泓
2017年6月出版 / 估价：89.00元
PSN B-2016-518-1/3

海淀蓝皮书
海淀区文化和科技融合发展报告（2017）
著(编)者：陈名杰 孟景伟　2017年5月出版 / 估价：85.00元
PSN B-2013-329-1/1

杭州都市圈蓝皮书
杭州都市圈发展报告（2017）
著(编)者：沈翔 戚建国　2017年5月出版 / 估价：128.00元
PSN B-2012-302-1/1

杭州蓝皮书
杭州妇女发展报告（2017）
著(编)者：魏颖　2017年6月出版 / 估价：89.00元
PSN B-2014-403-1/1

河北经济蓝皮书
河北省经济发展报告（2017）
著(编)者：马树强 金浩 张贵
2017年4月出版 / 估价：89.00元
PSN B-2014-380-1/1

河北蓝皮书
河北经济社会发展报告（2017）
著(编)者：郭金平　2017年1月出版 / 估价：89.00元
PSN B-2014-372-1/1

河北食品药品安全蓝皮书
河北食品药品安全研究报告（2017）
著(编)者：丁锦霞　2017年6月出版 / 估价：89.00元
PSN B-2015-473-1/1

河南经济蓝皮书
2017年河南经济形势分析与预测
著(编)者：胡五岳　2017年2月出版 / 估价：89.00元
PSN B-2007-086-1/1

河南蓝皮书
2017年河南社会形势分析与预测
著(编)者：刘道兴 牛苏林　2017年4月出版 / 估价：89.00元
PSN B-2005-043-1/8

河南蓝皮书
河南城市发展报告（2017）
著(编)者：张占仓 王建国　2017年5月出版 / 估价：89.00元
PSN B-2009-131-3/8

河南蓝皮书
河南法治发展报告（2017）
著(编)者：丁同民 张林海　2017年5月出版 / 估价：89.00元
PSN B-2014-375-6/8

河南蓝皮书
河南工业发展报告（2017）
著(编)者：张占仓 丁同民　2017年5月出版 / 估价：89.00元
PSN B-2013-317-5/8

河南蓝皮书
河南金融发展报告（2017）
著(编)者：河南省社会科学院
2017年6月出版 / 估价：89.00元
PSN B-2014-330-7/8

皮书系列重点推荐 — 地方发展类

河南蓝皮书
河南经济发展报告（2017）
著(编)者：张占仓　2017年3月出版 / 估价：89.00元
PSN B-2010-157-4/8

河南蓝皮书
河南农业农村发展报告（2017）
著(编)者：吴海峰　2017年4月出版 / 估价：89.00元
PSN B-2015-445-8/8

河南蓝皮书
河南文化发展报告（2017）
著(编)者：卫绍生　2017年3月出版 / 估价：88.00元
PSN B-2008-106-2/8

河南商务蓝皮书
河南商务发展报告（2017）
著(编)者：焦锦淼　穆荣国　2017年6月出版 / 估价：88.00元
PSN B-2014-399-1/1

黑龙江蓝皮书
黑龙江经济发展报告（2017）
著(编)者：朱宇　2017年1月出版 / 估价：89.00元
PSN B-2011-190-2/2

黑龙江蓝皮书
黑龙江社会发展报告（2017）
著(编)者：谢宝禄　2017年1月出版 / 估价：89.00元
PSN B-2011-189-1/2

湖北文化蓝皮书
湖北文化发展报告（2017）
著(编)者：吴成国　2017年10月出版 / 估价：95.00元
PSN B-2016-567-1/1

湖南城市蓝皮书
区域城市群整合
著(编)者：童中贤　韩未名
2017年12月出版 / 估价：89.00元
PSN B-2006-064-1/1

湖南蓝皮书
2017年湖南产业发展报告
著(编)者：梁志峰　2017年5月出版 / 估价：128.00元
PSN B-2011-207-2/8

湖南蓝皮书
2017年湖南电子政务发展报告
著(编)者：梁志峰　2017年5月出版 / 估价：128.00元
PSN B-2014-394-6/8

湖南蓝皮书
2017年湖南经济展望
著(编)者：梁志峰　2017年5月出版 / 估价：128.00元
PSN B-2011-206-1/8

湖南蓝皮书
2017年湖南两型社会与生态文明发展报告
著(编)者：梁志峰　2017年5月出版 / 估价：128.00元
PSN B-2011-208-3/8

湖南蓝皮书
2017年湖南社会发展报告
著(编)者：梁志峰　2017年5月出版 / 估价：128.00元
PSN B-2014-393-5/8

湖南蓝皮书
2017年湖南县域经济社会发展报告
著(编)者：梁志峰　2017年5月出版 / 估价：128.00元
PSN B-2014-395-7/8

湖南蓝皮书
湖南城乡一体化发展报告（2017）
著(编)者：陈文胜　王文强　陆福兴　邝奕轩
2017年6月出版 / 估价：89.00元
PSN B-2015-477-8/8

湖南县域绿皮书
湖南县域发展报告 No.3
著(编)者：袁准　周小毛　2017年9月出版 / 估价：89.00元
PSN G-2012-274-1/1

沪港蓝皮书
沪港发展报告（2017）
著(编)者：尤安山　2017年9月出版 / 估价：89.00元
PSN B-2013-362-1/1

吉林蓝皮书
2017年吉林经济社会形势分析与预测
著(编)者：马克　2015年12月出版 / 估价：89.00元
PSN B-2013-319-1/1

吉林省城市竞争力蓝皮书
吉林省城市竞争力报告（2017）
著(编)者：崔岳春　张磊　2017年3月出版 / 估价：89.00元
PSN B-2015-508-1/1

济源蓝皮书
济源经济社会发展报告（2017）
著(编)者：喻新安　2017年4月出版 / 估价：89.00元
PSN B-2014-387-1/1

健康城市蓝皮书
北京健康城市建设研究报告（2017）
著(编)者：王鸿春　2017年8月出版 / 估价：89.00元
PSN B-2015-460-1/2

江苏法治蓝皮书
江苏法治发展报告 No.6（2017）
著(编)者：蔡道通　龚廷泰　2017年8月出版 / 估价：98.00元
PSN B-2012-290-1/1

江西蓝皮书
江西经济社会发展报告（2017）
著(编)者：张勇　姜玮　梁勇　2017年10月出版 / 估价：89.00元
PSN B-2015-484-1/2

江西蓝皮书
江西设区市发展报告（2017）
著(编)者：姜玮　梁勇　2017年10月出版 / 估价：79.00元
PSN B-2016-517-2/2

江西文化蓝皮书
江西文化产业发展报告（2017）
著(编)者：张圣才　汪春翔
2017年10月出版 / 估价：128.00元
PSN B-2015-499-1/1

皮书系列 重点推荐
地方发展类

街道蓝皮书
北京街道发展报告No.2（白纸坊篇）
著(编)者：连玉明　2017年8月出版／估价：98.00元
PSN B-2016-544-7/15

街道蓝皮书
北京街道发展报告No.2（椿树篇）
著(编)者：连玉明　2017年8月出版／估价：98.00元
PSN B-2016-548-11/15

街道蓝皮书
北京街道发展报告No.2（大栅栏篇）
著(编)者：连玉明　2017年8月出版／估价：98.00元
PSN B-2016-552-15/15

街道蓝皮书
北京街道发展报告No.2（德胜篇）
著(编)者：连玉明　2017年8月出版／估价：98.00元
PSN B-2016-551-14/15

街道蓝皮书
北京街道发展报告No.2（广安门内篇）
著(编)者：连玉明　2017年8月出版／估价：98.00元
PSN B-2016-540-3/15

街道蓝皮书
北京街道发展报告No.2（广安门外篇）
著(编)者：连玉明　2017年8月出版／估价：98.00元
PSN B-2016-547-10/15

街道蓝皮书
北京街道发展报告No.2（金融街篇）
著(编)者：连玉明　2017年8月出版／估价：98.00元
PSN B-2016-538-1/15

街道蓝皮书
北京街道发展报告No.2（牛街篇）
著(编)者：连玉明　2017年8月出版／估价：98.00元
PSN B-2016-545-8/15

街道蓝皮书
北京街道发展报告No.2（什刹海篇）
著(编)者：连玉明　2017年8月出版／估价：98.00元
PSN B-2016-546-9/15

街道蓝皮书
北京街道发展报告No.2（陶然亭篇）
著(编)者：连玉明　2017年8月出版／估价：98.00元
PSN B-2016-542-5/15

街道蓝皮书
北京街道发展报告No.2（天桥篇）
著(编)者：连玉明　2017年8月出版／估价：98.00元
PSN B-2016-549-12/15

街道蓝皮书
北京街道发展报告No.2（西长安街篇）
著(编)者：连玉明　2017年8月出版／估价：98.00元
PSN B-2016-543-6/15

街道蓝皮书
北京街道发展报告No.2（新街口篇）
著(编)者：连玉明　2017年8月出版／估价：98.00元
PSN B-2016-541-4/15

街道蓝皮书
北京街道发展报告No.2（月坛篇）
著(编)者：连玉明　2017年8月出版／估价：98.00元
PSN B-2016-539-2/15

街道蓝皮书
北京街道发展报告No.2（展览路篇）
著(编)者：连玉明　2017年8月出版／估价：98.00元
PSN B-2016-550-13/15

经济特区蓝皮书
中国经济特区发展报告（2017）
著(编)者：陶一桃　2017年12月出版／估价：98.00元
PSN B-2009-139-1/1

辽宁蓝皮书
2017年辽宁经济社会形势分析与预测
著(编)者：曹晓峰　梁启东
2017年1月出版／估价：79.00元
PSN B-2006-053-1/1

洛阳蓝皮书
洛阳文化发展报告（2017）
著(编)者：刘福兴　陈启明　2017年7月出版／估价：89.00元
PSN B-2015-476-1/1

南京蓝皮书
南京文化发展报告（2017）
著(编)者：徐宁　2017年10月出版／估价：89.00元
PSN B-2014-439-1/1

南宁蓝皮书
南宁经济发展报告（2017）
著(编)者：胡建华　2017年9月出版／估价：79.00元
PSN B-2016-570-2/3

南宁蓝皮书
南宁社会发展报告（2017）
著(编)者：胡建华　2017年9月出版／估价：79.00元
PSN B-2016-571-3/3

内蒙古蓝皮书
内蒙古反腐倡廉建设报告No.2
著(编)者：张志华　无极　2017年12月出版／估价：79.00元
PSN B-2013-365-1/1

浦东新区蓝皮书
上海浦东经济发展报告（2017）
著(编)者：沈开艳　周奇　2017年1月出版／估价：89.00元
PSN B-2011-225-1/1

青海蓝皮书
2017年青海经济社会形势分析与预测
著(编)者：陈玮　2015年12月出版／估价：79.00元
PSN B-2012-275-1/1

人口与健康蓝皮书
深圳人口与健康发展报告（2017）
著(编)者：陆杰华　罗乐宣　苏杨
2017年11月出版／估价：89.00元
PSN B-2011-228-1/1

29

皮书系列 重点推荐 — 地方发展类

山东蓝皮书
山东经济形势分析与预测（2017）
著(编)者：李广杰　2017年7月出版 / 估价：89.00元
PSN B-2014-404-1/4

山东蓝皮书
山东社会形势分析与预测（2017）
著(编)者：张华　唐洲雁　2017年6月出版 / 估价：89.00元
PSN B-2014-405-2/4

山东蓝皮书
山东文化发展报告（2017）
著(编)者：涂可国　2017年11月出版 / 估价：98.00元
PSN B-2014-406-3/4

山西蓝皮书
山西资源型经济转型发展报告（2017）
著(编)者：李志强　2017年7月出版 / 估价：89.00元
PSN B-2011-197-1/1

陕西蓝皮书
陕西经济发展报告（2017）
著(编)者：任宗哲　白宽犁　裴成荣
2015年12月出版 / 估价：89.00元
PSN B-2009-135-1/5

陕西蓝皮书
陕西社会发展报告（2017）
著(编)者：任宗哲　白宽犁　牛昉
2015年12月出版 / 估价：89.00元
PSN B-2009-136-2/5

陕西蓝皮书
陕西文化发展报告（2017）
著(编)者：任宗哲　白宽犁　王长寿
2015年12月出版 / 估价：89.00元
PSN B-2009-137-3/5

上海蓝皮书
上海传媒发展报告（2017）
著(编)者：强荧　焦雨虹　2017年1月出版 / 估价：89.00元
PSN B-2012-295-5/7

上海蓝皮书
上海法治发展报告（2017）
著(编)者：叶青　2017年6月出版 / 估价：89.00元
PSN B-2012-296-6/7

上海蓝皮书
上海经济发展报告（2017）
著(编)者：沈开艳　2017年1月出版 / 估价：89.00元
PSN B-2006-057-1/7

上海蓝皮书
上海社会发展报告（2017）
著(编)者：杨雄　周海旺　2017年1月出版 / 估价：89.00元
PSN B-2006-058-2/7

上海蓝皮书
上海文化发展报告（2017）
著(编)者：荣跃明　2017年1月出版 / 估价：89.00元
PSN B-2006-059-3/7

上海蓝皮书
上海文学发展报告（2017）
著(编)者：陈圣来　2017年6月出版 / 估价：89.00元
PSN B-2012-297-7/7

上海蓝皮书
上海资源环境发展报告（2017）
著(编)者：周冯琦　汤庆合　任文伟
2017年1月出版 / 估价：89.00元
PSN B-2006-060-4/7

社会建设蓝皮书
2017年北京社会建设分析报告
著(编)者：宋贵伦　冯虹　2017年10月出版 / 估价：89.00元
PSN B-2010-173-1/1

深圳蓝皮书
深圳法治发展报告（2017）
著(编)者：张骁儒　2017年6月出版 / 估价：89.00元
PSN B-2015-470-6/7

深圳蓝皮书
深圳经济发展报告（2017）
著(编)者：张骁儒　2017年7月出版 / 估价：89.00元
PSN B-2008-112-3/7

深圳蓝皮书
深圳劳动关系发展报告（2017）
著(编)者：汤庭芬　2017年6月出版 / 估价：89.00元
PSN B-2007-097-2/7

深圳蓝皮书
深圳社会建设与发展报告（2017）
著(编)者：张骁儒　陈东平　2017年7月出版 / 估价：89.00元
PSN B-2008-113-4/7

深圳蓝皮书
深圳文化发展报告(2017)
著(编)者：张骁儒　2017年7月出版 / 估价：89.00元
PSN B-2016-555-7/7

四川法治蓝皮书
丝绸之路经济带发展报告（2016～2017）
著(编)者：任宗哲　白宽犁　谷孟宾
2017年12月出版 / 估价：85.00元
PSN B-2014-410-1/1

四川法治蓝皮书
四川依法治省年度报告 No.3（2017）
著(编)者：李林　杨天宗　田禾
2017年3月出版 / 估价：108.00元
PSN B-2015-447-1/1

四川蓝皮书
2017年四川经济形势分析与预测
著(编)者：杨钢　2017年1月出版 / 估价：98.00元
PSN B-2007-098-2/7

四川蓝皮书
四川城镇化发展报告（2017）
著(编)者：侯水平　陈炜　2017年4月出版 / 估价：85.00元
PSN B-2015-456-7/7

地方发展类 · 国际问题类 — 皮书系列 重点推荐

四川蓝皮书
四川法治发展报告（2017）
著（编）者：郑泰安　2017年1月出版 / 估价：89.00元
PSN B-2015-441-5/7

四川蓝皮书
四川企业社会责任研究报告（2016～2017）
著（编）者：侯水平　盛毅　翟刚
2017年4月出版 / 估价：89.00元
PSN B-2014-386-4/7

四川蓝皮书
四川社会发展报告（2017）
著（编）者：李羚　2017年5月出版 / 估价：89.00元
PSN B-2008-127-3/7

四川蓝皮书
四川生态建设报告（2017）
著（编）者：李晟之　2017年4月出版 / 估价：85.00元
PSN B-2015-455-6/7

四川蓝皮书
四川文化产业发展报告（2017）
著（编）者：向宝云　张立伟
2017年4月出版 / 估价：89.00元
PSN B-2006-074-1/7

体育蓝皮书
上海体育产业发展报告（2016～2017）
著（编）者：张林　黄海燕
2017年10月出版 / 估价：89.00元
PSN B-2015-454-4/4

体育蓝皮书
长三角地区体育产业发展报告（2016～2017）
著（编）者：张林　2017年4月出版 / 估价：89.00元
PSN B-2015-453-3/4

天津金融蓝皮书
天津金融发展报告（2017）
著（编）者：王爱俭　孔德昌
2017年12月出版 / 估价：98.00元
PSN B-2014-418-1/1

图们江区域合作蓝皮书
图们江区域合作发展报告（2017）
著（编）者：李铁　2017年6月出版 / 估价：98.00元
PSN B-2015-464-1/1

温州蓝皮书
2017年温州经济社会形势分析与预测
著（编）者：潘忠强　王春光　金浩
2017年4月出版 / 估价：89.00元
PSN B-2008-105-1/1

西咸新区蓝皮书
西咸新区发展报告（2016～2017）
著（编）者：李扬　王军　2017年6月出版 / 估价：89.00元
PSN B-2016-535-1/1

扬州蓝皮书
扬州经济社会发展报告（2017）
著（编）者：丁纯　2017年12月出版 / 估价：98.00元
PSN B-2011-191-1/1

长株潭城市群蓝皮书
长株潭城市群发展报告（2017）
著（编）者：张萍　2017年12月出版 / 估价：89.00元
PSN B-2008-109-1/1

中医文化蓝皮书
北京中医文化传播发展报告（2017）
著（编）者：毛嘉陵　2017年5月出版 / 估价：79.00元
PSN B-2015-468-1/2

珠三角流通蓝皮书
珠三角商圈发展研究报告（2017）
著（编）者：王先庆　林至颖
2017年7月出版 / 估价：98.00元
PSN B-2012-292-1/1

遵义蓝皮书
遵义发展报告（2017）
著（编）者：曾征　龚永育　雍思强
2017年12月出版 / 估价：89.00元
PSN B-2014-433-1/1

国际问题类

"一带一路"跨境通道蓝皮书
"一带一路"跨境通道建设研究报告（2017）
著（编）者：郭业洲　2017年8月出版 / 估价：89.00元
PSN B-2016-558-1/1

"一带一路"蓝皮书
"一带一路"建设发展报告（2017）
著（编）者：孔丹　李永全　2017年7月出版 / 估价：89.00元
PSN B-2016-553-1/1

阿拉伯黄皮书
阿拉伯发展报告（2016～2017）
著（编）者：罗林　2017年11月出版 / 估价：89.00元
PSN Y-2014-381-1/1

北部湾蓝皮书
泛北部湾合作发展报告（2017）
著（编）者：吕余生　2017年12月出版 / 估价：85.00元
PSN B-2008-114-1/1

大湄公河次区域蓝皮书
大湄公河次区域合作发展报告（2017）
著（编）者：刘稚　2017年8月出版 / 估价：89.00元
PSN B-2011-196-1/1

大洋洲蓝皮书
大洋洲发展报告（2017）
著（编）者：喻常森　2017年10月出版 / 估价：89.00元
PSN B-2013-341-1/1

皮书系列重点推荐 — 国际问题类

德国蓝皮书
德国发展报告（2017）
著(编)者：郑春荣　　2017年6月出版 / 估价：89.00元
PSN B-2012-278-1/1

东盟黄皮书
东盟发展报告（2017）
著(编)者：杨晓强　庄国土
2017年3月出版 / 估价：89.00元
PSN Y-2012-303-1/1

东南亚蓝皮书
东南亚地区发展报告（2016～2017）
著(编)者：厦门大学东南亚研究中心　王勤
2017年12月出版 / 估价：89.00元
PSN B-2012-240-1/1

俄罗斯黄皮书
俄罗斯发展报告（2017）
著(编)者：李永全　　2017年7月出版 / 估价：89.00元
PSN Y-2006-061-1/1

非洲黄皮书
非洲发展报告 No.19（2016～2017）
著(编)者：张宏明　　2017年8月出版 / 估价：89.00元
PSN Y-2012-239-1/1

公共外交蓝皮书
中国公共外交发展报告（2017）
著(编)者：赵启正　雷蔚真
2017年4月出版 / 估价：89.00元
PSN B-2015-457-1/1

国际安全蓝皮书
中国国际安全研究报告(2017)
著(编)者：刘慧　　2017年7月出版 / 估价：98.00元
PSN B-2016-522-1/1

国际形势黄皮书
全球政治与安全报告（2017）
著(编)者：李慎明　张宇燕
2016年12月出版 / 估价：89.00元
PSN Y-2001-016-1/1

韩国蓝皮书
韩国发展报告（2017）
著(编)者：牛林杰　刘宝全
2017年11月出版 / 估价：89.00元
PSN B-2010-155-1/1

加拿大蓝皮书
加拿大发展报告（2017）
著(编)者：仲伟合　　2017年9月出版 / 估价：89.00元
PSN B-2014-389-1/1

拉美黄皮书
拉丁美洲和加勒比发展报告（2016～2017）
著(编)者：吴白乙　　2017年6月出版 / 估价：89.00元
PSN Y-1999-007-1/1

美国蓝皮书
美国研究报告（2017）
著(编)者：郑秉文　黄平　　2017年6月出版 / 估价：89.00元
PSN B-2011-210-1/1

缅甸蓝皮书
缅甸国情报告（2017）
著(编)者：李晨阳　　2017年12月出版 / 估价：86.00元
PSN B-2013-343-1/1

欧洲蓝皮书
欧洲发展报告（2016～2017）
著(编)者：黄平　周弘　江时学
2017年6月出版 / 估价：89.00元
PSN B-1999-009-1/1

葡语国家蓝皮书
葡语国家发展报告（2017）
著(编)者：王成安　张敏　　2017年12月出版 / 估价：89.00元
PSN B-2015-503-1/2

葡语国家蓝皮书
中国与葡语国家关系发展报告·巴西（2017）
著(编)者：张曙光　　2017年8月出版 / 估价：89.00元
PSN B-2016-564-2/2

日本经济蓝皮书
日本经济与中日经贸关系研究报告（2017）
著(编)者：张季风　　2017年5月出版 / 估价：89.00元
PSN B-2008-102-1/1

日本蓝皮书
日本研究报告（2017）
著(编)者：杨柏江　　2017年5月出版 / 估价：89.00元
PSN B-2002-020-1/1

上海合作组织黄皮书
上海合作组织发展报告（2017）
著(编)者：李进峰　吴宏伟　李少捷
2017年6月出版 / 估价：89.00元
PSN Y-2009-130-1/1

世界创新竞争力黄皮书
世界创新竞争力发展报告（2017）
著(编)者：李闽榕　李建平　赵新力
2017年1月出版 / 估价：148.00元
PSN Y-2013-318-1/1

泰国蓝皮书
泰国研究报告（2017）
著(编)者：庄国土　张禹东
2017年8月出版 / 估价：118.00元
PSN B-2016-557-1/1

土耳其蓝皮书
土耳其发展报告（2017）
著(编)者：郭长刚　刘义　　2017年9月出版 / 估价：89.00元
PSN B-2014-412-1/1

亚太蓝皮书
亚太地区发展报告（2017）
著(编)者：李向阳　　2017年3月出版 / 估价：89.00元
PSN B-2001-015-1/1

印度蓝皮书
印度国情报告（2017）
著(编)者：吕昭义　　2017年12月出版 / 估价：89.00元
PSN B-2012-241-1/1

国际问题类

印度洋地区蓝皮书
印度洋地区发展报告（2017）
著(编)者：汪戎　　2017年6月出版／估价：89.00元
PSN B-2013-334-1/1

英国蓝皮书
英国发展报告（2016～2017）
著(编)者：王展鹏　　2017年11月出版／估价：89.00元
PSN B-2015-486-1/1

越南蓝皮书
越南国情报告（2017）
著(编)者：广西社会科学院　罗梅　李碧华
2017年12月出版／估价：89.00元
PSN B-2006-056-1/1

以色列蓝皮书
以色列发展报告（2017）
著(编)者：张倩红　　2017年8月出版／估价：89.00元
PSN B-2015-483-1/1

伊朗蓝皮书
伊朗发展报告（2017）
著(编)者：冀开远　　2017年10月出版／估价：89.00元
PSN B-2016-575-1/1

中东黄皮书
中东发展报告 No.19（2016～2017）
著(编)者：杨光　　2017年10月出版／估价：89.00元
PSN Y-1998-004-1/1

中亚黄皮书
中亚国家发展报告（2017）
著(编)者：孙力　吴宏伟　　2017年7月出版／估价：98.00元
PSN Y-2012-238-1/1

　　皮书序列号是社会科学文献出版社专门为识别皮书、管理皮书而设计的编号。皮书序列号是出版皮书的许可证号，是区别皮书与其他图书的重要标志。

　　它由一个前缀和四部分构成。这四部分之间用连字符"-"连接。前缀和这四部分之间空半个汉字（见示例）。

《国际人才蓝皮书：中国留学发展报告》序列号示例

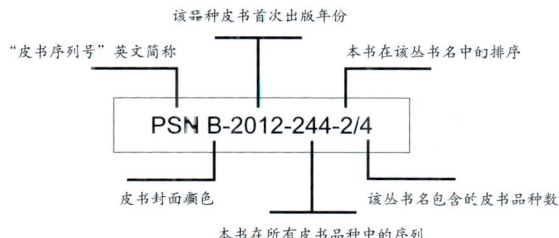

　　从示例中可以看出，《国际人才蓝皮书：中国留学发展报告》的首次出版年份是2012年，是社科文献出版社出版的第244个皮书品种，是"国际人才蓝皮书"系列的第2个品种（共4个品种）。

社会科学文献出版社　　皮书系列

❖ 皮书起源 ❖

"皮书"起源于十七、十八世纪的英国，主要指官方或社会组织正式发表的重要文件或报告，多以"白皮书"命名。在中国，"皮书"这一概念被社会广泛接受，并被成功运作、发展成为一种全新的出版形态，则源于中国社会科学院社会科学文献出版社。

❖ 皮书定义 ❖

皮书是对中国与世界发展状况和热点问题进行年度监测，以专业的角度、专家的视野和实证研究方法，针对某一领域或区域现状与发展态势展开分析和预测，具备原创性、实证性、专业性、连续性、前沿性、时效性等特点的公开出版物，由一系列权威研究报告组成。

❖ 皮书作者 ❖

皮书系列的作者以中国社会科学院、著名高校、地方社会科学院的研究人员为主，多为国内一流研究机构的权威专家学者，他们的看法和观点代表了学界对中国与世界的现实和未来最高水平的解读与分析。

❖ 皮书荣誉 ❖

皮书系列已成为社会科学文献出版社的著名图书品牌和中国社会科学院的知名学术品牌。2016年，皮书系列正式列入"十三五"国家重点出版规划项目；2012~2016年，重点皮书列入中国社会科学院承担的国家哲学社会科学创新工程项目；2017年，55种院外皮书使用"中国社会科学院创新工程学术出版项目"标识。

中国皮书网
www.pishu.cn

发布皮书研创资讯，传播皮书精彩内容
引领皮书出版潮流，打造皮书服务平台

栏目设置

关于皮书：何谓皮书、皮书分类、皮书大事记、皮书荣誉、
皮书出版第一人、皮书编辑部

最新资讯：通知公告、新闻动态、媒体聚焦、网站专题、视频直播、下载专区

皮书研创：皮书规范、皮书选题、皮书出版、皮书研究、研创团队

皮书评奖评价：指标体系、皮书评价、皮书评奖

互动专区：皮书说、皮书智库、皮书微博、数据库微博

所获荣誉

2008年、2011年，中国皮书网习在全国新闻出版业网站荣誉评选中获得"最具商业价值网站"称号；

2012年，获得"出版业网站百强"称号。

网库合一

2014年，中国皮书网与皮书数据库端口合一，实现资源共享。更多详情请登录www.pishu.cn。

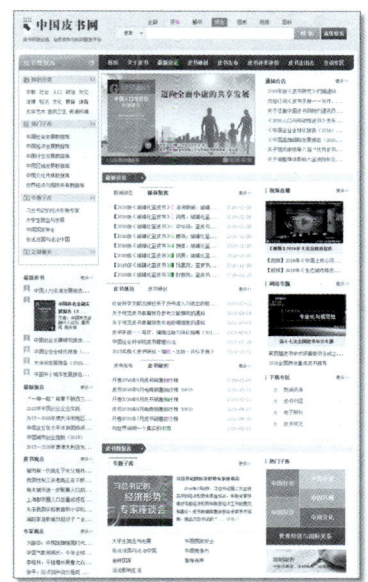

权威报告·热点资讯·特色资源

皮书数据库
ANNUAL REPORT(YEARBOOK) DATABASE

当代中国与世界发展高端智库平台

所获荣誉

- 2016年,入选"国家'十三五'电子出版物出版规划骨干工程"
- 2015年,荣获"搜索中国正能量 点赞2015""创新中国科技创新奖"
- 2013年,荣获"中国出版政府奖·网络出版物奖"提名奖
- 连续多年荣获中国数字出版博览会"数字出版·优秀品牌"奖

成为会员

通过网址www.pishu.com.cn或使用手机扫描二维码进入皮书数据库网站,进行手机号码验证或邮箱验证即可成为皮书数据库会员(建议通过手机号码快速验证注册)。

会员福利

- 使用手机号码首次注册会员可直接获得100元体验金,不需充值即可购买和查看数据库内容(仅限使用手机号码快速注册)。
- 已注册用户购书后可免费获赠100元皮书数据库充值卡。刮开充值卡涂层获取充值密码,登录并进入"会员中心"—"在线充值"—"充值卡充值",充值成功后即可购买和查看数据库内容。

数据库服务热线:400-008-6695
数据库服务QQ:2475522410
数据库服务邮箱:database@ssap.cn

图书销售热线:010-59367070/7028
图书服务QQ:1265056568
图书服务邮箱:duzhe@ssap.cn

更多信息请登录

皮书数据库
http://www.pishu.com.cn

中国皮书网
http://www.pishu.cn

皮书微博
http://weibo.com/pishu

皮书博客
http://blog.sina.com.cn/pishu

皮书微信"皮书说"

请到当当、亚马逊、京东或各地书店购买,也可办理邮购

咨询/邮购电话:010-59367028 59367070
邮　　箱:duzhe@ssap.cn
邮购地址:北京市西城区北三环中路甲29号院3号
　　　　楼华龙大厦13层读者服务中心
邮　　编:100029
银行户名:社会科学文献出版社
开户银行:中国工商银行北京北太平庄支行
账　　号:0200010019200365434